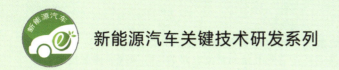
新能源汽车关键技术研发系列

新能源汽车电力电子技术仿真

程夕明 著

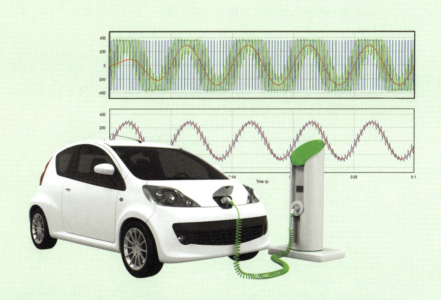

机械工业出版社
CHINA MACHINE PRESS

本书针对新能源汽车电驱动系统、低电压设备和车载充电装置的核心技术，运用PSIM仿真案例阐述了DC-DC变换电路、逆变电路和整流电路的工作原理、调制技术，讨论了电路性能的影响因素，力图通过仿真方法解释电力电子技术的基础知识，比如功率半导体开关类型及其应用特性、硬开关、理想开关、软开关、开关过程、脉宽调制、周期稳态、状态平均、等效热路等。最后，通过仿真举例说明纯电动汽车电力电子系统的结构、组成、工作原理和控制技术。

本书可供新能源汽车行业具有车辆工程或机械工程专业背景的工程师参考，也适合有兴趣掌握电力电子知识的学生或工程师阅读。

图书在版编目（CIP）数据

新能源汽车电力电子技术仿真 / 程夕明著 . —北京：机械工业出版社，2022.4

（新能源汽车关键技术研发系列）

ISBN 978-7-111-70178-1

Ⅰ.①新… Ⅱ.①程… Ⅲ.①新能源 – 汽车 – 电力电子技术 – 系统仿真 Ⅳ.① U469.7

中国版本图书馆 CIP 数据核字（2022）第 027092 号

机械工业出版社（北京市百万庄大街 22 号 邮政编码 100037）
策划编辑：何士娟　　　责任编辑：何士娟　韩　静
责任校对：郑　婕　王　延　封面设计：张　静
责任印制：常天培
北京宝隆世纪印刷有限公司印刷
2022 年 4 月第 1 版第 1 次印刷
184mm×260mm・14 印张・326 千字
0 001—1 900 册
标准书号：ISBN 978-7-111-70178-1
定价：168.00 元

电话服务　　　　　　　　网络服务
客服电话：010-88361066　机　工　官　网：www.cmpbook.com
　　　　　010-88379833　机　工　官　博：weibo.com/cmp1952
　　　　　010-68326294　金　书　网：www.golden-book.com
封底无防伪标均为盗版　　机工教育服务网：www.cmpedu.com

前 言

目前，汽车的电动化、智能化和网联化技术正在蓬勃发展，电动化技术不仅能够为汽车智能化和网联化提供一个线控灵活、供电柔性和架构革新的机电一体化车辆平台，而且是道路交通绿色可持续发展的关键技术。新能源汽车是汽车电动化技术设计、开发和集成的典型代表，而电力电子的理论和方法是汽车电动化技术发展和创新的基础性知识。因此，针对新能源汽车的应用条件和集成环境，研究电力电子技术的理论和方法，能够更好地推动汽车电动化、智能化和网联化技术的高质量发展和创新。

一般工业应用领域或新能源电力场景的输入为正弦交流电源，而新能源汽车以如锂离子电池、燃料电池等车载直流电压源为各电力电子设备或装置的输入电源，因此车载电力电子设备的直流链路采用电压型拓扑。车载充电设备为电网交流电源与车载蓄电池交互电能设备，其中的单相电源是车载充电设备的常用输入电源。因此，本书的案例以电压型电路为主介绍电力电子技术的理论和方法。新能源汽车低压电气系统的直流电压标称值为12V、24V或48V，高压电气系统的直流电压标称值通常在300～800V之间。

针对新能源汽车电驱动系统、低电压设备和车载充电装置的核心技术，本书分章阐述了DC-DC变频电路、逆变电路和整流电路的工作原理和调节方法。由于车载脉冲变压器及其DC-DC隔离变换器不可或缺，所以单独成章介绍车载常用的DC-DC隔离变换器的电路组成、控制方法和性能影响因素。V2G（vehicle to grid）是分布式电力系统的一个重要发展方向，相应车载充电设备的关键组成是DC-DC隔离变换电路和PWM整流电路，而且逆变技术是PWM整流电路工作的基础，因此在DC-DC隔离变换电路和逆变电路两章之后介绍单相整流电路的内容，其中包含了PWM整流器的结构组成、工作原理和控制方法的内容。最后一章，介绍三相交流永磁同步电机控制技术，将逆变、直流变换和整流技术融合应用在车载电力电子系统中，叙述纯电动汽车电力电子系统的建模与仿真方法。

无论是DC-DC变换电路、逆变电路还是整流电路，这些技术都蕴含普适而又专业的原理和方法，涉及典型拓扑、基本概念和专业名词，它们是理解电力电子技术的基础性知识。因此，在第1章和第2章介绍相关内容，比如电路波形、功率半导体器件类型及其应用特性、硬开关、理想开关、RLC负载开关过程、零电压开关、零电流开关、续流、换流、脉宽调制、直流斩波、直流开关、周期稳态、状态平均、等效热路等。

通过对本书的阅读，使读者熟悉电阻R、电感L和电容C的特性，掌握功率半导体器件导通和截止的机理，运用电路定律，定性分析电力电子电路各种开关状态组合的电压回路和电流路径，列出各回路的电压方程和电流方程，定量分析电路的电压和电流行为。例如，开关的导通或截止过程出现的振荡电压、电流，可通过建立并求解二阶 RLC 振荡方程，计算电路电压或电流的振荡频率和幅值，掌握电路的谐振行为。进而，利用开关的振荡电压或电流的波谷时刻，降低开关导通或截止过程的开关损耗，理解零电压开关和零电流开关的本质。

本书根据纹波系数、总畸变率、功率因数、超调量或系统效率等指标，评估电力电子电路的性能，分析开关频率、占空比、开关压降或负载大小等因素对电力电子电路性能的影响。例如，研究脉冲变压器的漏磁、功率半导体器件寄生参数和调制方法对 DC-DC 隔离变换器周期稳态输出电压大小的影响。采用快速傅里叶变换分析电力电子电路负载电压和电流的频谱，对比单极性和双极性正弦脉宽调制的单相电压型逆变电路的谐波特性，或对比正弦脉宽调制和空间电压矢量脉宽调制的三相电压型逆变电路的谐波特性。

为了提高书籍的可读性，作者设计了多个案例用于解释典型电力电子电路的工作原理，力图帮助读者理解电力电子技术。为了提高内容的可实践性，作者购买了专业的电力电子软件 PSIM，借鉴了 PSIM 软件模型库，开发了典型电力电子基础电路和纯电动汽车电力电子系统的 PSIM 模型，包括元件模型参数的设置，循序渐进地描述电路的建模、调试和分析方法，希望便于读者掌握电力电子电路的工作原理和一般性分析方法，并且有助于读者构建电力电子电路设计与开发的基本流程。

需要说明的是，由于软件显示的原因，本书截屏图中物理量符号的形式和正文中有所区别，通常在截屏图中为正体平排，在正文中参与计算或表示参数值时为斜体（有的还含下角）的形式。例如：图中的 R 在公式中为 R，图中的 Us 在公式中为 U_s，图中的 Io 在公式中为 I_o。

新能源汽车的研究、开发、应用、推广和市场化发展，依赖掌握电力电子知识的工程师的积极参与。然而，以车辆工程或机械工程为专业背景的工程师的电力电子知识相对较少。问题在于：其一，电力电子技术的学科知识交叉，知识实践性强，应用场景多；其二，电力电子技术定量描述少，理论晦涩难懂；其三，相关专业的课时少，教学引导不足。因此，投入时间和精力，开展电力电子理论的实践性学习，对于一名有兴趣掌握电力电子知识的大学生或工程师来说，是至关重要的一个环节。

因水平有限和时间仓促，本书的模型案例尚未经过充分地实验验证，相关阐述难免出现疏漏、错误和不足之处，诚恳希望读者批评和指正。感谢本书撰写时所参考文献和书籍的作者，感谢 Powersim 软件公司及其相关工作人员的帮助，感谢北京理工大学电动车辆国家工程研究中心的大力支持。

著　者

目 录

前言

第 1 章　波形、器件与开关过程 …………………………………………………… 1
　1.1　电路波形 …………………………………………………………………………… 1
　　1.1.1　一个简单电路的仿真 ……………………………………………………… 1
　　1.1.2　铅酸电池模型 ……………………………………………………………… 4
　　1.1.3　正弦波 ……………………………………………………………………… 6
　　1.1.4　矩形波 ……………………………………………………………………… 8
　　1.1.5　三角波 ……………………………………………………………………… 9
　　1.1.6　谐波 ………………………………………………………………………… 11
　1.2　功率半导体器件模型 ……………………………………………………………… 14
　　1.2.1　器件发展与分类 …………………………………………………………… 14
　　1.2.2　不可控器件 ………………………………………………………………… 15
　　1.2.3　半控型器件 ………………………………………………………………… 17
　　1.2.4　全控型器件 ………………………………………………………………… 20
　1.3　开关过程 …………………………………………………………………………… 23
　　1.3.1　硬开关 ……………………………………………………………………… 23
　　1.3.2　理想开关及其驱动 ………………………………………………………… 24
　　1.3.3　RLC 负载的理想开关过程 ………………………………………………… 26
　　1.3.4　零电压开关 ………………………………………………………………… 29
　　1.3.5　零电流开关 ………………………………………………………………… 36

第 2 章　续流、换流与脉宽调制 …………………………………………………… 43
　2.1　续流与换流 ………………………………………………………………………… 43
　　2.1.1　功率二极管续流 …………………………………………………………… 43
　　2.1.2　功率半导体器件换流 ……………………………………………………… 47
　　2.1.3　功率半导体器件换流仿真 ………………………………………………… 49
　2.2　直流开关 …………………………………………………………………………… 53
　　2.2.1　低边开关 …………………………………………………………………… 53
　　2.2.2　高边开关 …………………………………………………………………… 54
　2.3　脉冲宽度调制原理 ………………………………………………………………… 55

		2.3.1	占空比	55
		2.3.2	直流斩波	57
		2.3.3	正弦波 PWM 发生原理	58
	2.4	电路的状态平均		65
		2.4.1	状态平均电感特性	65
		2.4.2	状态平均电容特性	67
		2.4.3	离散化方法	69
	2.5	等效热路模型		71
		2.5.1	热阻计算	71
		2.5.2	功率半导体器件结温温升过程仿真	72

第 3 章 DC-DC 变换电路 74

	3.1	DC-DC 降压变换器		74
		3.1.1	电路结构和工作原理	74
		3.1.2	工作模式	75
		3.1.3	周期稳态输出电压计算	76
		3.1.4	CCM 变换器性能分析	77
		3.1.5	通态压降影响分析	79
		3.1.6	负载电阻影响分析	81
	3.2	DC-DC 升压变换器		85
		3.2.1	电路结构和工作原理	85
		3.2.2	升压原理	86
		3.2.3	周期稳态输出电压计算	86
		3.2.4	CCM 变换器性能分析	87
		3.2.5	输出电压和电感电流纹波分析	89
		3.2.6	元件寄生电阻影响分析	91
		3.2.7	临界模式电感计算	94
	3.3	DC-DC 升降压变换器		96
		3.3.1	电路结构和工作原理	96
		3.3.2	周期稳态输出电压计算	97
		3.3.3	燃料电池系统升降压变换器设计	98
	3.4	DC-DC 组合电路		101
		3.4.1	半桥式双向变换器	101
		3.4.2	双半桥式双向变换器	102
		3.4.3	H 桥式变换器	103

第 4 章 DC-DC 隔离变换电路 108

	4.1	单端正激式变换器	108

  4.1.1 电路结构与工作原理 ········· 108
  4.1.2 性能仿真 ····················· 109
  4.1.3 非理想脉冲变压器影响分析 ··· 110
4.2 半桥式隔离变换器 ···················· 112
  4.2.1 电路结构与工作原理 ········· 113
  4.2.2 性能仿真 ····················· 113
  4.2.3 非理想脉冲变压器影响分析 ··· 115
  4.2.4 功率半导体器件寄生参数影响分析 ··· 123
4.3 全桥式隔离变换器 ···················· 124
  4.3.1 电路结构与工作原理 ········· 125
  4.3.2 性能仿真 ····················· 125
  4.3.3 移相控制 ····················· 126
  4.3.4 隔直电容影响分析 ··········· 130

第 5 章 逆变电路 ························· 133

5.1 单相电压型逆变电路 ················· 133
5.2 单极性 SPWM 技术 ··················· 134
  5.2.1 性能仿真 ····················· 134
  5.2.2 工作原理 ····················· 136
  5.2.3 谐波分析 ····················· 139
  5.2.4 直流链路滤波电容 ··········· 140
5.3 双极性 SPWM 技术 ··················· 142
  5.3.1 性能仿真 ····················· 142
  5.3.2 工作原理 ····················· 143
  5.3.3 谐波分析 ····················· 145
5.4 三相电压型逆变器 ···················· 147
  5.4.1 电路工作原理 ················ 147
  5.4.2 SPWM 策略 ················· 148
  5.4.3 谐波分析 ····················· 152
5.5 空间矢量脉宽调制 ···················· 154
  5.5.1 空间电压矢量 ················ 154
  5.5.2 SVPWM 调制方法 ·········· 156
  5.5.3 PSIM 模型 ··················· 157
  5.5.4 性能仿真 ····················· 162
  5.5.5 谐波分析 ····················· 164

第 6 章 单相整流电路 ····················· 167

6.1 单相桥式整流电路 ···················· 167

		6.1.1 电阻负载单相桥式二极管整流电路	167
		6.1.2 容性负载单相桥式二极管整流电路	168
		6.1.3 感性负载单相桥式二极管整流电路	171
	6.2	相控整流电路	172
		6.2.1 电阻负载单相桥式晶闸管半控整流电路	172
		6.2.2 容性负载单相桥式晶闸管半控整流电路	174
		6.2.3 感性负载单相桥式晶闸管半控整流电路	175
		6.2.4 蓄电池负载单相桥式晶闸管半控整流电路	178
	6.3	单相 PWM 整流电路	180
		6.3.1 PWM 整流器的基本原理	180
		6.3.2 单相电压型 PWM 整流电路 PSIM 模型	182
		6.3.3 性能仿真	184

第 7 章 纯电动汽车电力电子系统仿真 … 186

	7.1	系统仿真模型	186
		7.1.1 系统组成	186
		7.1.2 整车模型	187
		7.1.3 动力电池组模型	191
		7.1.4 高压母线模型	192
	7.2	低压电气系统模型	194
		7.2.1 高低压 DC-DC 直流变换器模型	194
		7.2.2 动态性能仿真	194
	7.3	电驱动系统模型	196
		7.3.1 整车控制模型	197
		7.3.2 三相交流永磁同步电机模型	200
		7.3.3 电机控制模型	203
	7.4	系统性能仿真	210
		7.4.1 转矩控制模式	210
		7.4.2 转速控制模式	212

参考文献 … 214

Chapter 01

第 1 章
波形、器件与开关过程

本章首先介绍电力电子电路经常出现的正弦波、矩形波、三角波等电压或电流信号特性，其次描述功率半导体器件特性及其模型，最后阐述开关行为。其中，阐述了信号、器件和开关电路的建模流程，举例说明电路的建模和分析方法。

1.1 电路波形

常见电路的波形有直流、正弦波、矩形波和三角波，后三者是交流波形。电路的波形通过周期、频率、幅值、相位、平均值、有效值、峰峰值等表征其特性，这些参数在示波器上很常用。下面应用 PSIM 软件建立各波形产生的电路。

1.1.1 一个简单电路的仿真

使用 PSIM 软件构建并仿真电路，可分为七个步骤。

① 电路绘制界面创建：顺序单击主菜单"File"→⊖ 子菜单"New"，出现需要绘制电路的新界面。

② 文件保存：顺序单击主菜单"File"→子菜单"Save"，将①创建的新电路界面在指定目录保存为扩展名为 psim 或 psimsch 的 PSIM 文件。

③ 元件选择与放置：顺序单击主菜单"Elements"→子菜单"Power""Control""Sources""Other"等，出现下拉子菜单，选择并放置功率元件、控制元件、电源/接地或其他元件等。

④ 参数设置：双击在电路界面放置的元件，出现该元件的参数"Parameters"设置项，单击"Help"菜单，可查阅相关参数的设置规则。逐一修改设置项各条目的参数，单击关闭，保存设置的元件参数。

⊖ 以右箭头符号"→"表示菜单单击顺序。

⑤ 线路连接：在电路界面上放置两个或两个以上元件后，顺序单击主菜单"Edit"→子菜单"Wire"，放置连接两个元件之间的电连接线。

⑥ 仿真控制与运行：顺序单击主菜单"Simulate"→子菜单"Simulation control"，放置系统控制元件，双击元件图标以设置参数：定步长时间"Time step"、总运行时间"Total time"等。顺序单击主菜单"Simulate"→子菜单"Run simulation F8"，运行仿真电路。

⑦ 曲线显示与数据保存：在没有错误信息提示的电路仿真运行结束后，在PSIM软件界面上会自动出现曲线显示的界面"Simview"窗口及其参数选择框"Properties"。其中，在条目"Select curves"下的变量框"Variables available"内出现可选择曲线显示的变量名称，单击它们，并通过"Add"增加变量到"Variables for display"中。然后，单击"OK"按钮能够显示所选择变量的曲线。另外，通过单击"Remove"按钮删除某变量，以删除其显示的曲线。

按照上述步骤，在PSIM软件中可建立一个直流电路模型，如图1.1所示。下面省略菜单英文名称的双引号等，仅使用右箭头符号简洁叙述图示元件的选择与放置、参数设置和电路运行显示的过程。

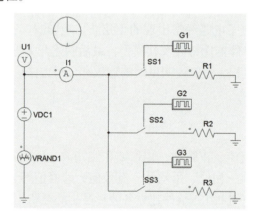

图1.1　一个简单的PSIM直流电路

下面给出了图1.1所示电路元件的选择路径：
- VDC1，恒压源：Elements → Sources → Voltage → DC。
- VRAND1，电压噪声：Elements → Sources → Voltage → Random。
- R1、R2、R3，电阻：Elements → Power → RLC Branches → Resistor。
- SS1、SS2、SS3，双向开关：Elements → Power → Switches → Bi-directional Switch。
- G1、G2、G3，门控信号：Elements → Power → Switches → Gating Block。
- U1，电压表：Elements → Other → Probes → Voltage Probe。
- I1，电流表：Elements → Other → Probes → Current Probe。
- 四个参考地：Elements → Sources → Ground。
- 仿真控制：Elements → Simulate → Simulation Control。

在电路元件之间通过Edit → Wire放置电连接线，并设置包括仿真控制模块在内的每个元件参数，利用 View → Element List 显示各电路元件的参数。其中，电路元件 SS1、SS2、SS3、U1、I1 和地线的参数为默认设置。下面说明其他元件参数的设置：

- VDC1：幅值 14V，即 Amplitude = 14。
- VRAND1：峰峰值 1V、偏移 0.5V，即 Peak-peak Amplitude = 1，DC Offset = -0.5。
- R1、R2、R3：电阻值 8Ω、4Ω、2Ω，即 Resistance = 8、4、2，Current Flag =1。
- G1、G2、G3：触发时刻分别对应 10s、30s、40s、60s、70s、90s，即 Frequency = 0，No. of Points = 2，Switching Points = 10 30，40 60，70 90。
- 仿真控制：步长 0.1s、时长 100s，即 Time step = 0.1，Total time = 100。

在完成电路元件的参数设置后，顺序单击 Simulate → Run Simulation 或按〈F8〉键，启动 PSIM 电路模型运行。在 PSIM 软件界面右下角出现程序运行进程条，显示模型运行时间。当模型运行结束时，PSIM 软件界面自动出现 Simview 界面。然后，单击在 Properties → Variables available 窗口中的变量 U1，并通过单击 Add 按钮将其添加到窗口 Variables for display 中。接着，单击 OK 按钮，在第一个坐标窗口显示变量 U1 的曲线。同样，在界面 Simview 上，顺序单击菜单 Screen → Add Screen，再次出现窗口 Properties，采用上述相同的操作方法将变量 I1 添加到窗口 Variables for display 中，在第二个坐标窗口中显示变量 I1 的曲线。

1）曲线显示。图 1.2 显示了在界面 Simview 中电路模型（图 1.1）的运行曲线，注意变量 U1 和 I1 的默认单位分别为 V 和 A，在各自的纵坐标轴上没有显示相应的变量单位。横坐标变量为 Time，显示了单位 s。图 1.1 所示的电路可以简单模拟电动汽车 12V 低压电气系统的功率需求，三个电阻负载可用来模拟如小灯、前照灯和远光灯等阻性负载消耗的功率，其中接地表示汽车低压电气系统的搭铁。采用 VRAND1 模拟在实际电气线路中出现的电压噪声，它叠加在电压源 VDC1 上，因此低压直流母线电压 U1 表现为有波动的曲线。在开关 SS1、SS2 和 SS3 的分别作用下，负载电流 I1 的曲线有三个台阶，每个台阶都是波动的电流，其波动幅度由负载的电压噪声和阻值决定。

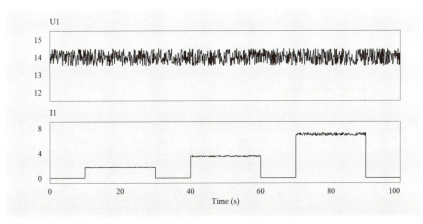

图 1.2 电路模型（图 1.1）的 Simview 显示曲线

2）波形数据分析。在 Simview 界面中，顺序单击 Analysis → Avg 或 RMS，计算并显示曲线在其窗口坐标时间的平均值或有效值。变量 U1 的平均值和有效值均为 14.0V。

变量 I1 的平均值和有效值分别为 2.4A 和 3.6A。顺序单击 Measure → Measure，出现一条垂直时间轴的虚线，能够观察所有曲线在虚线对应时刻的瞬时值，移动此虚线，各条曲线的瞬时值发生相应变化。

3）仿真数据保存。在 Simview 界面中，顺序单击 File → Save As，出现 Save As（另存为）窗口，输入文件名 Fig1-1data，在保存类型中选择 Tab separated text file（Excel compatible），然后单击保存按钮。如果在 Excel 软件中导入数据文件 Fig1-1data.txt，能够进一步计算图 1.2 的电压 U1 和电流 I1 的波形参数。

4）曲线图像保存。在 Simview 界面中，顺序单击 Edit → Copy to Clipboard → Metafile format 或 Bitmap，将曲线图像以图元格式或位图格式复制到剪切板中，可用组合键〈Ctrl + V〉粘贴到画图面板或其他绘图软件界面中显示与处理。

5）多条曲线显示。在 Simview 界面中，顺序单击 Screen → Add Screen，出现 Properties 界面，将创建一个显示曲线的新坐标窗口。在已建立的坐标窗口中，双击鼠标或顺序单击 Screen → Add/Delete Curves，同样能出现 Properties 界面。在 Variables available 窗口中单击变量 I（R1）、I（R2）和 I（R3），出现变量背景色条，单击 Add 按钮将它们添加到 Variables for display 窗口中，单击 OK 按钮，即可在同一坐标窗口中显示电阻 R1、R2 和 R3 的电流曲线，如图 1.3 所示。其中，I（R1）、I（R2）和 I（R3）曲线的默认颜色分别为红色、蓝色和绿色。在 Variables available 窗口中，单击 Curves，可设置曲线的属性，如颜色和宽度等；单击 Screen，可设置坐标系的字体、背景颜色等属性。在 Simview 界面中，顺序单击 Label → Text、Line、Dotted Line 或 Arrow，可在坐标窗口内添加文本、实线、点线或箭头。

6）坐标设置。在 Simview 界面中，顺序单击 Axis → X Axis 或 Y Axis，可设置曲线显示窗口的横坐标或纵坐标的上下限，能够通过网格数设置调节坐标值。

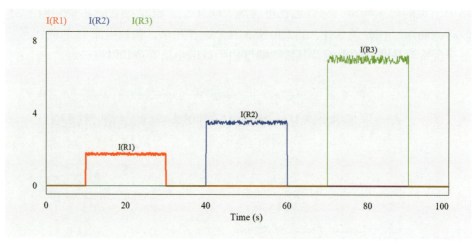

图 1.3 电阻 R1、R2 和 R3 电流曲线

1.1.2 铅酸电池模型

理想的直流电的波形不发生周期性变化，是一条直线；直流电的平均值恒等于峰值，频率等于 0，有效值等于平均值。在汽车上，低压电器设备的标称电压通常为直流 12V

或 24V，铅酸电池是常用的供电电源。在新能源汽车上，为驱动电机控制器提供的动力电池组电压有多种标称值，如 288V、312V、336V、384V 或 600V 等。这些车载蓄电池的端电压会随着工作电流的幅值、温度、持续时间等因素发生变化，它们不是恒定的电压。图 1.4 显示了简单模拟纯电动汽车低压电气系统的一个 PSIM 模型。其中，电阻 R1 为低电压负载，恒压源 DCDC 表示恒电压输出 14V 的 DC-DC 变换器，还有一个 12V 铅酸电池线性模型。

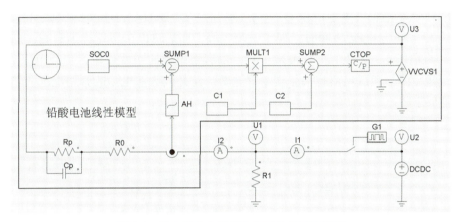

图 1.4　纯电动汽车低压电气系统 PSIM 模型

在常温条件下，图示的铅酸电池线性模型由一个电阻 R0、一个阻容并联环节 RpCp 和一个可控电压源 VVCVS1 串联而成。其中，VVCVS1 表示铅酸电池的开路电压，它是电池荷电状态 SOC（state of charge）的一个线性函数。

$$U_{ocv} = C_1 x + C_2 \tag{1.1}$$

式中，U_{ocv} 为电池的开路电压 OCV（open circuit voltage），单位为 V；x 表示电池 SOC，$0 \leq x \leq 1$；$C_1 > 0$，$C_2 > 0$。

在图 1.4 中，铅酸电池开路电压模型是电池线性模型的核心单元，相应的模型元件及其选择路径如下所述。

- 电流传感器：检测电池工作电流大小和方向，充电为正，放电为负；选择路径 Element → Other → Sensors → Current Sensor。
- 积分器 AH：对电流传感器检测电流进行积分，积分常数 T 为 3600×60，其中 60 表示电池容量 60A·h；选择路径 Element → Control → Integrator。
- 加法器 SUMP1：输入为 SOC 初值 SOC0 和 SOC 增量，输出为 SOC 瞬时值；选择路径 Element → Control → Summer。
- 乘法器 MULT1：输出为输入 SOC 与常数 C1 的乘积，选择路径 Element → Control → Computational Blocks → Multiplier。
- 加法器 SUMP2：输出为电池的开路电压值，SOC0 =1，C1 = 6，C2 =8。
- 常数 SOC0、C1 和 C2：选择路径 Element → Sources → Constant。
- 控制/功率转换器 CTOP：用来作为控制模型和功率电路模型之间的信号接口，选择路径 Element → Other → Control-to-power interface。

- 压控电压源 VVCVS1：产生电池的开路电压，选择路径 Element → Sources → Voltage → Voltage-controlled。

铅酸电池等效电路的参数为 $R_0 = 1\text{m}\Omega$，$R_p = 0.5\text{m}\Omega$，$C_p = 1000\text{F}$，负载电阻 $R_1 = 0.25\Omega$。门控模块 G1 的频率和点数分别为 0 和 8，相应的八个点值分别为 0、150、270、450、570、750、870 和 1000。仿真控制的步长和时长分别为 0.1s 和 1000s。

在门控信号 G1 作用下，DCDC 电源和铅酸电池都可以单独为负载供电，相应的电压和电流的曲线如图 1.5 所示。当开关导通时，DCDC 电源向负载供电，此时负载电流恒定，$I_1 = 56\text{A}$。当铅酸电池电压 U3 小于 14V 时，DCDC 电源向铅酸电池充电，此时的充电电流 I2 和电源电流 I1 同时出现了一个尖峰，而后这两个电流逐渐衰减，同时铅酸电池的开路电压 U3 回升。当开关截止时，仅有蓄电池向负载供电，负载电压 U1 先陡降，后缓慢下降。负载电流也会呈现下降趋势，这是因为蓄电池的开路电压会随着放电容量增加而下降。

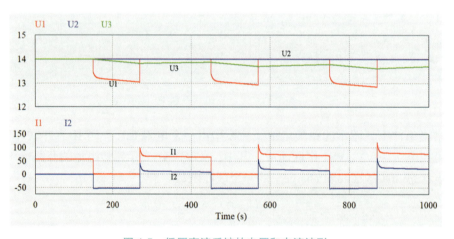

图 1.5　低压直流系统的电压和电流波形

1.1.3　正弦波

公用电网传送交流电压，不仅为家庭照明提供电源，而且为新能源汽车动力电池充电机输入交流电源，它是一种正弦波信号。作为新能源汽车驱动装置的三相交流异步电动机，其输入电源也是正弦波信号。

在 PSIM 软件中，电压源正弦波信号发生器可通过顺序单击菜单 Element → Sources → Voltage → Sine 实现。图 1.6 显示了正弦信号激励感性元件和容性元件的 PSIM 电路。电感器 L1 和电容器 C1 都能在 Element → Power → RLC Branches 中单击选择。其中，正弦电压源 Vs 的有效值为 220V，频率为 50Hz，初始相位为 0；$R_1 = R_2 = 11\Omega$，$L_1 = 19.49\text{mH}$，$C_1 = 550\mu\text{F}$。仿真控制的步长和时长分别为 0.1ms 和 100ms。注意，图示电路没有参考地，因此需要顺序单击菜单 Element → Other → Probes → Voltage Probe（node-to-node）选择双端电压表测量元件的端电压。

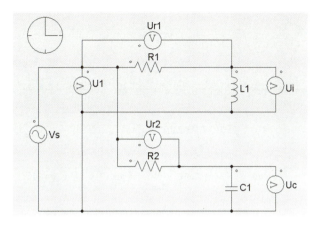

图 1.6　电压源正弦波形信号的感性和容性负载 PSIM 模型

图 1.7 显示了电感 L1、电容 C1 的电压和电流的稳态响应，它们是与激励电压 Vs 频率相同的正弦信号。电阻 R1 和 R2 的端电压信号分别与各自支路的电流信号具有同相位。显然，Ui 和 Uc 的稳态信号与 U1 具有相同的频率 50Hz，它们的有效值约为 105V、幅值是其有效值的 1.414 倍、峰峰值是其幅值的 2 倍、平均值为 0。而且，这些信号的稳态分量与 U1 存在相位差，Ui 超前于 U1，Uc 滞后于 U1。在图 1.6 中，假设 L1 和 C1 的初始状态为零，那么可写出图示两个支路的传递函数。

$$G_1(s) = \frac{U_i(s)}{U_1(s)} = \frac{\tau_1 s}{1+\tau_1 s} \tag{1.2}$$

$$G_2(s) = \frac{U_c(s)}{U_1(s)} = \frac{1}{1+\tau_2 s} \tag{1.3}$$

式中，$\tau_1=L_1/R_1$，$\tau_2=R_2C_1$，单位为 s，τ_1 和 τ_2 分别称为这两个电路支路的时间常数。

根据线性电路频率特性的定义，由式（1.2）和式（1.3）分别求出 Ui、Uc 与 U1 之间的相位关系。

$$\begin{cases}\phi_1(\omega) = \arctan\left(\dfrac{1}{\tau_1 \omega}\right) \\ \phi_2(\omega) = \arctan(-\tau_2 \omega)\end{cases} \tag{1.4}$$

式中，ϕ_1 和 ϕ_2 分别表示 Ui、Uc 与 U1 之间的相位差（rad）。

由图示电路的电感值、电容值和电阻值计算电路的时间常数 τ_1 和 τ_2，与频率值一起分别代入式（1.4），计算的变量相位差分别约为 $\phi_1= 61°$ 和 $\phi_2= -62°$。由电感或电容的特性，可知这两个电路支路的电流与 U1 的相位差分别约为 −29° 和 28°。结果表明：感性支路的电流比 U1 的相位滞后 29°，容性支路的电流比 U1 的相位超前 28°。

对于三相对称的电压源，可通过顺序单击菜单 Element → Sources → Voltage → 3ph-Sine 选择。设置的参数包括线电压有效值、频率和 A 相初始相位，电源和负载的中心点应该接地。三相对称电流源可通过选择 Element → Sources → Current → Sine 实现三个单相电流源的星形联结，它们的相位差设置为 120°，且这三个电流源的中心点接地。

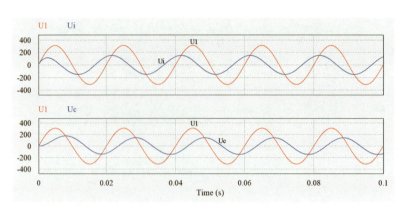

图 1.7 感性负载和容性负载的正弦激励响应

1.1.4 矩形波

在电力电子电路中,矩形波常用来表示功率半导体开关的控制信号。图 1.8 显示了分别受控于矩形波脉冲发生器的三个双向开关,控制负载电阻电流。其中,三个矩形波信号发生器 VSQ1、VSQ2 和 VSQ3,可通过顺序单击菜单 Element → Sources → Voltage → Square 实现。在矩形波信号发生器与双向开关 SS1、SS2、SS3 之间各自设置了一个开关控制器 ON1、ON2 和 ON3,这三个开关控制器是开关控制信号与开关控制端的信号隔离器,在模型电路上表示弱电控制信号与强电开关之间的电气隔离。开关控制器通过顺序单击菜单 Element → Other → Switch Controller → On-Off Controller 选择。

在图 1.8 中,VDC1 =336V,R1 = R2 = R3= 3.36Ω,开关控制器无须参数设置。VSQ1、VSQ2 和 VSQ3 的参数包括峰峰值 Vpeak-peak、频率 Frequency、占空比 Duty Cycle、直流偏置 DC Offset、起始时间 Tstart 和相位延迟 Phase Delay。

- 占空比:一个矩形波逻辑信号的高电平时间与信号周期之比;常用符号 δ 表示,$0 \leqslant \delta \leqslant 100\%$,Duty Cycle = 0.5。

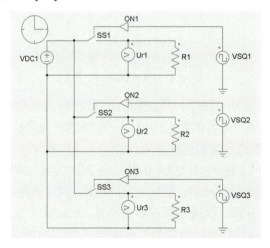

图 1.8 矩形波

- 相位延迟:将信号的一个周期与正弦波的 360° 对应;如果 Phase Delay = 90°,相当于信号的相位滞后 90°，也就是延后了 1/4 周期；如果 Phase Delay = 180°，相当于信号的相位滞后 180°，也就是延后了 1/2 周期；VSQ1、VSQ2 和 VSQ3 的相位延迟分别设置为 0°、90° 和 180°。

图 1.9 显示了负载电阻 R1、R2 和 R3 的电压曲线。三个电阻电压的幅值和周期相同，分别为 336V 和 0.2s，占空比均为 50%。然而，这三个电压信号的相位不同，Ur2 和 Ur3 分别比 Ur1 在相位上滞后了 90° 和 180°。Ur1、Ur2 和 Ur3 对应的矩形波曲线分别被称为左边沿、中心对称和右边沿矩形波。

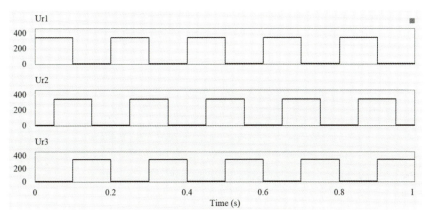

图 1.9 矩形电压波

如果一个频率恒定的矩形波信号的峰峰值为 $Y_{p\text{-}p}$，占空比为 δ，那么该矩形波信号的平均值 Y_{ave} 为

$$Y_{ave} = \delta Y_{p\text{-}p} \tag{1.5}$$

其有效值 Y_{rms} 为

$$Y_{rms} = Y_{p\text{-}p}\sqrt{\delta} \tag{1.6}$$

这样，图 1.9 所示的三个电压矩形波的平均值和有效值分别为 118V 和 238V，它们与信号的频率或周期没有数值关系。

1.1.5 三角波

在产生脉冲宽度调制 PWM（pulse width modulation）波时，常用的载波有等腰三角波和三角锯齿波。图 1.10 显示了利用三角电压波产生矩形波信号的 PSIM 模型，R1 = R2 = 10kΩ，CTOP1 和 CTOP2 为控制信号与功率电路的转换接口，恒压源 VDC1 和 VDC2 的幅值分别设置为 0.6V 和 0.8V。

- 比较器 COMP1、COMP2：通过单击菜单 Element → Control → Comparator 选择。
- 等腰三角波 VTRI1：通过单击菜单 Element → Sources → Voltage → Triangular 选择，所需设置的参数包括峰峰值 Vpeak-peak、频率 Frequency、占空比 Duty Cycle、直流偏置 DC Offset、起始时间 Tstart 和相位延迟 Phase Delay，它们与矩形波的参数设置方法类似。其中，Vpeak-peak = 2，Frequency = 10，Duty Cycle = 0.5，DC Offset = −1，Tstart = 0，Phase Delay = 0。

- 锯齿波 VSAW1：通过顺序单击菜单 Element → Sources → Voltage → Sawtooth 选择，它的设置参数仅包括幅值 Vpeak 和频率 Frequency。其中，Vpeak = 1，Frequency = 10。

仿真控制的步长和时长分别为 100μs 和 0.5s，图 1.11 和图 1.12 分别显示了图 1.10 所示的等腰三角波和锯齿波 PSIM 模型的运行曲线。

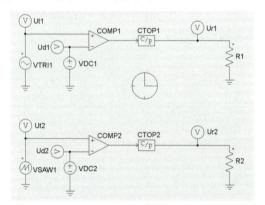

图 1.10　三角电压波产生矩形电压波的 PSIM 模型

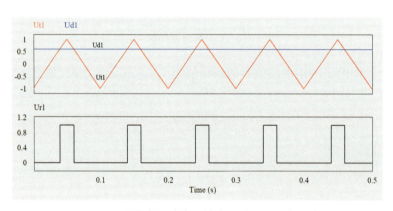

图 1.11　三角电压波产生的中心对称矩形电压波

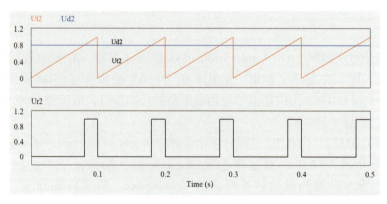

图 1.12　三角电压波产生的右边沿矩形电压波

图 1.11 显示了等效三角波 Ut1 与恒压源 Ud1 比较，产生了作用于电阻 R1 的中心对

称矩形电压波 Ur1。图 1.12 显示了锯齿波 Ut2 与恒压源 Ud2 比较，产生了作用于电阻 R2 的右边沿矩形电压波。这两个矩形电压波的幅值为 1V，周期为 0.1s。如果改变恒压源的电压值，那么这两个矩形电压波的时间宽度将发生变化。换而言之，利用三角波与常值比较，改变三角波的频率，就能够改变矩形波的周期。而改变诸如电压源的电压值等常量数值，就能够改变矩形波的脉冲宽度，调节占空比。

如果等腰三角波和锯齿波有相同的周期、最小值和最大值，那么这两个三角波信号也有相同的平均值，即为

$$Y_{\text{ave}} = \frac{1}{2} Y_{\text{p-p}} \tag{1.7}$$

它们的有效值为

$$Y_{\text{rms}} = \frac{Y_{\text{p-p}}}{\sqrt{3}} \tag{1.8}$$

1.1.6 谐波

由于功率半导体器件的高速导通与截止，电力电子电路能产生非正弦波电流或电压，这种畸变信号能够发生周期性变化。采用傅里叶（Fourier）分析方法，在数学上任何重复的波形都可以用傅里叶级数来表达。

如果一个周期 $T > 0$ 的非正弦信号以函数 $y(x)$ 表示，则它的傅里叶级数为

$$\begin{aligned} y(x) &\sim A_0 + \sum_{n=1}^{\infty} (a_n \cos n\omega x + b_n \sin n\omega x) \\ &= A_0 + \sum_{n=1}^{\infty} A_n \sin(n\omega x + \varphi_n) \end{aligned} \tag{1.9}$$

式中，$\omega = 2\pi f$，$f = \dfrac{1}{T}$。

$$A_0 = \frac{1}{T} \int_0^T y(x) \, \mathrm{d}x \tag{1.10}$$

$$a_n = \frac{2}{T} \int_0^T y(x) \cos n\omega x \, \mathrm{d}x$$

$$b_n = \frac{2}{T} \int_0^T y(x) \sin n\omega x \, \mathrm{d}x$$

$$A_n = \sqrt{a_n^2 + b_n^2}$$

$$\tan \varphi_n = \frac{a_n}{b_n}$$

式中，A_0 为非正弦函数的平均值，表示非正弦波形的直流成分。具有频率为 ω 的成分 $A_1 \sin(\omega x + \varphi_1)$ 称为非正弦波形的基波。具有频率为基波频率整数（>1）倍的成分称为非正弦波形的谐波，比如 2 次谐波、3 次谐波、4 次谐波、5 次谐波、6 次谐波、7 次谐波等。

如果周期函数 $y(x)$ 满足狄利克雷（Dirichlet）充分条件，那么它的傅里叶级数收敛，也就是函数 $y(x)$ 在 $(-\infty, +\infty)$ 上等价于傅里叶级数展开形式。这样，该函数的有效值 Y_{rms} 为

$$Y_{rms} = \sqrt{A_0^2 + \frac{1}{2}\sum_{n=1}^{\infty} A_n^2} \tag{1.11}$$

函数的谐波总有效值 Y_{hrms} 为

$$Y_{hrms} = \sqrt{\frac{1}{2}\sum_{n=2}^{\infty} A_n^2} = \sqrt{F_{rms}^2 - A_0^2 - \frac{1}{2}A_1^2} \tag{1.12}$$

采用总畸变率 THD（total harmonic distortion）来表征非正弦函数的谐波含量，THD 定义为谐波的有效值与基波的有效值的百分比。

$$THD = \frac{\sqrt{\sum_{n=2}^{\infty} A_n^2}}{A_1} \times 100\% \tag{1.13}$$

图 1.13 显示了一个生成三角波电路的简单 PSIM 模型，它包括一个幅值 10A、频率 50Hz 的方波电流源 ISQU1，电阻 $R_1 = 1\Omega$ 和电容 $C_1 = 3300\mu F$。C1 的初始电压为 -15V。仿真控制的步长和时长分别为 10μs 和 0.1s，模型运行结果有电阻电流和电容电压曲线，如图 1.14 所示。电容的端电压是对方波电流的积分，产生了一个 50Hz 的等腰三角电压波形。在 Simview 界面中，选择菜单 Analysis → THD，在弹出的 THD 框中设置 Fundamental Frequency =50。这样，计算图 1.14 所示的方波和三角波的 THD 值，它们分别等于 48.34% 和 12.25%。等腰三角波比方波更接近于相同频率的正弦波，因此三角波的 THD 小得多。如遇到 THD 计算的点数不够的错误信息时，应减小仿真步长；比如步长 0.1μs 不满足波形的 THD 计算，将其扩展为 0.01μs 即可。

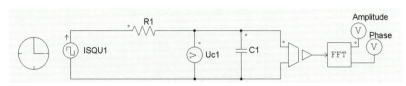

图 1.13 方波电流激励的 RC 电路

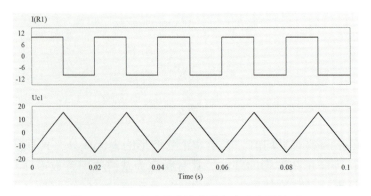

图 1.14 RC 电路的方波电流和电容电压波形

当一个周期函数 $y(x)$ 的傅里叶级数收敛时，运用欧拉（Euler）公式代入其傅里叶级数展开式（1.9），能够得到傅里叶级数的复数形式。

$$y(x) = \sum_{n=-\infty}^{\infty} c_n \mathrm{e}^{jn\omega x} \tag{1.14}$$

$$c_n = \frac{1}{T}\int_0^T y(x)\mathrm{e}^{-jn\omega x}\mathrm{d}x \quad (n=0,\pm 1,\pm 2,\cdots) \tag{1.15}$$

运用式（1.15）求解 ω 的微元形式，当 $T\to\infty$ 时，可以得到傅里叶变换及其逆变换。

$$Y(\omega) = \int_{-\infty}^{+\infty} y(x)\mathrm{e}^{-j\omega x}\mathrm{d}x \tag{1.16}$$

$$y(x) = \frac{1}{2\pi}\int_{-\infty}^{+\infty} Y(\omega)\mathrm{e}^{j\omega x}\mathrm{d}\omega \tag{1.17}$$

在一个周期内，$y(x)$ 包含基波、2 次谐波、3 次谐波……N 次谐波，式（1.16）和式（1.17）可写成离散傅里叶变换 DFT（discrete Fourier transform）及其逆变换。

$$Y(k) = \sum_{n=0}^{N-1} y(n)W_N^{nk} \quad (k=0,1,2,\cdots,N-1) \tag{1.18}$$

$$y(n) = \frac{1}{N}\sum_{n=0}^{N-1} Y(k)W_N^{-nk} \quad (n=0,1,2,\cdots,N-1) \tag{1.19}$$

$$W_N = \mathrm{e}^{-j2\pi/N} \tag{1.20}$$

在 DFT 运算中，包含大量的可重复的乘法运算。为了开发适合计算机的低运算量的 DFT 算法，1965 年 Cooley 和 Tukey 运用式（1.20）的周期性和对称性，提出了快速傅里叶变换算法 FFT（fast Fourier transform）。FFT 是最经典的数字信号处理算法之一，在信息传输、频谱分析、图像处理和数据压缩等领域广泛应用，被集成在各种数学软件中。

在 PSIM 软件的 Simview 界面中，顺序单击菜单 Analysis → Perform FFT，能够显示时域曲线的频谱。针对图 1.14 所示的 50Hz 方波电流和等腰三角波电压的时域信号，使用 FFT 运算生成在 Simview 界面中显示的频谱曲线，如图 1.15 所示。方波和三角波有相同的基波和谐波频率，两个基波的幅值分别约为 13A 和 12V。但是，图示的三角波比方波的谐波幅值小得多，这也能说明三角波比方波有更小的 THD。另外，PSIM 软件也集成了 FFT 的控制功能函数，可选择 Element → Control → Other Function Blocks → FFT 实现。该 FFT 模块的输入为时域信号，设置的参数包括信号的采样点数（no. of samples）和基波频率（fundamental freq.），输出为基波的幅值和相位。

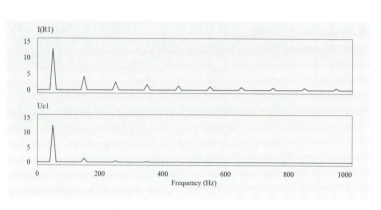

图 1.15 对应图 1.14 的方波和等腰三角波的频谱曲线

1.2 功率半导体器件模型

功率二极管、功率 MOSFET（Power metal oxide solid field effect transistor）和 IGBT（insulated gate bipolar transistor）是常用的车规级功率半导体器件类型，它们的 PSIM 模型主要模拟器件的稳态性能，相应的特性表征有诸如阈值电压和通态电阻等。

1.2.1 器件发展与分类

电力电子技术是以功率半导体器件技术及其应用为纲发展的。20 世纪 40 年代发展的晶体管技术奠定了功率半导体器件发展的基础，60 年代晶闸管的工业化应用推动了电力电子技术的迅猛发展。之后，70 年代和 80 年代分别出现了功率 MOSFET 和 IGBT，典型的功率 MOSFET 具有高开关频率、耐压低、大电流和通态电阻大的性能。与之相比，IGBT 则是开关频率较低、耐压高和通态压降小。2000 年前后开发了宽禁带材料如碳化硅 SiC（silicon carbide）和氮化镓 GaN（gallium nitride）器件，这两种宽禁带器件的主要特点是反向恢复电荷少、耐高温。总之，电力电子器件在向高开关频率、低开关损耗、耐高电压、大电流、耐高温、高功率密度技术方向发展。

从控制的角度，功率半导体器件是一种通过弱电信号触发器件强电信号导通或截止的信号转换器件。根据弱电信号控制强电信号的可控性，功率半导体器件可分为不可控型器件、半控型器件和全控型器件。其中，功率二极管是不可控型器件，它没有控制信号，导通或截止由其端电压决定。晶闸管是半控型器件，它的门极信号可使其触发导通，但是不能使其截止。功率晶体管、功率 MOSFET 和 IGBT 是全控型器件，它们的基极或栅极信号能够触发器件导通，也能使它们截止。

根据器件基极、门极或栅极的载流子工作机理，功率半导体器件可分为电流型和电压型触发导通器件。其中，晶闸管和功率晶体管属于电流型触发导通器件，而功率 MOSFET 是电压型触发导通器件，IGBT 则是混合型触发导通器件。电流型器件的基极或门极需要流过一定宽度和强度的电流触发脉冲，才能使器件触发导通。它的驱动电路较为复杂，功耗较大。而电压型器件的栅极仅需电压信号驱动而使其导通或截止，器件的驱动电路简单且功率小。

从半导体材料角度，功率半导体器件可分为硅基材料器件和宽禁带材料器件。SiC 和 GaN 半导体材料的禁带宽度是硅基材料 1.12eV 的 3 倍左右，击穿场强至少是硅基材料 0.3×10^6 V/cm 的 10 倍，因此在耐压相同的情况下 SiC 和 GaN 功率半导体器件比硅基器件的晶元尺寸更小。由于载流子饱和漂移速度更快，宽禁带器件的导通电阻更小。SiC 和 GaN 半导体材料耐热系数高，使得由它们制成的功率半导体器件的散热铅壳更小。更小的晶元和散热铅壳，使得宽禁带功率半导体器件的功率密度更大。而且，更小的晶元使得宽禁带功率半导体器件的寄生元件更小，具有更小的浪涌电流或浪涌电压，有利于器件开关速度的提高。同时，由于反并联二极管采用宽禁带材料基的肖特基二极管，二极管反向恢复损耗也更小，恢复时间更短。因此，宽禁带器件满足汽车对高功率密度和耐高温功率半导体器件的需求，它们在新能源汽车的电驱动、快速充电和 DC-DC 转换方面具有广阔的应用前景。

1.2.2 不可控器件

功率二极管是一种不可控型功率半导体器件，在整流、续流和钳位等电子电气电路中广泛应用，反向恢复时间短的宽禁带材料功率二极管如碳化硅二极管已批量使用。功率二极管是一种以 PN 结为基础的两端器件，可分为整流二极管、快恢复二极管和肖特基二极管。图 1.16 显示了功率二极管的电气符号和伏安特性曲线。

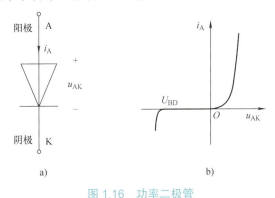

图 1.16 功率二极管
a）电气符号 b）伏安特性曲线

图 1.16a 显示了功率二极管的阳极 A 端和阴极 K 端。图 1.16b 显示了功率二极管的伏安特性曲线，二极管有一个阈值电压 U_{dth}，当 $u_{AK} \geq U_{dth}$ 时，二极管正向偏置而导通，电流从 A 端流向 K 端；反之，二极管会截止。当 $u_{AK} < 0$ 时，二极管反向偏置。二极管的反向偏置电压不能超过其反向击穿电压 U_{BD}，否则二极管会被击穿而损坏。在功率二极管导通至截止过程中，有一个反向恢复特性，反向恢复电流需要几乎完全复合器件的电荷，使器件形成阻断电流的能力。功率二极管的反向恢复电荷 Q_{drr} 是决定器件工作频率的一个重要指标。

假设 $U_{dth} = 0$，$Q_{drr} = 0$，$U_{BD} = \infty$，$i_{AK} = +\infty$，那么二极管虚拟为一个理想器件，在工作时没有损耗。实际的功率二极管在导通时有一个通态压降 U_{don}，假设 $U_{dth} = U_{don}$，$Q_{drr} = 0$，$U_{BD} = \infty$，那么器件有一个准理想的电压 - 电流特性。假设二极管的通态电压降随着导通电流增大而线性增长，那么器件表现为一个线性的伏安特性，它更接近于实际二极管的工作特性。图1.17显示了功率二极管的理想、准理想和线性的伏安特性曲线。

功率二极管的PSIM模型有四个参数，主要包括阈值电压和通态电阻。

① Diode Threshold Voltage：阈值电压。
② Diode Resistance：通态电阻。
③ Initial Position：初始状态；0，截止；1，导通。
④ Current Flag：电流标志；0，无电流数据记录；1，带电流数据记录，在Simview界面中出现二极管电流变量；如果勾选该项，则在PSIM界面出现器件的电流示波器。

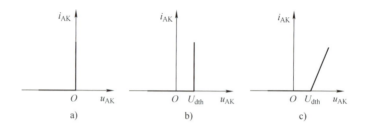

图1.17　功率二极管的数学模型
a）理想　b）准理想　c）线性

如果模型的阈值电压和通态电阻都设置为0，那么二极管的PSIM模型是一个理想二极管。如果阈值电压大于0，通态电阻设置为0，那么二极管的PSIM模型是一个准理想模型。如果通态电阻设置为一个非零正数，那么二极管的PSIM模型是一个线性模型，它的通态电压降是其通过电流的一个一元函数。

$$u_{AK} = U_{dth} + i_{AK} R_{don} \quad (1.21)$$

式中，R_{don}为功率二极管的通态电阻（Ω）。

图1.18显示了一个简单的正弦电压源、功率二极管和电阻串联的PSIM模型电路。其中，R1 = R2 = R3 = 2.2Ω，正弦电压源Vs的有效值22V、频率50Hz、初始相位0。二极管D1、D2和D3的初始状态设置为0，电流标志设置为0；勾选D1的电流标志后，在D1上方出现一个示波器模块；它们的阈值电压分别设置为0、2V和2V，通态电阻分别设置为0、0和100mΩ，分别对应二极管的理想模型、准理想模型和线性模型。仿真控制的步长和时长分别为0.1ms和0.1s。图1.19显示了PSIM模型运行结果的电源电压、负载电阻电压和二极管电压降曲线。

在图1.19中，仅在Us1的正半周期内，电源能够给负载电阻供电，Ur2介于Ur1和Ur3之间，Ur1最高、Ur2次之、Ur3最低，负载电阻在负半周的电压降Ur1、Ur2和Ur3为0。在Us1的正半周期内，二极管导通后，电压降Ud2介于Ud1和Ud3之间，Ud3最高、Ud2次之、Ud1最低。D1的电压降为0，D2的电压降为常值2V，D3的电压降随负载电流发生变化，这也反映在各负载电阻的端电压曲线变化上。

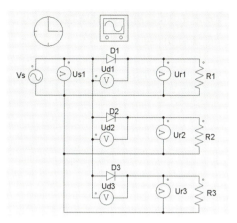

图 1.18 功率二极管的 PSIM 模型

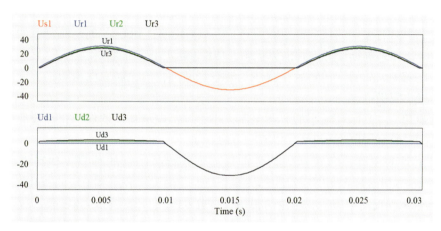

图 1.19 功率二极管的通态电压降

1.2.3 半控型器件

晶闸管（thyristor）的发明开创了电力电子技术的新纪元，它是一种耐高压、通态电压降很低、工作频率在 1kHz 以下的电流型功率半导体开关器件。晶闸管是一种半控型开关器件，一旦被触发导通，就进入了擎住状态。导通后，晶闸管能有一个很低的正向阻抗；截止后，它又有很高的正反向阻抗。

图 1.20 显示了晶闸管的电气符号和伏安特性。在图 1.20a 中，与二极管相比，晶闸管多了一个门极 G，为器件导通提供电流触发脉冲。在图 1.20b 中，晶闸管与二极管有相似形状的伏安特性曲线，区别在于晶闸管导通受控于门极触发电流 I_G 的强度和正向偏置电压 u_{AK} 的大小。

① 如果 $I_G = 0$，器件阳阴极的正向偏置电压小于正向转折电压 U_{FBD}，即 $0 < u_{AK} < U_{FBD}$，那么器件处于正向阻断的截止状态，仅有微小的漏电流流过。

② 如果 $I_G = 0$，且 $u_{AK} > U_{FBD}$，那么晶闸管的正向漏电流骤增，器件完全导通，类似功率二极管的工作特性，导通压降在 1V 左右。

③ 如果 $I_G > 0$，那么所要求的 U_{FBD} 随着 I_G 的增加而减小，也就是正向的门极触发电流能够降低晶闸管开通所需的转折电压。

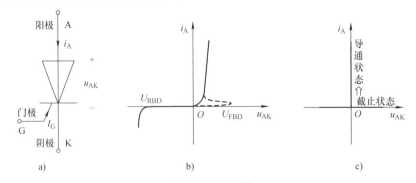

图 1.20 晶闸管
a）电气符号 b）伏安特性 c）理想特性

如果 $u_{AK} < 0$，且其幅值不超过反向击穿电压 U_{RBD}，无论 I_G 是否存在，器件工作在反向阻断状态，只有微弱的反向漏电流流过。当 u_{AK} 幅值达到 U_{RBD} 时，晶闸管的反向漏电流急剧增大，如果继续保持这种击穿状态，器件会因热击穿而损坏。

擎住电流 I_L。 晶闸管触发后，器件从断态到通态，门极触发电流撤销，能保持晶闸管通态的最小阳极电流。

维持电流 I_H。 晶闸管最小的导通电流，小于维持电流将使器件停止导通而进入截止状态。晶闸管的维持电流小于擎住电流，即 $I_H < I_L$。

由晶闸管的工作原理和伏安特性曲线，可获得晶闸管的理想工作特性曲线，如图 1.21c 所示。横坐标表示零电流的器件截止状态，纵坐标表示零电压的器件导通状态。

① 器件承受反向电压时，不论门极是否有触发电流，器件都不会导通。

② 器件承受正向电压时，仅在门极有触发电流的情况下晶闸管才能导通。

③ 晶闸管一旦导通，门极就失去控制作用，无论门极触发电流是否存在，器件都保持通态。

④ 要使已导通的晶闸管截止，只能减小晶闸管的电流至接近于零的某一数值以下，采取减小阴阳极电流或反向电压的方法可加速晶闸管截止。

晶闸管的 PSIM 模型有五个参数，主要包括阈值电压和通态电阻。

① Voltage Drop：通态电压降。

② Holding Current：维持电流，采用默认设置 0。

③ Latching Current：擎住电流，采用默认设置 0。

④ Initial Position：初始状态；0，截止；1，导通。

⑤ Current Flag：电流标志；0，无电流数据记录；1，带电流数据记录，在 Simview 界面中出现二极管电流变量；如果勾选该项，则在 PSIM 界面出现器件的电流示波器。

如果设置 Voltage Drop > 0，那么晶闸管触发导通后的伏安特性可采用类似图 1.17b 的准理想模型表征。图 1.21 显示了一个简单的正弦电压源、晶闸管和电阻串联的 PSIM 模型电路。其中，R1 = R2 = R3 = 3.11Ω，正弦电压源 Vs 的有效值 311V、频率 50Hz、初始相位 0。晶闸管 THY1、THY2 和 THY3 的初始状态设置为 0，电流标志设置为 0；

它们的通态电压降都设置为 0，维持电流分别设置为 0、1 和 0，擎住电流分别设置为 0、0 和 1。门极触发单元 G1、G2 和 G3 的参数相同，频率 50Hz，触发角 30°。仿真控制的步长和时长分别为 0.1ms 和 0.1s，图 1.22 显示了 PSIM 运行结果的电源电压、负载电阻电压和晶闸管电压降曲线。

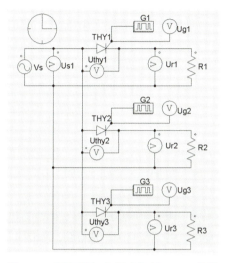

图 1.21　晶闸管与负载电阻的 PSIM 模型

在图 1.22 中，Ug1、Ug2 和 Ug3 为晶闸管 THY1、THY2 和 THY3 的门极驱动信号，仅在 Us1 的正半周期内，电源能够给负载电阻供电，负载电阻在负半周的电压降 Ur1、Ur2 和 Ur3 为 0。在 Us1 的正半周期内，晶闸管在 30° 触发导通后，电压降 Uthy1 和 Uthy3 为 0，负载电阻的电压 Ur1 和 Ur3 与 Us1 的曲线重合，Ur2 在 Ur1 曲线的下方；由于维持电流的设置为 1，Uthy2 的电压降随其电流发生变化，Uthy2 在 Uthy1 曲线的上方。而且擎住电流的设置大小不影响模型的伏安特性曲线形状，因此建议将维持电流和擎住电流都设置为 0。在电源信号进入负半周期后，由于晶闸管电流在 0.01s 已经下降至 0，且 $u_{AK} < 0$，因此晶闸管截止。

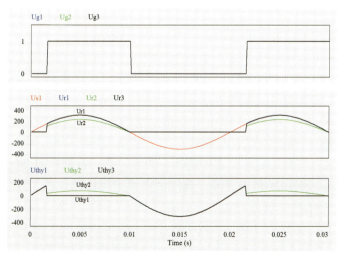

图 1.22　晶闸管与负载电阻的 PSIM 模型运行曲线

1.2.4 全控型器件

功率晶体管、功率 MOSFET 和 IGBT 是典型的全控型功率半导体开关，其中功率 MOSFET 和 IGBT 是新能源汽车电机控制器、充电装置和 DC-DC 变换器三大电子电气部件的常用功率半导体器件。

功率晶体管是双极结型功率晶体管 P-BJT（power bipolar junction transistor）的简称，是一种耐高压、导通压降低、输入阻抗小和工作频率在 1kHz 以上的电流型功率半导体开关器件。功率 MOSFET 是一种高输入阻抗和可达 1MHz 工作频率的电压控制型功率半导体开关器件，其工作原理与逻辑 MOSFET 相同，在驱动和高频方面具有突出的优点，器件具有电压驱动、功耗小、电路简单、开关速度快，但耐高电压能力差、容量小的特点。IGBT 兼有功率晶体管和 MOSFET 的两种载流子通道，具有高可靠性、高开关速度、高耐压、大电流、低通态压降和低功耗驱动等特性，典型应用的工作频率为 10～20kHz，耐电压等级覆盖了 600～6500V，目前已成为工业领域中应用最广泛的全控型功率半导体器件。

图 1.23 显示了功率晶体管、功率 MOSFET 和 IGBT 的电气符号。与模拟晶体管一样，功率晶体管也有 NPN 型和 PNP 型两种类型器件，如图 1.23a 和 b 所示。常用的功率 MOSFET 器件分为 N 沟道增强型和 P 沟道增强型两种类型器件，如图 1.23c 和 d 所示。IGBT 的电气符号如图 1.23e 所示。注意，它们有不同的驱动方式和应用方法。

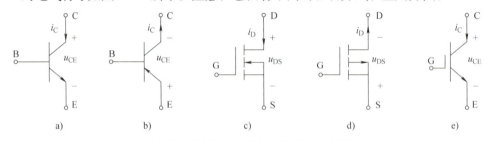

图 1.23 全控型功率半导体器件电气符号

a）NPN 型功率晶体管　b）PNP 型功率晶体管　c）N 沟道增强型 MOSFET
d）P 沟道增强型 MOSFET　e）IGBT

将全控型功率半导体开关的基极、门极或栅极统称为门极，U_g、u_o 和 i_o 分别表示门极控制信号、输出电压和输出电流。在 U_g 控制下，器件的输出电流 i_o 只允许单向流动。对于 N 沟道增强型功率 MOSFET，U_g 表示施加在门极 G 和源极 S 之间的电压 U_{GS}，u_o 表示施加在漏极 D 和源极 S 之间的电压 u_{DS}，i_o 表示从漏极 D 流向源极 S 的电流 i_d。

图 1.24 显示了全控型器件工作在电压和电流的正向区的电压 - 电流特性曲线。在图 1.24a 中，不同的门极信号 U_g，对应的 u_o-i_o 关系曲线形状相似，电流 i_o 存在一个接近最大电流的饱和区。将器件的正向工作特性分为 Ⅰ、Ⅱ、Ⅲ 和 Ⅳ 四个区，分别对应器件的截止区、线性区、饱和区和击穿区。全控型功率半导体器件在 Ⅰ 区和 Ⅱ 区之间切换。比如，U_g 为高电平信号，器件导通，工作在 Ⅱ 区，i_o 可以较大，而 u_o 很小；U_g 为低电平信号，器件截止，工作在 Ⅰ 区，i_o 几乎等于 0，u_o 可以较大。图 1.24b 显示了理想的电压 - 电流特性，器件工作在 Ⅰ 区，$i_o = 0$，$u_o = \infty$。器件工作在 Ⅱ 区，$u_o = 0$，$i_o = \infty$。这样，理想的全控型器件只在截止和导通两个理想开关状态工作。

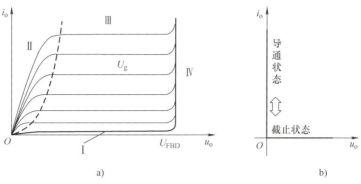

图 1.24 全控型功率半导体器件的电压 - 电流特性
a）工作区 b）理想特性

在 PSIM 软件中，功率晶体管、功率 MOSFET 和 IGBT 各有模型，它们的参数设置存在一定差异。功率晶体管的 PSIM 模型有三个参数需要设置，主要是集电极与发射极之间的饱和电压。

① Saturation Voltage：集电极 - 发射极的饱和电压。

② Initial Position：初始状态；0，截止；1，导通。

③ Current Flag：电流标志；0，无电流数据记录；1，带电流数据记录，在 Simview 界面中出现二极管电流变量；如果勾选该项，则在 PSIM 界面出现器件的电流示波器。

除初始状态和电流标志两个参数外，功率 MOSFET 的 PSIM 模型还有三个参数需要设置，分别为 MOSFET 的通态电阻和反并联二极管参数。

④ On Resistance：漏极 - 源极的通态电阻。

⑤ Diode Threshold Voltage：反并联二极管的阈值电压。

⑥ Diode Resistance：反并联二极管的通态电阻。

除反并联二极管的阈值电压和通态电阻参数设置外，由于 IGBT 兼有功率晶体管和功率 MOSFET 的载流子运动机理，因此 IGBT 的 PSIM 模型还有两个参数需要设置。

⑦ Saturation Voltage：集电极 - 发射极的饱和电压。

⑧ Transistor Resistance：集电极 - 发射极的通态电阻。

功率晶体管、功率 MOSFET 和 IGBT 的 PSIM 模型能够描述器件的通态损耗与理想的电压 - 电流特性，图 1.25 显示了三个全控型器件与电阻负载的直流电路。其中，R1 = R2 = R3 = 0.6Ω，恒压源 Vd =24V，为电阻负载供电。三个方波发生器 VSQ1~VSQ3 分别通过开关通断控制器 ON1~ON3 控制 NPN 型功率晶体管、N 沟道增强型功率 MOSFET 和 IGBT 的工作状态，VSQ1~VSQ3 的参数设置相同，幅值为 1V，频率为 1kHz，占空比为 50%，相位滞后 90°。

NPN 型功率晶体管的饱和电压 Saturation Voltage = 2，N 沟道增强型功率 MOSFET 的通态电阻 On Resistance = 75mΩ，IGBT 的饱和电压 Saturation Voltage = 2V、通态电阻 Transistor Resistance = 10mΩ；后两个器件的反并联二极管参数均为默认值 0，Diode Threshold Voltage = 0，Diode Resistance = 0。另外，全控型器件的初始状态设置和电流标志也设置为 0。仿真控制的步长和时长分别为 10μs 和 3ms。

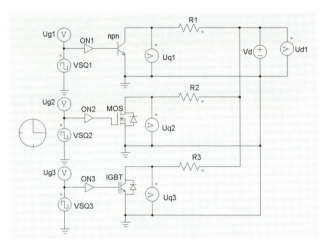

图 1.25 全控型开关的 PSIM 模型

图 1.26 显示了 PSIM 运行结果的三个全控型器件的电压与电流曲线。在相同的恒压源和门极方波信号 Ug1、Ug2 和 Ug3 的作用下，尽管三个全控型功率半导体器件的导通状态特征参数有差异，但是它们的输出电压 - 电流特性相似，负载电阻出现了方波电压和方波电流波形。如果不考虑器件的通态压降，负载电阻的方波电压和方波电流的频率为 1kHz，幅值分别为 24V 和 40A，有效值分别为 17V 和 28A。功率晶体管、IGBT 和功率 MOSFET 的通态电压降分别为 2V、2.36V 和 2.67V，那么负载电阻 R1、R2 和 R3 的电流幅值分别约为 36.7A、36.1A 和 35.6A，器件的功耗分别达到 73.4W、85.2W 和 95.0W。就通态压降曲线而言，IGBT 的 Uq3 介于功率晶体管的 Uq1 和功率 MOSFET 的 Uq2 之间。

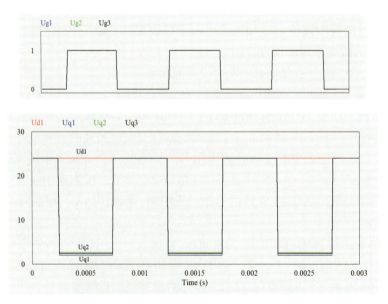

图 1.26 全控型器件与电阻负载的 PSIM 模型仿真曲线

全控型功率半导体器件要求禁止工作在 IV 区，否则会被高电压击穿。为了进一步防止一个全控型开关被电子击穿或热击穿，设定其最高工作温度和电应力条件下所围成的最大电压和持续电流的区域，该区域称为器件的安全工作区。如果施加在器件两端的电压超过其允许的正向耐受电压 U_{FBD} 或反向耐受电压 U_{RBD}，器件会被电子击穿而损坏，工作可靠性下降。器件流过大电流时，会快速积聚欧姆热。如果热发散不及时，器件结温过高，会被热击穿而烧毁。在超限的浪涌电流或浪涌电压下，器件可能被误触发而导通，导致电路功能异常。

1.3 开关过程

在实际应用中，全控型功率半导体器件在导通、截止及其相互切换的过程中产生功率消耗，这些功耗能够引起器件的发热，乃至高温而热击穿。其中，高频振荡的开关电压和电流能够引起器件的强电应力和电磁干扰（electromagnetic interference，EMI）问题。如果将功率半导体器件抽象为无损耗的理想开关，分析理想开关电路的电压-电流特性，有助于理解电力电子电路的复杂行为。

1.3.1 硬开关

在电力电子电路中，功率半导体开关的导通与截止的切换过程会产生高功耗，这样的开关过程被称为硬开关。对应图 1.24a 所示的全控型器件的开关工作区，图 1.27a 示意了硬开关的电压、电流和功率特性。

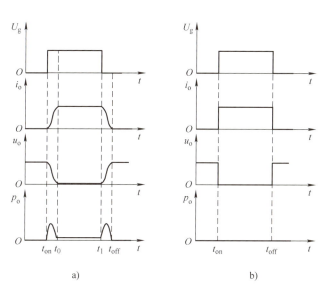

图 1.27　全控型开关过程的电压-电流特性
a）硬开关　b）理想开关

① 在 t_{on} 时刻，门极信号 U_g 从低电平跳变到高电平，触发器件导通。

② 在 $t_{on} \sim t_0$ 期间，U_g 驱动器件开启导通过程，电流 i_o 快速上升，电压 u_o 快速下降。它们的曲线交越，使 p_o 呈现一个凸起的功耗，称为器件的导通损耗。

③ 在 $t_0 \sim t_1$ 期间，U_g 驱动器件进入导通状态，i_o 和 u_o 各自稳定，器件完全导通，使 p_o 呈现一个平稳的功耗，称为器件的通态损耗。

④ 在 t_1 时刻，U_g 从高电平跳变到低电平，触发开关器件截止。

⑤ 在 $t_1 \sim t_{off}$ 期间，U_g 驱动器件开启截止过程，电流 i_o 快速下降，电压 u_o 快速上升；器件的电压和电流曲线交越，使 p_o 呈现一个凸起的功耗，称为器件的截止损耗。

⑥ 在 t_{off} 时刻，器件进入截止状态。

由此可见，硬开关的特点是器件的开关过程的电压和电流均不为0，出现了交越重叠，因而产生了明显的开关损耗。而且，硬开关的电压和电流快速变化，波形出现明显的过冲或跌落，开关损耗能够使器件产生高温、电磁噪声和电应力。开关的电压、电流、功率和频率等工作参数受到限制，开关损耗可随开关频率的增加而增大。

假设功率半导体开关器件的最大工作电流、最高正向电压、最高反向电压、最大结温分别为 $I_{o,max}$、$U_{F,max}$、$U_{R,max}$、$T_{j,max}$，那么该器件在安全工作区工作的电压 u_o、电流 i_o、功率 p_o 和结温 T_j 有限制条件。

导通状态 $\begin{cases} u_o \approx 0 \\ 0 < i_o \leq I_{o,max} \\ p_o > 0 \\ T_j \leq T_{j,max} \end{cases}$

截止状态 $\begin{cases} i_o \approx 0 \\ 0 < u_o \leq U_{F,max}，正向 \\ 0 < u_o \leq U_{R,max}，反向 \\ p_o \approx 0 \\ T_j \leq T_{j,max} \end{cases}$

开关过程 $\begin{cases} p_o > 0 \\ T_j \leq T_{j,max} \\ 0 < u_o \leq U_{F,max}，正向 \\ 0 < u_o \leq U_{R,max}，反向 \\ 0 < i_o \leq I_{o,max} \end{cases}$

1.3.2 理想开关及其驱动

在电力电子电路中，硬开关存在导通和截止过程的时间延迟和开关损耗。一个理想开关的工作特点是零开关时间、零通态电压降和零截止电流，高速长时间反复导通与截止，开关不损坏，其电压-电流特性如图1.27b所示。理想开关不考虑开关频率和温度的工作条件，没有功率消耗，其电压和电流特性如下表达：

导通状态 $\begin{cases} u_o = 0 \\ -\infty < i_o < +\infty \end{cases}$

截止状态 $\begin{cases} i_o = 0 \\ -\infty < u_o < +\infty \end{cases}$

开关过程 $p_o = 0$

理想开关的 PSIM 模型采用一个双向开关 Bi-directional Switch 表示，在 Element → Power → Switches 菜单中选择。理想开关的 PSIM 模型是一种理想或准理想模型，不考虑导通和截止过程，导通和截止两个状态的开关电阻分别为 10μΩ 和 1MΩ。它有两个参数，包括初始状态 Initial Position 和电流标志 Current Flag。

① Initial Position：初始状态；0，截止；1，导通。

② Current Flag：电流标志；0，无电流数据记录；1，带电流数据记录，在 Simview 界面中出现二极管电流变量；如果勾选该项，则在 PSIM 界面出现器件的电流示波器。

开关的驱动方式有两种，一种是门控模块，另一种是开关控制模块。门控模块 Gating Block 或 Gating Block（file）在 Element → Power → Switches 菜单中选择，只能与开关的门极连接，其设置的参数有三个。

① Frequency：工作频率（Hz）。

② No. of Points：一个周期模块输出的高电平点数。

③ Switching Points：一个周期模块输出的高电平位置，用角度表示。

例如，一个开关的工作频率为 1000Hz，它的驱动信号波形如图 1.28 所示。以一个正弦波信号周期为 360° 为参考，门控模块输出高电平信号的区间分别是 60°～120°、180°～210° 和 240°～330°，那么门控模块输出信号的高低电平切换位置有 6 个：60°、120°、180°、210°、240° 和 330°。因此，Frequency =1000，No. of Points =6，Switching Points =60 120 180 210 240 330。如果选择 Gating Block（file），则在门极触发信号表文件 File of Gating Table 框中填写一个扩展名为 tbl 的文件如 mytest.tbl，然后在文本文件 mytest.tbl 中写入下面的 1 列数字。

6
60.
120.
180.
210.
240.
330.

如果门控模块的 Frequency = 0，则触发时间以 s 为单位定义模块输出信号切换的位置，时间长度由仿真时长决定。

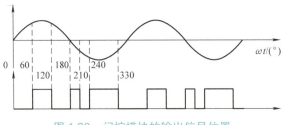

图 1.28 门控模块的输出信号位置

开关控制模块包括通断控制器、α 控制器和 PWM 模式控制器，可分别单击菜单 Element → Other → Switch Controllers 子菜单中的 On-Off Controller、Alpha Controller 和 PWM Pattern Controller 实现。其中，通断控制器最常用，输入为逻辑信号，输出至开关的门极，没有参数需要设置。常用方波信号作为通断控制器的输入，在图 1.25 中已经应用，并做了相关描述。α 控制器经常应用在晶闸管触发控制的电力电子电路中，而 PWM 模式控制器则应用在全控型开关的逆变电路中。

1.3.3　RLC 负载的理想开关过程

电阻（R）、电感（L）和电容（C）是电路的最基本元件，导线将它们连接在一起构成电路。实际上，导线也可以看作一只电阻，而且寄生了电感和电容元件。实际的电感（器）也有寄生的电阻和电容元件，同样，实际的电容（器）也有寄生的电阻和电感元件。一般而言，寄生元件的数值很小，在直流或低频电源激励下，它们的电压或电流响应在电路系统分析中可忽略不计。但在电力电子电路中，功率半导体开关快速导通或截止，电路的寄生电感和寄生电容能引起其电流或电压的振荡。

图 1.29 显示了 RLC 负载的理想开关电路。其中，电路设置了四个理想开关，SS11 和 SS21 是同时触发导通和截止的器件，驱动信号为 Ug1；SS12 和 SS22 也是同时触发导通和截止的器件，驱动信号为 Ug2。SS11 和 SS22 互补触发导通或截止，它们由方波电源 VSQ1 产生的 PWM 信号分别通过通断控制器 ON1 和 ON2 驱动。恒压源 Vdc 的幅值为 48V，R1 =0.2Ω，R2 =0.05Ω，L1 =0.500μH，C1 =0.5μF。PWM 的占空比为 50%，幅值为 1V，频率为 5kHz，相移为 90°，其他参数为默认设置。NOT1 为非门，在 Element → Control → Logic Elements 逻辑器件模型库中选择。仿真控制步长为 1μs，时长为 1ms。

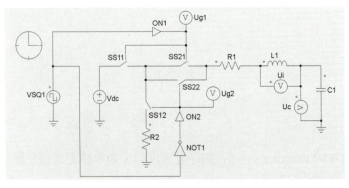

图 1.29　RLC 负载的理想开关电路

在电感和电容的初始零状态下,图 1.30 显示了 PSIM 电路模型运行的仿真结果。在开关 SS21 导通或截止时,电阻 R1 的电流出现了振荡,它源于电感 L1 和电容 C1 的能量谐振。这种电流振荡现象在实际电路的功率半导体开关中常见,由电路(寄生)元件的电压或电流的振荡引起。为了便于分析 RLC 电路的振荡原理,将图 1.29 简化为恒压源、理想开关、电阻、电感和电容的串联电路,如图 1.31 所示。

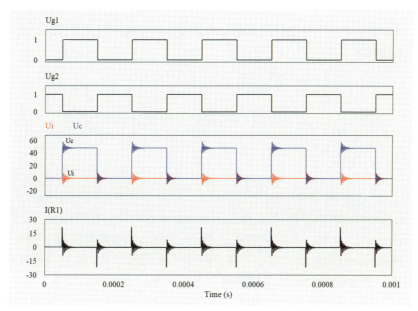

图 1.30 理想开关作用的 RLC 负载的电压与电流波形

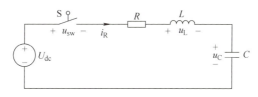

图 1.31 RLC 电路

由各元件的特性,可写出图 1.31 所示的 RLC 串联电路的微分方程。

$$\begin{cases} u_C = \dfrac{1}{C}\int i_R \mathrm{d}t \\ u_L = L\dfrac{\mathrm{d}i_R}{\mathrm{d}t} \\ u_{sw} + Ri_R + u_L + u_C = U_{dc} \end{cases} \quad (1.22)$$

整理式(1.22),得

$$\begin{cases} Ri_R + L\dfrac{\mathrm{d}i_R}{\mathrm{d}t} + \dfrac{1}{C}\int i_R \mathrm{d}t = u \\ u = U_{dc} - u_{sw} \end{cases} \quad (1.23)$$

在图 1.31 中，假设开关 S 首次导通前的电感 L 和电容 C 分别保持零电流和零电压状态，那么 RLC 负载的电流与其施加电压的传递函数为

$$G(s) = \frac{I_R(s)}{U(s)} = \frac{1}{L} \frac{s}{s^2 + \frac{R}{L}s + \frac{1}{LC}} \quad (1.24)$$

式（1.24）表示了一个带微分环节的二阶系统，该系统的增益 K、阻尼比 ξ 和无阻尼频率 ω_n 分别计算为

$$\begin{cases} K = C \\ \omega_n = \dfrac{1}{\sqrt{LC}} \\ \xi = \dfrac{R}{2}\sqrt{\dfrac{C}{L}} = \dfrac{1}{2Q_n} \\ Q_n = \tau_L \omega_n \end{cases} \quad (1.25)$$

式中，τ_L 表示等于 L/R 的时间常数，单位为 s；Q_n 表示电路的品质因子，是系统阻尼比倒数的 0.5 倍。当 $\xi<1$ 时，系统欠阻尼；当 $\xi=1$ 时，系统临界阻尼；当 $\xi>1$ 时，系统过阻尼。因此，L 越大，或 C 越小，或 R 越小，系统越容易欠阻尼而使其电流、电感电压、电容电压发生振荡。根据系统的时间常数和无阻尼频率的关系，当 $Q_n<0.5$ 时，RLC 串联电路处于过阻尼状态。Q_n 越大，电路系统越容易发生振荡。因此，实际电路的寄生电感和寄生电容数值小，容易使电路处于欠阻尼状态。

在开关由截止到导通的首次切换中，开关端电压 u_{sw} 发生了阶跃变化。

$$u_{sw} = [1 - 1(t)]U_{dc} \quad (1.26)$$

式中，$1(t)$ 表示单位阶跃函数。将式（1.23）代入式（1.26），并进行拉普拉斯变换，得到

$$U(s) = \frac{U_{dc}}{s} \quad (1.27)$$

这样，将式（1.25）和式（1.27）代入式（1.24），移项得

$$I_R(s) = \frac{K_g U_{dc}}{s^2 + 2\xi\omega_n s + \omega_n^2} \quad (1.28)$$

式中，K_g 表示根轨迹增益，$K_g = 1/L$。假设电路处于欠阻尼状态，求式（1.28）的拉普拉斯反变换，并运用欧拉公式，化简得到电路电流随时间变化的函数。

$$i_R(t) = \frac{U_{dc}}{\omega L} e^{-\frac{t}{2\tau_L}} \sin\omega t \qquad t \geq 0 \quad (1.29)$$

其中

$$\omega = \omega_n\sqrt{1-\xi^2} \qquad \xi < 1 \quad (1.30)$$

式（1.29）是一个时间的指数和正弦的乘积函数，随着电压作用时间的增加，RLC串联电路的电流振荡衰减。如果 $\xi=1$，那么 RLC 电路的电流将是一个时间的正弦函数，也就是电路的电流发生无衰减振荡，所谓"谐振"。

在图 1.29 中，当 PWM 信号控制的理想开关 SS21 导通和截止时，电路的电流发生了振荡。在开关导通时，电感和电容均处于零状态，它们没有初始能量。当该串联电路施加了一个电压阶跃输入，电感和电容的能量通过振荡相互转换，表现为电感电压 u_L 和电容电压 u_C 的振荡衰减过程，从而使得电阻电流 i_R 发生振荡。当 SS21 截止时，虽然电感保持零状态，但是电容已经充满电，电路处于非初始状态。而且，此时恒压源已经与 RLC 电路断开，系统处于一个零输入响应状态，电路的电流同样能够发生振荡，相应的分析方法与开关导通情况时类似，其中需要注意电容处于非零状态的拉普拉斯变换。

RLC 电路的谐振，一方面增大了电流或电压的幅值，增加功率半导体器件的电应力；另一方面，它可以用来减少功率半导体器件开关过程的损耗。比如，当器件的电流或电压过零时，器件被截止或导通，那么可以大幅度地削减器件的开关损耗。

1.3.4 零电压开关

由于电子电气线路存在寄生的电阻、电容和电感，因此功率半导体器件硬开关产生的振荡电流或电压，不仅能够产生电磁干扰，而且增大了线路元器件的电应力，造成线路的长期累积性损伤或灾难性危害。为此，提出了软开关技术，使功率半导体开关在导通或截止过程的功耗近乎为零，以减轻甚至消除线路硬开关的危害。零电压开关 ZVS（zero voltage switch）和零电流开关 ZCS（zero current switch）是两种常用的软开关技术，ZVS 是指功率半导体器件在开关过程中的端电压为 0，ZCS 是指在开关过程中流过功率半导体器件的电流为 0。它们既可用于开关的导通过程，也可用于开关的截止过程。

图 1.32 显示了 ZVS 导通电路的 PSIM 模型。其中，Vs 为恒压源，Io 为恒流源，并且假设电容 Cr 和电感 Lr 处于零初始状态。当开关 Q 处于截止状态时，D 能够保持导通状态，Cr 和 Lr 在 Us 和 Io 作用下形成振荡回路，Cr 充电或放电的电流幅值不超过 Io，Cr 和 Lr 的电压呈现正交变化趋势；当 Q 保持导通状态时，D 截止，Cr 通过 Q 快速放电至零电压状态，Q 和 Lr 电流为 Io。

在图 1.32 中，Vs =48V，Io =1.8A，Cr =0.08μF，Lr =0.08mH，D 的阈值电压为 0.7V。Q 为功率 MOSFET，通态内阻为 0.8Ω，反并联二极管 QD 的阈值电压为 0.7V。仿真步长和时长分别为 0.1μs 和 160μs。如果 PWM1 和 PWM2 的频率设置为 20kHz，占空比为 0.75，SetTime 设置为 50μs，那么该 PSIM 电路运行的结果如图 1.33 所示。图示波形 Ug 为 Q 的门极驱动信号，在 Q 的第一个截止期，Uc、Ui、Ic、Iq 和 Id 为波动信号；其中，电容电流 Ic 和电感电压 Ui 为正弦信号，而 Uc 和 Id 为直流偏置的正弦信号。

在 Q 的第二个和第三个截止期，Cr 和 Lr 有一个从非零状态过渡到零状态的过程，Cr 恒流充电，Uc 超过 Us 和 Ud 之和，则 D 导通，启动 Cr 和 Lr 谐振；如果 Ui 大于 Us 和 Ud 之和，它们之间的电压差超过反并联二极管 QD 的阈值电压，那么 QD 导通，Ic 突变为 0，Uc 保持为微小电压，Ui 保持恒定，电感电流 Ii 方向保持不变，持续线性上升至 0。此后，Cr 和 Lr 重复它们在 Q 第一个截止期的波形。

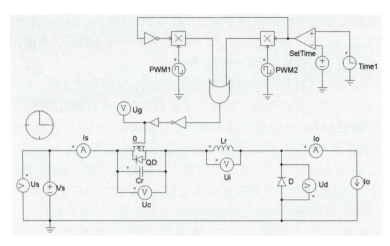

图 1.32　ZVS 导通电路 PSIM 模型

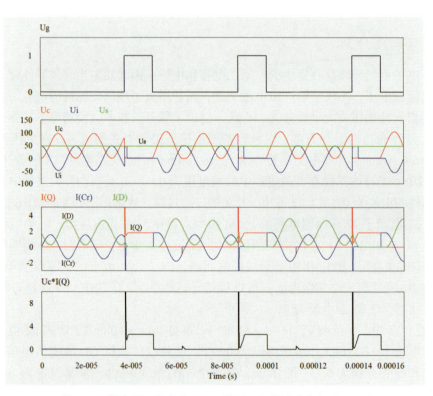

图 1.33　零电压开关电路 PSIM 模型运行曲线（占空比 0.75）

注：由于仿真软件自动生成变量，所以图中有些变量显示形式会和文中不一样，但它们仍表示同一变量，后同。例如：I(Cr) 与 Ic 是同一个量；I(Q) 与 Iq 是同一个量。

在 Q 的每一个导通时刻，Iq 产生了大脉冲电流，原因在于 Cr 的端电压发生了突变。相比于 Q 的第一个导通时刻，Uc 在 Q 的第二个和第三个导通时刻的值更大，因此使 Q 产生了更高的电流脉冲和功率脉冲。如果在 Uc 为 0 的时刻使 Q 导通，那么 Q 将会几乎没有电流脉冲且零功率导通。例如，将 PWM1 和 PWM2 的占空比设置为 0.32，那么该 PSIM 模型的运行结果如图 1.34 所示。在第一个 PWM 周期，Q 在导通时刻的 Uc 几乎为

0，实现了零电压开关导通，因此 Q 在导通时刻的电流很小，相应的导通功率远小于通态功率。

然而，在图示的第二个和第三个 PWM 周期，Q 导通时刻的功率明显大于通态功率，原因在于导通时刻 Uc 存在电压突变，使 Q 产生了较大的电流脉冲。将 PWM1 和 PWM2 的占空比分别设置为 0.32 和 0.26，那么相应 PSIM 模型的运行结果如图 1.35 所示。在开关 Q 导通时刻，没有出现功率脉冲，而且几乎没有电流脉冲产生，实现了 ZVS 导通。

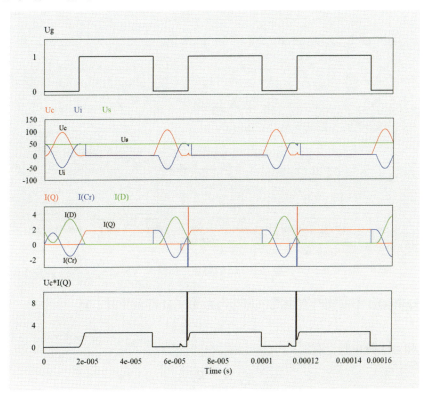

图 1.34　零电压开关电路 PSIM 模型运行曲线（占空比 0.32）

下面运用电路定律和常微分方程解析法，确定图 1.32 能够实现 Q 零电压开关的导通时刻。由图 1.32 中元器件 PSIM 模型规定的电压和电流方向，可以建立回路和元件的电压和电流方程。在电路方程中，采用小写表示电压和电流变量，与图 1.32 的大写电压和电流变量对应。

$$U_s - u_c - u_i + u_d = 0 \tag{1.31}$$

$$i_s = i_q + i_c \tag{1.32}$$

$$i_s + i_d = I_o \tag{1.33}$$

$$i_c = C_r \frac{du_c}{dt} \tag{1.34}$$

$$u_i = L_r \frac{di_s}{dt} \tag{1.35}$$

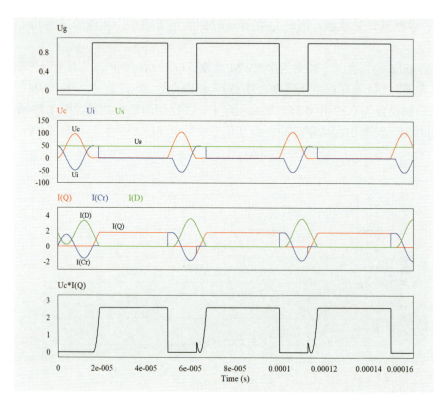

图1.35 零电压开关电路 PSIM 模型运行曲线（占空比 0.32 和 0.26）

假设 Q 和 QD 不能同时有电流，那么当 Q 和 QD 都截止时，有

$$i_q = 0 \tag{1.36}$$

当 Q 导通和 QD 截止时，有

$$u_c = R_q i_q \tag{1.37}$$

当 Q 截止和 QD 导通时，有

$$u_c = -u_{qd} \tag{1.38}$$

式中，u_{qd} 为功率 MOSFET 反并联二极管 QD 的通态压降（V）

1. Q 和 QD 截止

由式（1.31）~式（1.34），得

$$u_c + \tau^2 \frac{d^2 u_c}{dt^2} = U_s + u_d \tag{1.39}$$

$$\tau = \sqrt{L_r C_r} \tag{1.40}$$

假设 U_s 和 u_d 保持为常数，那么式（1.39）的特解为

$$u_c(t) = c_1(t)\cos\frac{t}{\tau} + c_2(t)\sin\frac{t}{\tau} \tag{1.41}$$

且

$$\begin{cases} c_1'(t)\cos\dfrac{t}{\tau}+c_2'(t)\sin\dfrac{t}{\tau}=0 \\ \dfrac{-1}{\tau}c_1'(t)\sin\dfrac{t}{\tau}+\dfrac{1}{\tau}c_2'(t)\cos\dfrac{t}{\tau}=U_s+u_d \end{cases} \tag{1.42}$$

求得

$$\begin{cases} c_1(t)=(u_i+u_d)\cos\dfrac{t}{\tau}+k_1 \\ c_2(t)=(u_i+u_d)\sin\dfrac{t}{\tau}+k_2 \end{cases} \tag{1.43}$$

式中，k_1 和 k_2 为待定系数，它们由 u_c 及其一阶导数的初值决定。那么，将式（1.43）代入式（1.41），得

$$u_c(t)=(U_s+u_d)+k_1\cos\dfrac{t}{\tau}+k_2\sin\dfrac{t}{\tau} \tag{1.44}$$

对式（1.44）两边求导，得

$$\dfrac{du_c(t)}{dt}=\dfrac{-k_1}{\tau}\sin\dfrac{t}{\tau}+\dfrac{k_2}{\tau}\cos\dfrac{t}{\tau} \tag{1.45}$$

如果已知 u_c 及其一阶导数的初值，那么

$$\begin{cases} k_1=u_c(0)-(U_s+u_d) \\ k_2=\tau\dfrac{du_c(t)}{dt}\bigg|_{t=0} \end{cases} \tag{1.46}$$

1）由于 Q 和 QD 截止，Lr 与 Cr 的电流相等。若 u_c 的初值为 0，且 i_s 初值为 0，则 D 导通，维持恒流源 Io 流动。从零电压、零电流开始，Lr 和 Cr 在恒压源 Us 和恒流源 Io 作用下发生谐振，能量周期性交替变化。

$$\begin{cases} u_c(0)=0 \\ \dfrac{du_c(t)}{dt}\bigg|_{t=0}=0 \end{cases} \tag{1.47}$$

将式（1.47）代入式（1.46）中，得到

$$\begin{cases} k_1=-(U_s+u_d) \\ k_2=0 \end{cases} \tag{1.48}$$

将式（1.48）分别代入式（1.44）和式（1.45）中，得到电容 Cr 的电压和电流表达式。

$$\begin{cases} u_c(t)=(U_s+u_d)\left(1-\cos\dfrac{t}{\tau}\right) \\ i_c(t)=(U_s+u_d)\sqrt{\dfrac{C_r}{L_r}}\sin\dfrac{t}{\tau} \end{cases} \tag{1.49}$$

当 Q 和 QD 保持截止状态时，在系统处于零状态条件下，电容 Cr 和电感 Lr 发生谐振，电容电流为正弦波，电感电压为余弦波，电容电压大于 0。

2）若 u_c 的初值为 0，i_s 的初值 I_o（I_0），则 D 截止，Cr 恒流充电，u_c 线性上升，电感电压 u_i 保持为 0。

① 当 u_c 上升至 U_s 与 u_d 之和时，D 导通，电容 Cr 和电感 Lr 将发生谐振，D 与 Cr 的电流之和应为 I_o。

② 如果 u_i 等于 U_s 与 u_{qd} 之和，那么 QD 导通，电感电流以同一方向连续变化，电容电流快速平滑下降为 0。u_c 保持为 $-u_{qd}$，u_i 保持恒定，i_s 线性上升。

③ 当 i_s 上升至 0 时，$i_d = I_o$，QD 截止，Lr 和 Cr 将发生新的谐振。

当 Q 截止时，Cr 以 I_o 恒流方式充电，它的初始电压为 Q 的通态压降，这样能够计算 Cr 端电压从 U_s 达到 $u_i + u_d$ 的恒流充电时间。

$$t_{cqoff} = \frac{C_r(U_s + u_d - U_{qons})}{I_o} \tag{1.50}$$

式中，U_{qons} 为 Q 的通态压降（V）；t_{cqoff} 为 Q 截止后 Cr 恒流充电的时间（s）。

在 Cr 恒流充电结束时刻，Cr 和 Lr 开始新的谐振，并且将该时刻计为参考时间，Cr 电压的初始状态为

$$\begin{cases} u_c(0) = U_s + u_d \\ \left.\dfrac{du_c(t)}{dt}\right|_{t=0} = \dfrac{I_o}{C_r} \end{cases} \tag{1.51}$$

将式（1.51）代入式（1.46）中，得

$$\begin{cases} k_1 = 0 \\ k_2 = I_o\sqrt{\dfrac{L_r}{C_r}} \end{cases} \tag{1.52}$$

将式（1.52）分别代入式（1.44）和式（1.45）中，可得到电容 Cr 的电压和电流表达式。

$$\begin{cases} u_c(t) = (U_s + u_d) + I_o\sqrt{\dfrac{L_r}{C_r}}\sin\dfrac{t}{\tau} \\ i_c(t) = I_o\cos\dfrac{t}{\tau} \end{cases} \tag{1.53}$$

2. Q 截止和 QD 导通

当 Cr 放电电流减小且 Lr 电压增大时，u_i 能够等于 U_s 与 u_{qd} 之和。此时，QD 导通，u_c 放电并反向充电至 $-u_{qd}$，u_i 保持恒定。当 i_s 逐渐上升至 0 时，QD 截止，Cr 和 Lr 将重复 Q 和 QD 都截止的零状态谐振过程。

$$\begin{cases} u_i(t) = U_s + u_{qd} \\ i_s(t) = i_s(t_{qdon}) + \dfrac{U_s + u_{qd}}{L_r}(t - t_{qdon}) \end{cases} t \geq t_{qdon} \tag{1.54}$$

式中，t_{qdon} 为 QD 导通时刻（s）。

3. Q 导通和 QD 截止

此时，Cr 与 Q 可等效为一个 RC 放电回路。联合式（1.32）~式（1.34），得

$$u_c = -R_q C_r \frac{du_c}{dt} + R_q i_s \quad (1.55)$$

在 Q 导通和 QD 截止期间，i_s 介于 0 和 I_o 之间，因此

$$0 \leq u_c + R_q C_r \frac{du_c}{dt} \leq R_q I_o \quad (1.56)$$

式（1.56）的解为

$$u_c(t_{qon}) e^{-(t-t_{qon})/\tau_c} \leq u_c \leq \left[u_c(t_{qon}) - R_q I_o\right] e^{-(t-t_{qon})/\tau_c} + R_q I_o \quad (1.57)$$

$$\tau_c = R_q C_r \quad (1.58)$$

式中，t_{qon} 为 Q 的导通时刻（s）。由式（1.57），得

$$u_c - R_q I_o \leq \left[u_c(t_{qon}) - R_q I_o\right] e^{-(t-t_{qon})/\tau_c} \leq u_c(t_{qon}) e^{-(t-t_{qon})/\tau_c} \quad (1.59)$$

对式（1.59）两边求导，可得

$$-i_c \leq \frac{u_c(t_{qon})}{R_q} e^{-(t-t_{qon})/\tau_c} \quad (1.60)$$

这样，Q 在导通时刻的功耗为

$$p_{qon} = \frac{u_c^2(t_{qon})}{R_q} e^{-2(t-t_{qon})/\tau_c} \quad (1.61)$$

式中，p_{qon} 为 Q 在导通时刻的开关损耗（W）。

此时，Q 的电流应力为

$$\iota_{qon} = \frac{|i_c|}{I_{qr}} = \frac{u_c(t_{qon})}{R_q I_{qr}} \quad (1.62)$$

式中，I_{qr} 为 Q 的额定电流（A）；ι_{qon} 为 Q 在导通时刻的电流应力。

由式（1.61）可知，p_{qon} 与 $u_c(t_{qon})$ 的二次方成正比，随着开关导通时间而迅速减小，仅当 $u_c(t_{qon}) = 0$ 时，$p_{qon} = 0$。由式（1.62）可知，ι_{qon} 与 $u_c(t_{qon})$ 成正比，仅当 $u_c(t_{qon}) = 0$ 时，$\iota_{qon} = 0$。换而言之，Cr 的端电压为 0 时，才能实现 Q 的 ZVS 开通，该器件在导通时刻的功耗和电流应力都能够达到最小。

在 Q 导通后，Cr 快速放电，直至 Q 的通态压降。Lr 电流 i_s 线性上升，直至其电流保持 I_o 值。同时，D 电流 i_d 下降至 0 而截止。

4. Q 零电压开关导通时刻

由于 Q 与 Cr 并联，因此 Q 的零电压时间依赖 Cr 的初始电压和电流。当 Cr 的初始电压和初始电流均为零时，由于图 1.32 所示的 Lr 和 Cr 发生谐振，那么由式（1.49）可

求出 Cr 的谐振电压为 0 的首发时刻。

$$t_{czv0} = 2\pi\tau \tag{1.63}$$

式中，t_{czv0} 为 Cr 的端电压从 0 谐振为 0 的首发时刻（s）。

由于 Q 处于导通状态的电感电流为 I_o，在 Q 由导通状态变为截止状态后，虽然 Cr 的初始电压为 0，但是 Cr 的初始电流为 I_o。当 Cr 以 I_o 恒流充电使 u_c 达到 U_s 与 u_d 之和时，Cr 和 Lr 进入谐振状态。因此，C_r 的零电压时间应该包括恒流充电时间和零谐振电压时间两个部分，由式（1.50）计算得到 Cr 恒流充电的时间，由式（1.53）得到 Cr 谐振电压为 0 的首发时间。

$$t_{czv1} = \tau\left[\pi + \arcsin\left(\frac{u_i + u_D}{I_o}\sqrt{\frac{C_r}{L_r}}\right)\right] \tag{1.64}$$

式中，t_{czv1} 表示 Cr 初始电流为 I_o、初始电压为 U_s 与 u_d 之和时谐振电压为 0 的首发时间（s）。

若以每一个 PWM 周期的截止时刻为零参考时间，则 Q 的零电压首发时间为

$$t_{zvs} = \begin{cases} t_{czv0} & u_c(0)=0,\ i_c(0)=0 \\ t_{cqoff} + t_{czv1} & u_c(0)=0,\ i_s(0)=I_o \end{cases} \tag{1.65}$$

式中，t_{zvs} 为 Q 首次可实现 ZVS 的导通时刻（s）。

5. ZVS 导通区间

在图 1.33 中，自第二个 PWM 周期起，在 Cr 和 Lr 谐振期间能够出现使 Q 截止和 QD 导通的现象。此时，U_c 已下降为 0，i_s 电流为负，QD 导通保证了 Lr 电流连续。而且，在 Lr 电流上升到 0 之前，QD 持续导通。在 Q 和 QD 截止时，Cr 和 Lr 两者的电流相同。因此，由式（1.53）、式（1.54）和式（1.64）可计算 Lr 电流 i_s 从 QD 导通时刻的负值上升到 0 的时间，等于 QD 保持导通状态的时间。

$$t_{izc} = \frac{L_r I_o \cos\left\{\tau\left[\pi + \arcsin\left(\frac{U_s + u_d}{I_o}\sqrt{\frac{C_r}{L_r}}\right)\right]\right\}}{U_s + u_{qd}} \tag{1.66}$$

式中，t_{izc} 为 QD 持续导通时间（s）。

在 QD 持续导通期间，Cr 几乎为零电压。因此，在（$t_{cqoff}+t_{czv1}$）~（$t_{cqoff}+t_{czv1}+t_{izc}$）期间，$u_c$ 几乎为 0，i_c 为 0，开关 Q 在该时间内能够实现 ZVS。

1.3.5 零电流开关

图 1.36 显示了零电流开关（ZCS）导通电路的 PSIM 模型。其中，Us 为恒压源，Io 为恒流源，并且假设电容 Cr 和电感 Lr 处于零初始状态。当开关 Q 处于截止状态时，Cr 恒流充电至 Us 后，二极管 D 导通，Id = Io，Is = 0。当开关 Q 处于导通状态时，Iq 从 0 上升至 Io，Is = Io，Id 从 Io 下降至 0，D 截止；此后，Cr 和 Lr 形成能量交互的振荡过程。当 Q 再次截止后，Iq 快速下降至 0，Ic 快速上升至 Io，直至恒流充电至 Us，D 再次导通。

图示的 $U_s=24V$，$I_o=1.2A$，$C_r=0.1\mu F$，$L_r=0.04mH$，D 的阈值电压为 0.7V。Q 为功率 MOSFET，通态内阻为 0.8Ω，反并联二极管 QD 的阈值电压为 0.7V。仿真步长和时长分别为 $0.1\mu s$ 和 $160\mu s$。如果 PWM 的频率设置为 25kHz，占空比为 25%，那么该 PSIM 电路运行的结果如图 1.37 所示。图示波形 Ug 为 Q 的门极驱动信号，在 Q 的第一个导通期，Iq、Ic、Uc 和 Ui 为波动信号。其中，电容电流 Ic 和电感电压 Ui 为正弦信号，而 Uc 和 Iq 为有直流偏置的正弦信号。

由图 1.37 可知，QD 始终处于截止状态。在开关 Q 截止后，电感电流保持为 0，而电容电压保持恒定，等于 Us 和 Ud 之和。由于电感 Lr 与开关 Q 串联，因此在 Q 导通时，Q 始终处于零电流开关状态。如果要减小 Q 的截止功耗，那么需要保证 Q 的截止电流尽可能小，也就是要使 Q 的截止电流处于 Iq 波谷。当 PWM 的占空比为 0.7，那么该 PSIM 电路运行的结果如图 1.38 所示。与图 1.37 相比，开关 Q 的截止功率几乎为 0，原因在于图 1.38 的 Iq 处于波谷，而且 Uq 也很小。因此，通过调节图 1.36 所示的 PWM 信号、Cr 和 Lr，能够使 Q 实现零电流开关导通和截止。

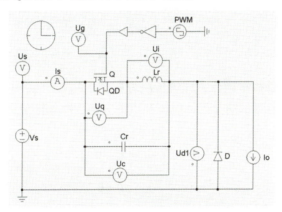

图 1.36 ZCS 导通电路 PSIM 模型

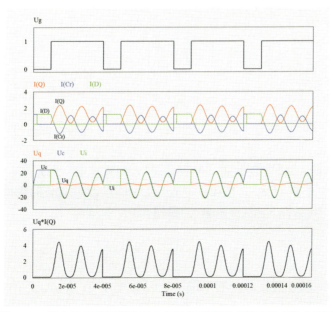

图 1.37 零电流开关导通电路 PSIM 模型运行曲线（占空比 0.25）

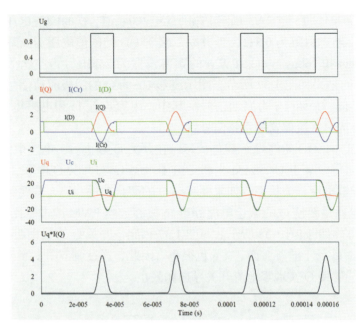

图1.38 零电流开关导通电路 PSIM 模型运行曲线（占空比 0.7）

下面运用电路定律和常微分方程解析法分析图 1.36 能够实现 Q 零电流开关（ZCS）的导通和截止时刻。由图示的元器件电压和电流方向，能够建立回路和元件的电压和电流方程。

$$U_s - u_c + u_d = 0 \tag{1.67}$$

$$u_c - u_q - u_i = 0 \tag{1.68}$$

$$i_c + i_q + i_d = I_o \tag{1.69}$$

当 Q 截止时，有

$$i_q = 0 \tag{1.70}$$

当 Q 导通时，有

$$u_q = R_q i_q \tag{1.71}$$

在图 1.36 中，QD 始终处于截止状态。假设 U_s 和 u_d 保持不变，讨论下述问题。

1. 开关 Q 截止

在 Q 截止时刻，二极管 D 截止，电容 Cr 以 I_o 恒流充电。当充电电流 i_c 下降为 0 时，D 导通，Cr 电压充电至 U_s 与 u_d 之和，电流为 I_o。假设以 Q 截止时刻作为参考时刻开始工作，结合电容特性方程，由式（1.69），得到

$$t_{cha} = \frac{C_r(U_s + u_d - u_{coff})}{I_o} \tag{1.72}$$

式中，u_{coff} 表示 Cr 在 Q 截止时刻的电压（V）；t_{cha} 表示 Cr 从 u_{coff} 上升至 U_s 与 u_d 之和的充电时间（s）。在 Q 截止期间，Cr 上升至 U_s 与 u_d 之和后，允许 Q 再次导通。

2. 开关 Q 导通

开关 Q 导通期间，Lr 以零状态开始工作，结合电感特性方程，由式（1.67）~式（1.69）和式（1.71），可得

$$R_q i_q + L_r \frac{di_q}{dt} = U_s + u_d \tag{1.73}$$

其中，以 Q 导通时刻 t_{on} 作为参考时刻。

$$i_q(t_{on}) = 0 \tag{1.74}$$

$$\left.\frac{di_q(t)}{dt}\right|_{t=t_{on}} = 0 \tag{1.75}$$

在 D 导通时，假设 u_d 保持不变，因此式（1.75）的方程可表示为

$$\begin{cases} i_q + \tau_i \dfrac{di_q}{dt} = \dfrac{U_s + u_d}{R_q} \\ \tau_i = \dfrac{L_r}{R_q} \end{cases} \tag{1.76}$$

相应的特解为

$$i_q(t) = c_1(t) e^{-(t-t_{on})/\tau_i} \tag{1.77}$$

将式（1.77）代入式（1.76），可求得

$$c_1(t) = \frac{U_s + u_d}{R_q} \left(e^{(t-t_{on})/\tau_i} - 1 \right) + k_1 \tag{1.78}$$

式中，k_1 为待定系数，由 i_q 及其一阶导数的初值决定。那么，式（1.73）的解为

$$i_q(t) = \frac{U_s + u_d}{R_q} \left(1 - e^{-(t-t_{on})/\tau_i} \right) + k_1 e^{-(t-t_{on})/\tau_i} \tag{1.79}$$

将式（1.74）代入式（1.79），得

$$k_1 = i_q(t_{on}) = 0 \tag{1.80}$$

这样，式（1.79）可表达为

$$i_q(t) = \frac{U_s + u_d}{R_q} \left(1 - e^{-(t-t_{on})/\tau_i} \right) \tag{1.81}$$

当 D 电流下降到零时，D 截止，Cr 开始通过 Q 放电，并与 Lr 形成电路振荡。由式（1.69）可知，在 D 截止时刻，i_q 等于 I_o，因此由式（1.81）可求得 Q 导通至 Cr 开始放电的时间。

$$t_{dch} = \tau_i \ln \frac{U_s + u_d}{U_s + u_d - R_q I_o} \tag{1.82}$$

式中，t_{dch} 为 Q 导通时刻至 Cr 开始放电的时间（s）。

当 Cr 与 Lr 开始振荡时，D 截止。由式（1.69），可知

$$i_c + i_q = I_o \tag{1.83}$$

对式（1.83）两边取导数，有

$$\frac{di_c}{dt} = -\frac{di_q}{dt} \tag{1.84}$$

将电容和电感的特性方程代入式（1.84），得

$$u_i = -L_r C_r \frac{d^2 u_c}{dt^2} \tag{1.85}$$

联合式（1.68）、式（1.71）和式（1.85），得到一个LrCr振荡方程。

$$\tau^2 \frac{d^2 u_c}{dt^2} + \tau_c \frac{du_c}{dt} + u_c = R_q I_o \tag{1.86}$$

其中，式（1.86）的初始条件为

$$\begin{cases} \left.\dfrac{du_c(t)}{dt}\right|_{t=t_{on}+t_{dch}} = 0 \\ u_c(t_{on}+t_{dch}) = U_s + u_d \end{cases} \tag{1.87}$$

式（1.87）的齐次方程为

$$\tau^2 \frac{d^2 u_c}{dt^2} + \tau_c \frac{du_c}{dt} + u_c = 0 \tag{1.88}$$

式（1.88）的特征方程的根为

$$\lambda_{1,2} = -\frac{1}{2\tau_i} \pm \frac{1}{\tau}\sqrt{\left(\frac{\tau_c}{2\tau}\right)^2 - 1} \tag{1.89}$$

若使LrCr发生振荡，那么式（1.89）必有复根。

$$\tau_c < 2\tau \tag{1.90}$$

或

$$\tau_c < 4\tau_i \tag{1.91}$$

假设参考时刻为$t_{on}+t_{dch}$，那么非齐次方程式（1.86）的特解为

$$u_c(t) = c_1(t)e^{-\beta t}\cos\omega t + c_2(t)e^{-\beta t}\sin\omega t \tag{1.92}$$

$$\begin{cases} \omega = \dfrac{\sqrt{1-\left(\dfrac{\tau_c}{2\tau}\right)^2}}{\tau} \\ \beta = \dfrac{1}{2\tau_i} \end{cases} \tag{1.93}$$

由初始条件的式（1.87）可得到

$$\begin{cases} c_1'(t)\cos\omega t + c_2'(t)\sin\omega t = 0 \\ c_1'(t)(-\beta\cos\omega t - \omega\sin\omega t)e^{-\beta t} + c_2'(t)(-\beta\sin\omega t + \omega\cos\omega t)e^{-\beta t} = R_q I_o \end{cases} \quad (1.94)$$

对式（1.94）求解，得

$$\begin{cases} c_1'(t) = -\dfrac{R_q I_o}{\omega} e^{\beta t}\sin\omega t \\ c_2'(t) = \dfrac{R_q I_o}{\omega} e^{\beta t}\cos\omega t \end{cases} \quad (1.95)$$

式（1.95）的解为

$$\begin{cases} c_1(t) = \dfrac{R_q I_o}{\beta^2 + \omega^2} e^{\beta t}\left(\cos\omega t - \dfrac{\beta}{\omega}\sin\omega t\right) + k_1 \\ c_2(t) = \dfrac{R_q I_o}{\beta^2 + \omega^2} e^{\beta t}\left(\sin\omega t + \dfrac{\beta}{\omega}\cos\omega t\right) + k_2 \end{cases} \quad (1.96)$$

将式（1.96）代入式（1.92），得

$$u_c(t) = \dfrac{R_q I_o}{\beta^2 + \omega^2} + k_1 e^{-\beta t}\cos\omega t + k_2 e^{-\beta t}\sin\omega t \quad (1.97)$$

$$u_c'(t) = k_1(-\beta\cos\omega t - \omega\sin\omega t)e^{-\beta t} + k_2(-\beta\sin\omega t + \omega\cos\omega t)e^{-\beta t} \quad (1.98)$$

联合初始条件式（1.87），求得

$$\begin{cases} k_1 = (U_s + u_d) - \dfrac{R_q I_o}{\beta^2 + \omega^2} \\ k_2 = \dfrac{\beta}{\omega}\left[(U_s + u_d) - \dfrac{R_q I_o}{\beta^2 + \omega^2}\right] \end{cases} \quad (1.99)$$

将式（1.99）代入式（1.97）和式（1.98），得

$$\begin{aligned} u_c(t) = & \dfrac{R_q I_o}{\beta^2 + \omega^2} + \left[(U_s + u_d) - \dfrac{R_q I_o}{\beta^2 + \omega^2}\right]e^{-\beta t}\cos\omega t \\ & + \dfrac{\beta}{\omega}\left[(U_s + u_d) - \dfrac{R_q I_o}{\beta^2 + \omega^2}\right]e^{-\beta t}\sin\omega t \end{aligned} \quad (1.100)$$

$$u_c'(t) = -\left(\omega + \dfrac{\beta^2}{\omega}\right)\left[(U_s + u_d) - \dfrac{R_q I_o}{\beta^2 + \omega^2}\right]e^{-\beta t}\sin\omega t \quad (1.101)$$

因此，由式（1.101）可求得电容 Cr（参数为 C_r）的振荡电流

$$i_c(t) = -C_r\left(\omega + \dfrac{\beta^2}{\omega}\right)\left[(U_s + u_d) - \dfrac{R_q I_o}{\beta^2 + \omega^2}\right]e^{-\beta t}\sin\omega t \quad (1.102)$$

3. 开关 Q 的零电流开关导通和截止时刻计算

在 Q 导通之前，Lr 可保持零电流状态。因此，Q 能够自然实现零电流开关（ZCS）导通，几乎可以在任何时刻实现 Q 的 ZCS 导通。然而，Q 的 ZCS 截止时刻由其振荡电

流波谷时间决定,以尽可能减小 Q 的截止功耗。

将式(1.102)代入式(1.69),并且 D 截止,得

$$i_q(t) = I_o + C_r\left(\omega + \frac{\beta^2}{\omega}\right)\left[(U_s + u_d) - \frac{R_q I_o}{\omega}\right]e^{-\beta t}\sin\omega t \quad (1.103)$$

要求 Q 的电流为 0,即有

$$I_o + C_r\left(\omega + \frac{\beta^2}{\omega}\right)\left[(u_i + u_d) - \frac{R_q I_o}{\omega}\right]e^{-\beta t}\sin\omega t = 0 \quad (1.104)$$

式(1.104)为超越方程,解析解复杂难求,可通过波形振荡频率估计 Q 零电流时刻。如果将 Cr 充电电流为 0 的时刻作为参考时间,那么可求得 Cr 充电电流的第一个波峰时间。

$$t_{chap1} = \frac{3\pi}{2\omega} \quad (1.105)$$

式中,t_{chap1} 为 Cr 充电电流的第一个波峰时间(s)。

在式(1.93)中,如果

$$\tau_c \ll \tau$$

或

$$\tau_c \ll \tau_i$$

那么,有

$$a \approx 1$$

这样,可简化式(1.105)计算的 Cr 充电电流的第一个波峰时间。

$$t_{chap1} \approx 1.5\pi\tau \quad (1.106)$$

联合式(1.82)和式(1.106),可求得 Q 能够实现 ZCS 关断的最快时间。

$$t_{zcsoff} \approx t_{on} + \tau_i \ln\frac{U_s + u_d}{U_s + u_d - R_q I_o} + 1.5\pi\tau \quad (1.107)$$

式中,t_{zcsoff} 表示开关 Q 最快实现 ZCS 的截止时刻(s)。

Chapter 02

第 2 章
续流、换流与脉宽调制

本章主要介绍电力电子电路的两类典型行为、两类典型直流开关电路、两类典型调制方法以及一种建模概念,引入等效热路模型用以描述电力电子器件的热行为,并且以案例形式解释相关电路的行为、概念和方法。

2.1 续流与换流

在电力电子电路中,电感器是常用的储能元件,如果它的电流被强迫中断,发生了突变,所连接的开关将能被高电压击穿。因此,保持电感电流的连续流动,是电力电子变换电路安全工作的一个基本要求。

2.1.1 功率二极管续流

图 2.1 显示了一个二极管续流电路的 PSIM 模型,它由 12 V 恒压源 Vdc、功率 MOSFET Q、电感器 L 和二极管 D 组成。其中,一只二极管 D 与一只电感 L 反并联,它们构成了一个并联回路。功率 MOSFET 开关 Q 导通后,L 的电流线性上升,并产生感应电压,电感器储能。

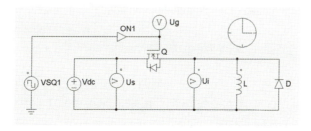

图 2.1　二极管续流电路的 PSIM 模型

如果电感 L 两端没有连接反并联二极管 D，当开关 Q 由导通状态切换为截止状态时，电流被开关 Q 强制切断，感应电动势瞬间反向突变，开关 Q 两端出现电压尖峰。增加了电感的反并联二极管后，二极管 D 能够为电流提供一个电感释放磁能的回路。当电感 L 中有电流流过时，被开关 Q 切断的同时，必须给电感 L 提供电流连续流动的回路，以消除因电感电流突变而施加在开关上的电压尖峰。利用二极管的单向导电特性，当开关 Q 截止后，电感 L 通过二极管 D 释放所储存的能量，形成一个电感电流的连续回路。

在图 2.1 中，功率 MOSFET Q 的通态电阻为 0.1Ω，由通断控制器 ON1 和方波信号发生器 VSQ1 生成的 PWM 信号驱动。VSQ1 的幅值为 1V，频率为 1kHz，占空比为 0.5，相位延迟为 90°。电感 L 为 5μH，仿真控制步长和时长分别为 1μs 和 5ms。下面按二极管的理想模型、准理想模型和线性模型设置二极管 D 的阈值电压和通态电阻，分析开关过程的电路元件的电压和电流变化。

1. 理想模型的二极管参数

当二极管 D 的阈值电压和通态电阻分别为 0V 和 0Ω 时，图 2.2 显示了 PSIM 电路模型的运行结果。在门极 PWM 信号 Ug 驱动下，Ug 高电平，开关 Q 导通，电源 Vdc 向电感 L 供电，电感电流 I(L) 以指数上升并趋向稳定，感应电压 Ui 突变为电源电压后指数下降并趋向 0。Ug 低电平，开关 Q 截止，电源 Vdc 停止向电感 L 供电，二极管 D 接续电感 L 的电流 I(L)，二极管电流 I(D) 等于电感电流 I(L)。由于 D 为理想二极管，因此感应电压 Ui 保持为 0，I(L) 和 I(D) 在 Ug 低电平期间保持恒定。自第二个 PWM 周期开始，在开关 Q 的导通和截止期间，电感电流 I(L) 保持不变。其中，开关 Q 和二极管 D 分别导通使电感电流 I(L) 保持连续，它们是具有相位互补的方波电流。

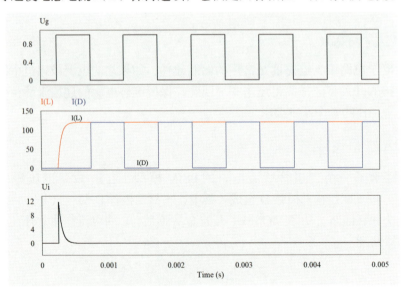

图 2.2　二极管理想模型的续流电路的电压与电流曲线

在图 2.2 中，电感电流 I(L) 没有发生超调，上升时间约为 150μs，稳态值为 120 A，该电流的稳态值由开关 Q 的通态电阻决定。电感的感应电压 Ui 从 0 突变为 12V 后以指数形式下降，在 300μs 内减小至 0。因此，自电感电流 I(L) 稳定后，无论开关 Q 处于导通或截止状态，它的端电压始终保持为一个恒定值 12V。开关 Q 和二极管 D 的电流都为方波信号，频率为 1 kHz、幅值为 120 A，它们的相位差为 180°。

2. 准理想模型的二极管参数

当二极管 D 的阈值电压和通态电阻分别为 1V 和 0Ω 时，图 2.3 显示了 PSIM 模型的仿真运行结果。与图 2.2 的区别在于，在开关 Q 的每一个导通期，电感电流 I（L）指数上升趋向稳定，感应电压 Ui 突变至电源电压 Us 后指数下降至 0。此后，在开关 Q 的每一个截止期，二极管 D 导通，I（L）连续线性下降，并保持大于 0；Ui 突变为负值，这是二极管保持通态的电压钳位作用。此时，开关 Q 的端电压高于电源电压。电感 L、开关 Q 和二极管 D 的电流和电压呈现了周期性稳定状态，开关 Q 的电流为一种抛物线形上升沿的近似矩形波，二极管 D 的电流 I（D）为一种梯形波，两者的合成形成了电感 L 的周期性电流波形。开关 Q 没有出现强电压脉冲现象。

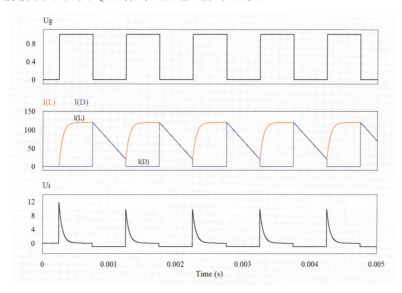

图 2.3　二极管准理想模型的续流电路的电压与电流曲线

在图 2.3 中，当开关 Q 从导通状态切换为截止状态时，二极管 D 从截止状态切换为导通状态，保持电感电流 I（L）的连续，感应电压 Ui 从 0V 突变为 -1V，开关 Q 的电压由 12V 突升至 13V。在开关 Q 的截止期，电感电流 I（L）从 120 A 线性下降到 20A，开关 Q 的电压保持稳定。当开关 Q 从截止状态切换为导通状态时，二极管 D 由导通状态切换为截止状态，电感电流 I（L）从 20 A 指数上升至 120A，电感电压 Ui 从 -1V 突变至接近 10V。此后，系统进入了一种周期稳定状态，开关 Q、电感 L 和二极管 D 的电流、电压随着 Ug 周期性变化而周期重复，信号频率相同。

3. 线性模型的二极管参数

当二极管 D 的阈值电压和通态电阻分别为 1V 和 0.01Ω。图 2.4 显示了 PSIM 电路模型的仿真运行结果。与图 2.3 比较，在开关 Q 的每一个截止期，二极管 D 导通，电感电流 I（L）连续非线性单调下降至 0，出现了持续的零电流区间，原因在于二极管的通态电阻使开关 Q 处于截止期的电感能量的消耗速率大于开关 Q 处于导通期的电感的储能速率。电感电压 Ui 由 0 突变为负值后，随着电流的减小而非线性上升，直至变为 0。电感 L、开关 Q 和二极管 D 的电流和电压呈现了周期性稳定状态，开关 Q 没有出现强电压脉冲现象。

在图 2.4 中，由于电源、开关和二极管的参数保持恒定，在开关 Q 的导通期，电感电流 I（L）的动态指标和稳态指标与图 2.3 一致。在开关 Q 的截止期，开关 Q 的端电压从 12V 突变至 14.2V，而后逐渐非线性下降并维持在 12V。该电压幅值比图 2.3 大，原因在于二极管 D 的通态电阻增加了器件电压降。

下面运用电路原理构建电路方程解释二极管线性模型的 PSIM 电路仿真结果曲线变化的规律。在图 2.1 中，当开关 Q 处于导通状态时，电压源 Vdc、开关 Q 和电感 L 组成一个串联回路，如图 2.5a 所示。当开关 Q 处于截止状态时，电感 L 和二极管 D 组成一个串联回路，如图 2.5b 所示。其中，R_q 表示开关 Q 的通态电阻，R_d 表示二极管 D 的通态电阻，U_{don} 表示二极管 D 的阈值电压。

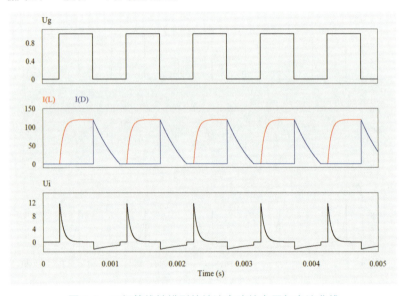

图 2.4　二极管线性模型的续流电路的电压与电流曲线

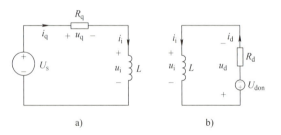

图 2.5　二极管续流电路图 2.1 的电路分解

a）开关 Q 导通期电路　b）开关 Q 截止期电路

假设开关由截止状态切换为导通状态的时刻为 t_{on}，开通时间为 0，此时施加在负载两端的电压是一个阶跃电压信号。由电路的基尔霍夫电压回路定律和电感特性可建立图 2.5a 的电路方程。

$$R_q i_i + L \frac{di_i}{dt} = U_s \cdot 1(t) \tag{2.1}$$

对式（2.1）的两边进行拉普拉斯变换，整理得

$$I_L(s) = \frac{U_s}{s(R_q+sL)} + L\frac{i_i(t_{on-})}{R_q+sL} \tag{2.2}$$

式中，$i_i(t_{on-})$ 在 0 时刻的值表示为 $i_i(0_-)$，$i_i(0_-)$ 表示在开关 Q 导通时刻的电感 L 的初始电流。

同理，假设开关由导通状态切换为截止状态的时刻为 t_{off}，关断时间为 0，二极管阈值电压是一个阶跃电压信号，可建立图 2.5b 的电路方程。

$$R_d i_i + L\frac{di_i}{dt} + U_{don} \cdot 1(t) = 0 \tag{2.3}$$

对式（2.3）的两边进行拉普拉斯变换，整理得

$$I_L(s) = -\frac{U_{don}}{s(R_q+sL)} + L\frac{i_i(t_{off-})}{R_q+sL} \tag{2.4}$$

求式（2.2）和式（2.4）的拉普拉斯反变换，得

$$i_i(t) = \begin{cases} \dfrac{U_s}{R_q}e^{-\frac{R_q}{L}t} + i_i(t_{on-})e^{-\frac{R_q}{L}t} & t_{on} \leq t < t_{off} \\ i_i(t_{off-})e^{-\frac{R_d}{L}t} + \dfrac{U_{don}}{R_d}e^{-\frac{R_q}{L}t} - \dfrac{U_{don}}{R_d} & t_{off} \leq t < T_p \end{cases} \tag{2.5}$$

式中，T_p 为开关 Q 某个 PWM 周期（s）。

由于二极管 D 的理想模型的阈值电压和通态电阻为 0，在开关 Q 截止和二极管 D 导通后，电感 L 的能量在二极管续流期间没有损失，因此电感电流保持恒定，如图 2.2 所示。由于二极管 D 的准理想模型的通态电阻为 0，而阈值电压大于 0，在开关 Q 截止和二极管 D 导通后，电感 L 的能量在二极管续流期间存在势垒损失，感应电压钳位为二极管的阈值电压，因此电感电流直线下降，如图 2.3 所示。

式（2.5）表达了二极管线性模型的电感电流方程，由于二极管的阈值电压和通态电阻非零，在开关 Q 截止和二极管 D 导通后，电感 L 的能量在二极管续流期间存在欧姆损失和势垒损失，感应电压的钳位值随着二极管的端电压减小而非线性减小，因此电感电流以指数下降，如图 2.4 所示。在保持电感电流连续情况下，二极管的准理想模型能够用来简洁地表征电感电流变化的趋势以及二极管的功耗。

2.1.2　功率半导体器件换流

在电力电子电路中，两个以上器件开通或关断的开关行为能够使电路电流有规律地在不同的回路流动，这种开关行为称为功率半导体器件之间的换流。实际电路的换流具有时间性，原因在于开通或关断的功率半导体器件的载流子漂移和扩散需要时间，而理想开关的换流时间为零。这样，功率二极管续流是器件换流的一种特殊形式。

在图 2.6 中，电感 L 和电阻 R 构成了感性负载，四个全控型的功率半导体开关都有一个反并联二极管，恒压源 U_s 供电。该电路有两个各串联两个开关的桥臂，在两个桥臂的两个开关连接点之间串联负载，形似字母 H，故称为 H 桥电路。如果感性负载流过交

变电流，那么负载电流 I_L 必然在不同回路的功率半导体器件中转移流动，器件之间会发生换流。

为了电路分析方便，在这儿规定：①图示各元件的电流方向为参考方向，也就是该方向的电流值大于 0；②电压源 U_s 可以在任意短时间内释放电能或吸收电能；③所有开关 S_1～S_4 和二极管 D_1～D_4 仅有导通、截止两个状态，它们只允许单方向通过电流，正向导通，反向截止。每个桥臂的两个串联开关 S_1/S_2 或 S_3/S_4 互锁，即不允许同时导通。这样，H 桥电路允许开关导通的个数为 1 或 2，且同一桥臂 2 个开关不能同时导通。然而，允许开关截止的个数为 2、3 或 4。

在图 2.6 中，根据电源与感性负载之间的能量转换关系，可以分为电源供电、电能回馈和电感续流三个功能。电源供电，是指电源 U_s 向负载提供电能，$I_s > 0$，电感 L 存储能量，电阻 R 消耗能量。电能回馈，是指电感 L 向电源 U_s 提供电能，$I_s < 0$，电源吸收负载回馈的电能。电感续流，是指感性负载的电流仅通过开关和二极管持续流动，电源 U_s 不工作，I_s 保持为 0。

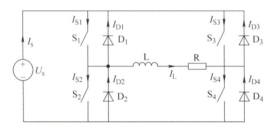

图 2.6 电力电子电路的电压型 H 桥电路

当电路处于电源供电状态时，开关必须对角导通，即 S_1 和 S_4 同时导通，或 S_2 和 S_3 同时导通。当电路处于电能回馈状态时，二极管必须对角导通，即 D_1 和 D_4 同时导通，或 D_2 和 D_3 同时导通。当电路处于电感续流状态时，不同桥臂、非对角的一只开关和一只二极管必须同时导通，即 S_1 和 D_3 同时导通，或 S_2 和 D_4 同时导通，或 S_3 和 D_1 同时导通，或 S_4 和 D_2 同时导通。

图示 H 桥电路的电流回路一方面由开关和二极管的状态决定，另一方面由电感电流的方向决定。例如，当电感电流 $I_L > 0$ 时，即使开关 S_2 和 S_3 的门极同时触发，它们也不会流过电流，电感电流 I_L 在 D_2 和 D_3 形成的回路中向电源充电，此时的 H 桥电路处于电源回馈状态。直至 $I_L = 0$，S_2 和 S_3 触发导通，流过电流，使 $I_L < 0$，此时的 H 桥电路处于电源供电状态。H 桥的电路元件的换流可以在电源供电、电能回馈和电感续流的任意两个电路功能之间切换。下面以电感电流 $I_L > 0$ 的情况为例分析图 2.6 的器件换流，采用右箭头"→"表示电流流动的方向。

1. 电源供电与电感续流之间的换流

假设电感电流 $I_L > 0$，开关 S_1 和 S_4 同时导通，那么电路的电流路径为 $U_s → S_1 →$ L → R → $S_4 → U_s$，此时的电路处于电源供电状态。若使开关 S_4 截止，那么电路的电流路径为 L → R → $D_3 → S_1 →$ L，此时的电路处于电感续流状态。因此，开关 S_4 由导通状态切换至截止状态，二极管 D_3 由截止状态切换至导通状态，也就是开关 S_4 与二极管 D_3 发生了器件换流，使电路的电流路径发生了切换，电流从回路

$U_s \to S_1 \to L \to R \to S_4 \to U_s$ 切换至回路 $L \to R \to D_3 \to S_1 \to L$。若又使开关 S_4 导通，电路的电流回路恢复至 $U_s \to S_1 \to L \to R \to S_4 \to U_s$。

2. 电感续流与电能回馈之间的换流

假设电感电流 $I_L > 0$，此时的电路处于电感续流状态，开关 S_1 和二极管 D_3 同时导通，电流路径为 $L \to R \to D_3 \to S_1 \to L$。若使开关 S_1 截止，那么电路的电流路径为 $L \to R \to D_3 \to U_s \to D_2 \to L$，此时的电路处于电能回馈状态。因此，开关 S_1 由导通状态切换至截止状态，二极管 D_2 由截止切换至导通，即开关 S_1 与二极管 D_2 发生了器件换流，使电路的电流路径发生了切换，电流从回路 $L \to R \to D_3 \to S_1 \to L$ 切换至回路 $L \to R \to D_3 \to U_s \to D_2 \to L$。如果开关 S_1 再次导通，电路的电流回路将恢复至 $L \to R \to D_3 \to S_1 \to L$。

3. 电能回馈与电源供电之间的换流

假设电感电流 $I_L > 0$，此时的电路处于电能回馈状态，二极管 D_2 和 D_3 同时导通，电流路径为 $L \to R \to D_3 \to U_s \to D_2 \to L$。若使开关 S_1 和 S_4 同时导通，那么电路的电流路径为 $U_s \to S_1 \to L \to R \to S_4 \to U_s$，此时的电路处于电源供电状态。因此，开关 S_1 由截止状态切换至导通状态，二极管 D_2 由导通切换至截止；开关 S_4 由截止切换至导通，二极管 D_3 由导通切换至截止。此时，开关 S_1 与二极管 D_2 发生了器件换流，开关 S_4 与二极管 D_3 发生了器件换流，使电路的电流路径发生了切换，电流从回路 $L \to R \to D_3 \to U_s \to D_2 \to L$ 切换至回路 $U_s \to S_1 \to L \to R \to S_4 \to U_s$。若使开关 S_1 与 S_4 同时截止，电路的电流回路恢复至 $L \to R \to D_3 \to U_s \to D_2 \to L$。

相似地，当电感电流 $I_L < 0$ 时，器件换流可以在电源供电、电能回馈和电感续流的任意两个电路功能之间切换。电源供电或电能回馈与电感续流的电路功能切换仅需要通过一只开关与一只二极管的换流，而电源供电与电能回馈的电路功能切换需要通过两只开关与两只二极管的换流。

2.1.3 功率半导体器件换流仿真

下面以图 2.6 的 PSIM 模型电路来分析电感电流 $I_L < 0$ 的 H 桥电路的器件换流情况。

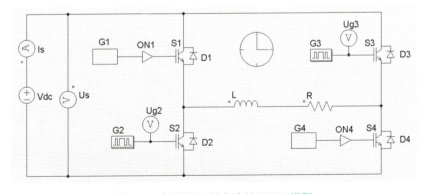

图 2.7　电压型 H 桥电路的 PSIM 模型

在图 2.7 中，理想电压源 $U_s = 400\text{V}$，开关 S1~S4 选择为 IGBT，其饱和压降和通态电阻设置为 0，反并联二极管 D1~D4 的阈值电压和通态电阻设置为 0；电感 $L = 1\text{mH}$。

仿真控制的步长和时长分别为 1μs 和 5ms。为了使感性负载电流小于 0，设置常数 G1 和 G4 为 0，通过通断控制器 ON1 和 ON2，保持 S1 和 S4 处于截止状态。门极控制模块 G2 和 G3 的频率为 1kHz，通过 G2 和 G3 分别控制开关 S2 和 S3 的导通和截止，使 H 桥电路的开关和二极管之间发生器件换流，实现电路的电源供电、电感续流和电能回馈三个功能之间的两两切换。各元器件的电流标志 Current Flag 设置为 1。

1. 电源供电与电感续流之间的换流仿真

电阻 $R = 2\Omega$。G2 和 G3 的触发位置点数设置为 2，G2 的触发位置为 0 和 360，G3 的触发位置为 0 和 180。也就是，保持开关 S2 导通，控制开关 S3 的导通和截止，实现 H 桥电路的电源供电与电感续流之间的功能切换，图 2.8 显示了该 PSIM 模型运行的结果。

- 0～0.5ms，零状态至电源供电。在 0ms 时刻，电感处于零状态。

门极信号 Ug2 和 Ug3 为高电平，仅有开关 S2 和 S3 导通，电源电流 Is 从 0 开始单调非线性上升，电感电流 I(L) 从 0 开始单调非线性下降（负值），I(S2) 和 I(S3) 从 0 开始单调非线性上升，Is = I(S2) = I(S3) = −I(L)，I(S1) = I(S4) = 0。此时，H 桥电路处于电源供电状态，Us → S3 → R → L → S2 → Us 构成电流流动路径。

- 0.5～1ms，电感续流。

Ug2 为高电平，Ug3 为低电平，开关 S3 截止，仅有开关 S2 和 D4 导通，电源无电流输出，I(L) 单调非线性上升（负值），在 1ms 时刻并未达到 0。I(S2) 单调非线性下降，负值的 I(S4) 表明 D4 导通流过电流和 S4 截止，Is = I(S1) = I(S3) = 0，I(S4) = I(L) = −I(S2)。在 0.5ms 时刻，二极管 D4 和开关 S3 发生了器件换流，Is 的电流路径从 Us → S3 → R → L → S2 → Us 切换至 L → S2 → D4 → R → L。这样，H 桥电路处于电感续流状态。

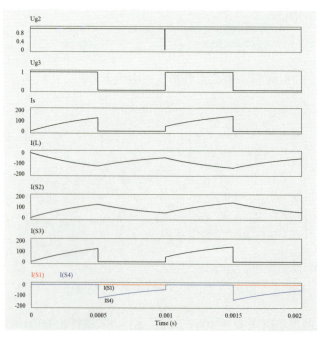

图 2.8　H 桥电路的电源供电与电感续流之间切换的电压与电流曲线

在 1～2ms 期间，电路重复 0～1ms 的电气行为，只是电感在周期的初始时刻处于非零电流状态。且在 1ms 时刻，开关 S3 和二极管 D4 发生了器件换流，在开关 S1 和 S4 保持截止状态和 S2 保持导通状态时，通过控制开关 S3 的导通和截止，使开关 S3 和二极管 D4 之间发生器件换流，能够实现电源供电和电感续流之间的功能切换。

2. 电感续流与电能回馈之间的换流仿真

电阻 $R = 0.1\Omega$。G2 的触发位置点数设置为 4，相应的触发位置为 0、180、225 和 270。G3 的触发位置点数设置为 2，相应的触发位置为 0 和 90。也就是，当电感电流 I(L) 连续时，如果保持 I(L)<0，使开关 S3 保持截止状态，控制开关 S2 的导通和截止，将实现 H 桥电路的电感续流与电能回馈之间的功能切换。图 2.9 显示了相关 PSIM 模型的仿真结果。

- 0～0.25ms，零状态至电源供电。在 0ms 时刻，电感处于零状态。

门极信号 Ug2 和 Ug3 为高电平，仅有开关 S2 和 S3 导通，电源电流 Is 从 0 开始单调上升，电感电流 I(L) 从 0 开始单调下降（负值），I(S2) 和 I(S3) 从 0 开始单调上升，Is = I(S2) = I(S3) = -I(L)，I(S1) = I(S4) = 0。此时，H 桥电路处于电源供电状态，Us → S3 → R → L → S2 → Us 构成电流流动路径。

- 0.25～0.5ms，电感续流。

Ug2 为高电平，Ug3 为低电平，开关 S3 保持截止，仅有开关 S2 和二极管 D4 导通，电源无电流输出，I(L) 缓慢上升（负值），I(S2) 缓慢下降，负值的 I(S4) 表明二极管 D4 导通流过电流和开关 S4 保持截止状态，Is = I(S1) = I(S3) = 0，I(S4) = I(L) = -I(S2)。在 0.25ms 时刻，二极管 D4 和开关 S3 发生了器件换流，电源电流 Is 的电流路径从 Us → S3 → R → L → S2 → Us 切换至 L → S2 → D4 → R → L。这样，H 桥电路处于电感续流状态。

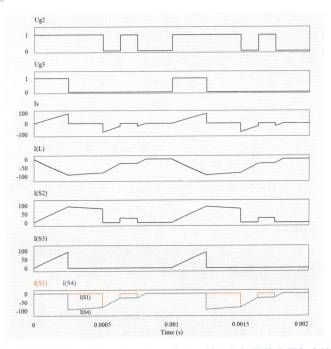

图 2.9　电压型 H 桥电路的电感续流与电能回馈之间切换的电压与电流曲线

- 0.5~0.6125ms，电能回馈。

Ug2 和 Ug3 为低电平，仅有二极管 D1 和 D4 导通，Is、I（L）、I（S1）和 I（S4）都为负值，它们都快速上升，Is = I（S1）= I（S4）= I（L），I（S2）= I（S3）= 0。在 0.5ms 时刻，二极管 D1 和开关 S2 发生了器件换流，电源电流 Is 的电流路径从 L→S2→D4→R→L 切换至 L→D1→Us→D4→R→L。这样，H 桥电路处于电能回馈状态。

- 0.6125~0.75ms，电感续流。

Ug2 为高电平，Ug3 为低电平，开关 S3 保持截止，仅有开关 S2 和二极管 D4 导通，电源无电流输出，I（L）缓慢上升（负值），I（S2）缓慢下降，负值的 I（S4）表明二极管 D4 导通流过电流和开关 S4 保持截止，Is = I（S1）= I（S3）= 0，I（S4）= I（L）= -I（S2）。在 0.6125ms 时刻，开关 S2 和二极管 D1 发生了器件换流，电源电流 Is 的电流路径从 L→D1→Us→D4→R→L 切换至 L→S2→D4→R→L。这样，H 桥电路处于电感续流状态。

- 0.75~1ms，电能回馈至零状态。

Ug2 和 Ug3 为低电平，仅有二极管 D1 和 D4 导通，Is、I（L）、I（S1）和 I（S4）都为负值，它们都快速上升至 0，Is = I（S1）= I（S4）= I（L），I（S2）= I（S3）= 0。在 0.75ms 时刻，二极管 D1 和开关 S2 发生了器件换流，电源电流 Is 的电流路径从 L→S2→D4→R→L 切换至 L→D1→Us→D4→R→L。当 Is = I（L）= 0 时，H 桥电路从电能回馈状态恢复至零状态。

在 1~2ms 期间，该 H 桥电路重复了 0~1ms 的电气行为。如果开关 S1、S3 和 S4 保持截止状态，电感电流 I（L）< 0，且保持连续，通过控制开关 S2 的导通和截止，使开关 S2 和二极管 D1 之间发生器件换流，能够实现电源供电和电感续流之间的功能切换。

3. 电能回馈与电源供电之间的换流仿真

电阻 R = 0.6Ω。G2 和 G3 的触发位置点数设置为 2，它们的触发位置为 0 和 210。也就是，控制开关 S2 和 S3 同时导通或同时截止，实现 H 桥电路的电能回馈与电源供电之间的功能切换。图 2.10 显示了该 PSIM 模型的运行结果。

- 0~0.5ms，零状态至电源供电。在 0ms 时刻，电感处于零状态。

门极信号 Ug2 和 Ug3 为高电平，仅有开关 S2 和 S3 导通，电源电流 Is 从 0 开始单调非线性上升，电感电流 I（L）从 0 开始单调非线性下降（负值），I（S2）和 I（S3）从 0 开始单调非线性上升，Is = I（S2）= I（S3）= -I（L），I（S1）= I（S4）= 0。此时，H 桥电路处于电源供电状态，Us→S3→R→L→S2→Us 构成电流流动路径。

- 0.5~1ms，电能回馈。

Ug2 和 Ug3 为低电平，仅有二极管 D1 和 D4 导通，Is、I（L）、I（S1）和 I（S4）都为负值，它们都快速上升，Is = I（S1）= I（S4）= I（L），I（S2）= I（S3）= 0。在 0.5ms 时刻，二极管 D1 和开关 S2 发生了器件换流，二极管 D4 和开关 S3 发生了器件换流，电源电流 Is 的电流路径从 Us→S3→R→L→S2→Us 切换至 L→D1→Us→D4→R→L。这样，H 桥电路处于电能回馈状态。

在 1~2ms 期间，电路重复 0~1ms 的电气行为。只是在 1ms 时刻，电感电流 I（L）接近 0，开关 S2 和二极管 D1 发生了器件换流，开关 S3 和二极管 D4 发生了器件换流。

因此，当开关 S1 和 S4 保持截止状态时，电感电流 I（L）<0，且保持连续，通过控制开关 S2 和 S3 同时导通或同时截止，使开关 S2 与二极管 D1 之间发生器件换流、开关 S3 与二极管 D4 之间发生器件换流，能够实现电能回馈和电源供电之间的功能切换。

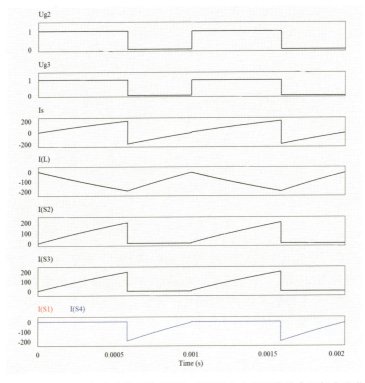

图 2.10　电压型 H 桥电路的电能回馈与电源供电之间切换的电压与电流曲线

2.2　直流开关

在汽车低压电器系统中，功率 MOSFET 等功率半导体开关用来控制低压电气负载运行，将这些全控型开关称为直流开关。根据直流开关、负载与电源的电路位置关系，直流开关可分为低边开关和高边开关。在低边开关电路中，负载与电源直接连接，低边开关控制负载与地的通断。相反，在高边开关电路中，负载与地直接连接，高边开关控制负载与电源的通断。

2.2.1　低边开关

图 2.11 显示了利用低边开关驱动汽车转向灯电路的 PSIM 模型。图示的 MOS1 为低边开关，采用 N 沟道增强型功率 MOSFET，参数为默认值。SW_P1 为按钮，Switch Position 设置为 On，即按钮处于导通状态。模拟铅酸蓄电池电压的电压源 Vb = 12V，模拟汽车前转向灯的电阻 R3 = 6Ω，额定功率为 27W。方波信号 VSQ1 控制汽车转向灯的闪烁，频率为 1Hz，其他参数为默认值。

电压传感器 VSEN1 和比较器 COMP1 将功率电路信号转换为控制信号，电压传感器在模型库 Elements → Other → Sensors → Voltage Sensor 中选择，其增益 gain 设置为 1。

比较器 COMP1 正端连接电压传感器 VSEN1 的输出,负端连接一个幅值为 2V 的参考电压 Vh,输出端连接反相器 NOT1 的输入端。当开关导通时,NOT1 输出为高电平,反之输出为低电平。与门 AND1 使非门 NOT1 使能 VSQ1 的输出信号,通过开关通断控制器 ON1 作用在开关 MOS1 的门极。

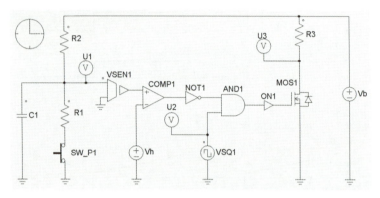

图 2.11 低边开关电路的 PSIM 模型

开关信号由 R1、R2、C1 和 SW_P1 构成的电路实现,电阻 R1、R2 和电容 C1 的值分别为 1kΩ、1kΩ 和 10μF。当按钮 SW_P1 断开时,电容 C1 由电源 Vb 通过电阻 R2 充电,U1 指示 12V;当按钮 SW_P1 接通时,电容 C1 经由电阻 R1 放电,U1 输出小于 2V。仿真控制的步长和时长分别为 0.01s 和 5s,图 2.12 显示了该 PSIM 模型的运行结果。图示 U1 的电压明显小于 2V,U2 为 1Hz 的方波信号,因此 U3 输出与 U2 同频率的幅值为 12V 的反相方波电压信号,电阻 R3 的电流 I(R3)是与 U2 同频率的幅值为 2A 的同相方波信号。这说明,在按钮 SW_P1 接通后,模拟的汽车转向灯电阻能够正常工作。

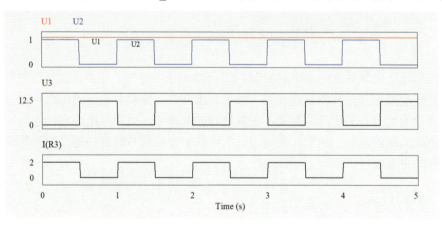

图 2.12 低边开关电路的 PSIM 模型运行曲线

2.2.2 高边开关

图 2.13 显示了利用高边开关驱动汽车转向灯电路的 PSIM 模型。与图 2.11 相比,在与门 AND1 与开关通断控制器 ON1 之间增加了一个反相器 NOT2,将 N 沟道增强型 MOSFET 的 MOS1 改变为 P 沟道增强型功率 MOSFET 的 PMOS1,将 PMOS1 作为高边

开关。其他器件的参数与图 2.11 设置相同，图 2.14 显示了该 PSIM 模型的运行结果。相比于图 2.12，U1、U2 和 I（R3）没有发生变化，而 U3 反相了，它是一个与 U2 同相位的方波信号。

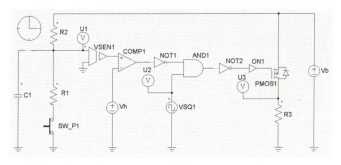

图 2.13　高边开关电路的 PSIM 模型

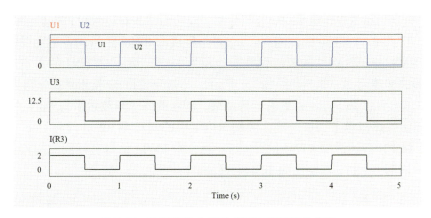

图 2.14　高边开关电路的 PSIM 模型运行曲线

2.3　脉冲宽度调制原理

利用功率半导体器件的导通和截止把直流电压转换成一定周期和宽度的电压脉冲序列，实现电压、电流、频率等可调、可控的方法，称为脉冲宽度调制（pulse width modulation，PWM）。目前，PWM 技术已经成为硬件化的片上系统（system of chip，SoC），嵌入了微控制器，成为 PWM 模块，广泛应用在电力电子、测量、控制和通信等许多领域中。诸如宽禁带器件等高频低功耗全控型功率半导体开关的快速市场化，极大地促进了 PWM 技术提高电力电子装置的性能。

2.3.1　占空比

PWM 信号有中心对称型和边沿对称型两种基本类型信号，中心对称型 PWM 信号相对于每个 PWM 周期的中心是对称的，而边沿对称型 PWM 信号则与每个 PWM 周期有相同的左边沿或右边沿。无论中心对称型还是边沿对称型的 PWM 信号，信号的高电平时间称为脉冲宽度。因此，将 PWM 信号的脉冲宽度与其周期之比称为 PWM 信号的占空比。

$$\delta = \frac{t_w}{T_p} \times 100\% \qquad (2.6)$$

式中，δ 称为 PWM 信号的占空比；T_p 和 t_w 分别表示 PWM 信号的周期（s）和脉冲宽度（s）。对于一个 PWM 信号，可通过调节脉冲宽度或周期来改变占空比。因此，当占空比恒定时，调节 PWM 周期的方法称为脉冲频率调制（pulse frequency modulation，PFM）。

图 2.15 显示了 PWM 信号生成电路的 PSIM 模型，包括了中心对称型、左边沿型和右边沿型 PWM 信号的发生电路。它们共用一个 PWM 占空比设置单元 VDC1，生成占空比信号。等腰三角波 VTRI1 和 VSAW2 分别作为中心对称型、右边沿型和右边沿型 PWM 信号生成电路的三角载波信号 Ucc 和 Ucr，VDC2 和 VSAW1 之差作为左边沿型 PWM 信号生成电路的载波信号 Ucl。载波信号 Ucc、Ucl 和 Ucr 分别输入比较器 COMP1、COMP2 和 COMP3 的负端，占空比信号 Udty 输入比较器的正端，由三个比较器和各自的反相器分别产生 PWM 信号。依靠控制功率转换模块 C/P，作用在负载电阻上，Uoc、Uol 和 Uor 分别为高低逻辑电平的中心对称型、左边沿型和右边沿型 PWM 信号。

在图 2.15 中，VDC1 的幅值为 0.6，它表示生成的 PWM 信号的占空比设置为 40%。VTRI1、VSAW1 和 VSAW2 的幅值和频率分别为 1V 和 10Hz，VTRI1 的占空比为 50%，三个比较器的增益为 1，R1 = R2 = R3 = 10kΩ。仿真控制的步长和时长分别为 100μs 和 0.2s，图 2.16 显示了该 PSIM 模型的运行结果。图示的各三角波边沿与 Udty 直线的交点是各 PWM 信号高低电平切换时刻，分别对应了中心对称型 PWM 信号 Uoc、左边沿型 PWM 信号 Uol 和右边沿型 PWM 信号 Uor。这三个 PWM 信号有相同的周期和占空比，其中信号的周期为 0.1s，占空比为 40%。

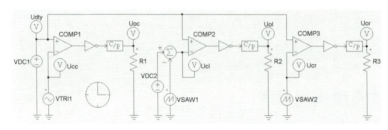

图 2.15　PWM 信号生成电路的 PSIM 模型

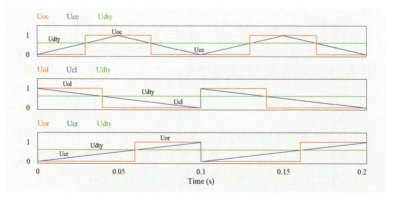

图 2.16　PWM 信号生成电路波形：Uoc、Uol 和 Uor 分别为中心对称型、左边沿型和右边沿型 PWM 信号

2.3.2 直流斩波

依靠功率半导体开关的 PWM 控制，将直流电压的一条直线转换成负载电阻的一系列脉冲电压序列，这种电压变换方法称为直流斩波。图 2.17 显示了一个电阻的加热功率可控电路的 PSIM 模型，通过开关 IGBT 的 PWM 控制，在电阻两端产生一串脉冲电压序列。其中，开关 IGBT 的饱和压降和通态电阻分别为 2V 和 10mΩ，方波信号发生器 VSQ1 的频率和占空比分别为 5kHz 和 12.5%，其他为默认设置。仿真控制的步长和时长分别为 1μs 和 1ms，图 2.18 显示了该 PSIM 模型的运行结果。

对于开关 IGBT 的集电极－发射极电压 Uq，当 Ug 为高电平时，开关 IGBT 导通，Uq 为开关通态电压降；当 Ug 为低电平时，开关 IGBT 截止，Uq 等于电源电压 400V。而负载的电阻特性决定了电阻 R 的端电压与开关 IGBT 门极控制信号 Ug 具有反向的波形，这个负载电压信号是一条右边沿方波曲线，它的周期为 2ms、占空比为 87.5%。

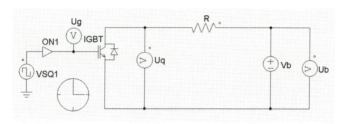

图 2.17　PWM 直流斩波电路的 PSIM 模型

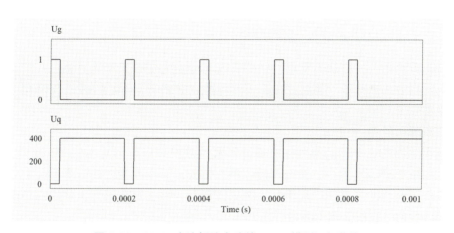

图 2.18　PWM 直流斩波电路的 PSIM 模型运行曲线

当开关 IGBT 导通时，负载电阻 R 的输出功率最大。当开关 IGBT 截止时，电阻 R 的输出功率为零。忽略 IGBT 的通态压降，这样，电阻 R 可输出的最大功率 $P_{R,max}$ 表示为

$$P_{R,max} = \frac{U_b^2}{R} = \frac{400^2}{20} W = 8000\,W$$

假设电阻 R 的平均输出功率为 $P_{R,avg}$，那么

$$P_{R,avg} = \delta P_{R,max} = 12.5\% \times 8000W = 1kW$$

电阻 R 两端的平均电压 $U_{R,avg}$ 为

$$U_{R,avg} = \delta U_b = 12.5\% \times 400V = 50V$$

流过电阻 R 的平均电流 $I_{R,avg}$ 为

$$I_{R,avg} = \delta \frac{U_b}{R} = 12.5\% \times \frac{400}{20} A = 2.5 A$$

采用 Simview 的 Measure 功能测量负载的电压、电流和功率的数据，见表 2.1。表格数据显示了电阻 R 的电压 U_R、功率 P_R 和电流 I_R 的测量值比理论计算值小一些，比如 $P_{R,max} = 7912.3W$，$U_{R,avg} = 49.7V$。这些测量值与理论计算值之间有不超过 1% 的误差，原因在于 IGBT 存在不小于 2V 的通态压降。注意，开关 IGBT 的通态压降能够随着流过的电流而发生变化，因为器件既有饱和压降，还有通态电阻。

表 2.1 PWM 直流斩波电路的电阻 R 参数的测量值和理论计算值

参数	$I_{R,max}$/A	$U_{R,max}$/V	$P_{R,max}$/W	$I_{R,avg}$/A	$U_{R,avg}$/V	$P_{R,avg}$/W
测量值	19.9	397.8	7912.3	2.49	49.7	989.0
理论计算值	20	400	8000	2.5	50	1000

对于电压源供电的负载，通过周期固定的斩波信号调节 PWM 占空比，改变负载的平均电压，实现负载输出功率的可调。为了平滑负载电阻的电流，与电阻串联一个电感。但是，需要在负载端并联一个与电源极性相反的功率二极管，使电感电流连续，以避免产生对功率半导体开关的冲击电压。

2.3.3 正弦波 PWM 发生原理

在新能源汽车上，将动力蓄电池组的直流电变换为变频变压的交流电，供给车载交流电动机，驱动车辆行驶，需要依赖正弦波脉冲宽度调制（sine PWM，SPWM）原理及其生成技术。

1. 面积等效原理

冲量相等而形状不同的窄脉冲对惯性环节的输出响应波形基本相同，这就是 PWM 控制技术的重要理论基础——面积等效原理。例如，三个冲量相同的矩形、三角形和正弦半波的电压窄脉冲，分别作用于同一个感性负载，那么这个感性负载的三条电流响应曲线的形状相似，数值能够十分逼近。

图 2.19 显示了三个电压窄脉冲激励感性负载电路的 PSIM 模型，其中的三个电路模型有相同的电阻和电感，分别对应矩形窄脉冲、正弦半波窄脉冲和三角形窄脉冲电压激励。利用幅值相同而初始时间不同的两个阶跃信号的差值产生脉冲信号，然后分别与方波、正弦波、三角波周期信号相乘，产生矩形电压窄脉冲、正弦半波电压窄脉冲和三角形电压窄脉冲信号。由比例增益模块 K 设置电压窄脉冲幅值，通过控制/功率接口模块 C/P 作用在可控电压源上，生成三个电压窄脉冲激励 Uret、Usin 和 Utri。

电阻 R1 = R2 = R3 = 50mΩ，电感 L1 = L2 = L3 = 10μH，阶跃信号 VSTEP1、VSTEP3 和 VSTEP5 的触发时间 Tstep 设置为 20μs，VSTEP2、VSTEP4 和 VSTEP6 的触发时间 Tstep 设置为 30μs。方波信号 VSQ1 的幅值为 1，占空比为 50%，频率为 50kHz，其他为参数默认值。正弦信号 VSIN1 的幅值为 1，频率为 50kHz，其他为参数默认值。

等腰三角信号 VTRI1 的幅值为 1，占空比为 50%，频率为 100kHz，其他为参数默认值。三个比例模块 P1、P2 和 P3 的增益分别设置为 31、48 和 61，仿真控制的步长和时长分别设置为 0.01μs 和 200μs，图 2.20 显示了该 PSIM 模型的运行结果。

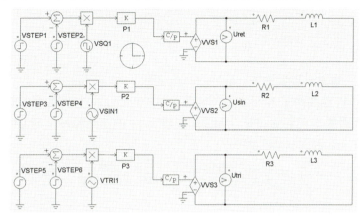

图 2.19　三个电压窄脉冲激励及其感性电路的 PSIM 模型

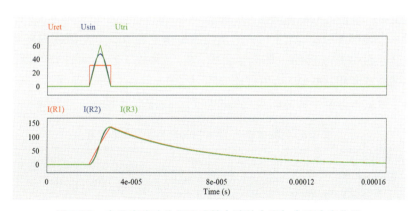

图 2.20　电压窄脉冲作用于感性电路的电压与电流响应曲线

在图 2.20 中，三个宽度为 10μs 的电压窄脉冲 Uret、Usin 和 Utri 分别作用在相同元件参数的感性负载，产生了 160μs 的电流响应曲线 I（R1）、I（R2）和 I（R3）。在电压脉冲作用阶段，负载电流在 10μs 内快速上升至其峰值约 135A，在此后的 130s 内缓慢衰减至 0。这三条电流响应曲线形状在电压脉冲作用的 10μs 时间有差异，而在后 130μs 几乎完全重合。相比于正弦窄脉冲的电流响应，等腰三角形脉冲是矩形窄脉冲的电流响应误差的约 1/4。虽然矩形窄脉冲的最大误差范围达到 ±16A，但是均方根误差仅为 2.5A。也就是说，冲量相等的矩形窄脉冲、三角形窄脉冲和正弦半波窄脉冲电压对感性电路的电流响应波形基本相同。

2. SPWM 的生成

设正弦波电压的函数表达式为

$$u(t) = U_p \sin \omega t$$

式中，U_p 为正弦波电压 $u(t)$ 的幅值（V）；ω 为正弦波电压 $u(t)$ 的角频率（rad/s）；t 为时间（s）。

在 [0, 2π) 区间内将 $u(t)$ 分成 $2N$ 等份，每个正弦半波分成 N 等份，N 为正整数。那么，[0, π) 区间内正弦波弧度等分的面积计算如下：

$$s(k) = \int_{\theta_k}^{\theta_{k+1}} U_p \sin\theta \, d\theta = U_p(\cos\theta_k - \cos\theta_{k+1}) \tag{2.7}$$

$$\theta_k = \frac{k\pi}{N}, k = 0, 1, 2, \cdots, N-1$$

式中，$s(k)$ 表示第 k 个等弧度正弦脉冲序列的面积，$\theta = \omega t$ rad。

经式（2.7）计算获得了 N 个等宽不等幅的脉冲序列，用相同数量的等幅不等宽的矩形脉冲替代，两者的面积必须相等。如果用幅值为 U_d 的矩形脉冲序列等效，那么该矩形脉冲序列的宽度（弧度）计算公式为

$$w(k) = \frac{s(k)}{U_d} = \frac{U_p}{U_d}(\cos\theta_k - \cos\theta_{k+1}) \tag{2.8}$$

由式（2.7）生成等幅不等宽的矩形脉冲序列，从而等宽不等幅的电压正弦脉冲序列等效成为等幅不等宽的电压矩形脉冲序列。由面积等效原理可知，它们作用在相同的感性负载上，能够产生相似的电流波形。

例如，一个频率 50Hz、幅值 12V 的正弦波电压，在 [0, 2π) 区间内将其分成 18 等份，每个正弦半波分成 9 等份。那么，由式（2.7）和式（2.8）可计算的幅值为 48V 的矩形脉冲序列的宽度和这些脉冲的中心位置见表 2.2。在面积等效原理下，等宽分割的正弦脉冲序列等效成为等幅不等宽的矩形脉冲序列，如图 2.21 所示。

表 2.2　正弦波 0～180° 脉冲序列及其中心位置

脉冲序号	1	2	3	4	5	6	7	8	9
脉冲中心位置 /(°)	10	30	50	70	90	110	130	150	170
正弦脉冲面积 /(V·rad)	0.7237	2.0838	3.1925	3.9162	4.1676	3.9162	3.1925	2.0838	0.7237
矩形脉冲宽度 /rad	0.0151	0.0434	0.0665	0.0816	0.0868	0.0816	0.0665	0.0434	0.0151

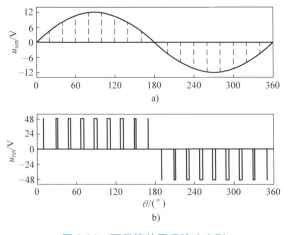

图 2.21　面积等效原理脉冲序列

a）正弦波脉冲　b）等幅不等宽的矩形脉冲

图 2.22 显示了按图 2.21 生成的 SPWM 电压脉冲序列及其控制的电压型 H 桥四个功率开关驱动感性负载的 PSIM 模型。其中 Vsr、Rr 和 Lr 构成了理想正弦电路的 PSIM 模型，Rr =0.02Ω，Lr =1mH，Vsr =12sin314t。在 Elements → Other → Sensors 菜单中选择电压传感器 Voltage Sensor 和电流传感器 Current Sensor，Vsen1、Vsen2 和 Isen1 的增益设置为 1。四个开关 MOS1～MOS4 为 N 沟道增强型的功率 MOSFET，它们的参数采用默认值。图 2.23 显示了两个门控模块 GATING14 和 GATING23 分别采用文本文件 gspwm14.tbl 和 gspwm23.tbl 进行 SPWM 触发位置的参数设置，图 2.24 显示了 Element List 窗口的其他模块参数。

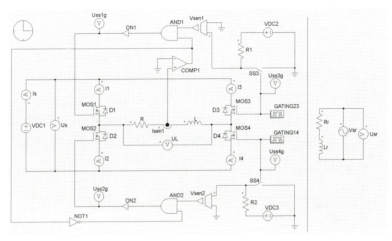

图 2.22 SPWM 控制的电压型 H 桥电路的 PSIM 模型

文件 gspwm14.tbl 的参数设置	文件 gspwm23.tbl 的参数设置
18	18
9.5681	189.5681
10.4319	190.4319
28.7563	208.7563
31.2437	211.2437
48.0946	228.0946
51.9054	231.9054
67.6627	247.6627
72.3373	252.3373
87.5127	267.5127
92.4873	272.4873
107.6627	287.6627
112.3373	292.3373
128.0946	308.0946
131.9054	311.9054
148.7563	328.7563
151.2437	331.2437
169.5681	349.5681
170.4319	350.4319

a)   b)

图 2.23 门控模块脉冲触发位置参数

a) gspwm14.tbl 设置 MOS1 和 MOS4 栅极脉冲位置　b) gspwm23.tbl 设置 MOS2 和 MOS3 栅极脉冲位置参数

在图 2.22 的纵向直线的左侧部分，构成了 SPWM 控制的电压型 H 桥电路模型，它主要包括感性负载的 H 桥电路和 SPWM 控制电路两个部分。SPWM 信号由门控模块 GATING14 和 GATING23 生成，它们的输出分别与功率 MOSFET 器件的 MOS4 和 MOS3 的门极连接，保证 H 桥电路的开关可对角导通。当电感电流不为 0 时，且开关 MOS3 和 MOS4 都截止时，正向的电感电流使开关 MOS1 导通和开关 MOS2 截止，反向的电感电流使开关 MOS1 截止和开关 MOS2 导通，保持电感电流的连续流动。因此，开关 MOS1 的门控信号的时序由开关 MOS3 的反相门极信号与电感电流的方向信号共同决定。相似地，开关 MOS2 的门控信号的时序由开关 MOS4 的反相门极信号与电感电流的方向信号共同决定。

在图 2.24 中，电流传感器 Isen1 和比较器 COMP1 构成了负载电流方向检测器，当负载电流大于 0 时，COMP1 输出 1；反之，COMP1 输出 0。VDC2、R1、SS3 和电压传感器 Vsen1 构成了 GATING23 输出的反相器，两者的输出信号连接至逻辑与模块 AND1，然后连接至开关通断控制器 ON1，其输出作用于理想开关 MOS1。VDC3、R2、SS4 和 Vsen2 构成了 GATING14 输出的反相器，它与负载电流方向检测器输出的反相信号，输入至逻辑与模块 AND2，通过开关通断控制器 ON2 作用于开关 MOS2。

Netlist Name	Name	Value	Other Info
ANDGATE	AND1		
ANDGATE	AND2		
COMP	COMP1		
GATING_1	GATING14	50 , gspwm14.tbl	
GATING_1	GATING23	50 , gspwm23.tbl	
IP	Is		
IP	I4		
IP	I3		
IP	I2		
IP	I1		
ISEN	Isen1	1	
L	Lr	1e-3 , 0	
L	L	1e-3 , 0	
MOSFET	MOS4	0 Ohm, 0 V, 0 …	
MOSFET	MOS3	0 Ohm, 0 V, 0 …	
MOSFET	MOS1	0 Ohm, 0 V, 0 …	
MOSFET	MOS2	0 Ohm, 0 V, 0 …	
NOTGATE	NOT1		
ONCTRL	ON2		
ONCTRL	ON1		
R	Rr	0.02	
R	R2	100000	
R	R1	100000	
R	R	0.02	
SSWI	SS4		
SSWI	SS3		
VDC	VDC3	1	
VDC	VDC2	1	
VDC	VDC1	48	
VP	Uss2g		
VP	Uss1g		
VP	Uss4g		
VP	Uss3g		
VP2	Us		
VP2	Usr		
VP2	UL		
VSEN	Vsen2	1	
VSEN	Vsen1	1	
VSIN	Vsr	12 , 50 , 0 , 0 , 0	

图 2.24　SPWM 生成及其作用于电压型 H 桥电路的 PSIM 模型参数表

$$U_{ss1g} = \overline{U_{ss3g}} \,\&\&\, D_{Isen1} \tag{2.9}$$

$$U_{ss2g} = \overline{U_{ss4g}} \,\&\&\, D_{Isen1} \tag{2.10}$$

其中，D_{Isen1} 表示负载电流方向值，当 $I_{sen1} > 0$ 时，$D_{Isen1} = 1$，否则 $D_{Isen1} = 0$。在图 2.22 中，仿真控制的步长和时间分别为 10μs 和 1s，该 PSIM 模型运行的稳态结果如图 2.25 所示。

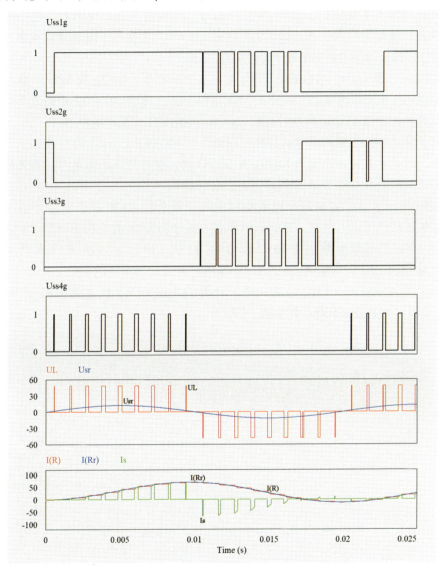

图 2.25　正弦、矩形电压脉冲序列作用下的感性负载电流稳态响应

下面从电源供电、电感续流和电能回馈三个方面分析图 2.25 的电路行为与结果。开关门极信号 Uss1g ~ Uss4g 的逻辑信号关系满足式（2.9）和式（2.10），负载电压 UL 与参考正弦电压 Usr 的符号一致，它是一条正负交替的 SPWM 电压脉冲序列曲线，其电流响应 I（R）在理想正弦电流曲线 I（Rr）上下波动，而电源电流 Is 是一条由一系列幅值可变的尖脉冲组成的曲线。

① 当 Uss1g 与 Uss3g 同为低电平时,Uss2g 与 Uss4g 反相,电路处于电感续流或电能回馈状态。仅开关 MOS2 和二极管 D4 导通,Is = 0,电路处于电感续流状态。仅二极管 D1 和 D4 导通,Is < 0,电路处于电能回馈状态。

② 当 Uss2g 和 Uss3g 同为低电平时,Uss1g 为高电平,Uss4g 为 SPWM 脉冲,电路处于电源供电或电感续流状态。仅开关 MOS1 和 MOS4 导通,Is > 0,电路处于电源供电状态。仅开关 MOS1 和二极管 D3 导通,Is = 0,电路处于电感续流状态。

③ 当 Uss2g 与 Uss4g 同为低电平时,Uss1g 与 Uss3g 反相,电路处于电感续流或电能回馈状态。仅开关 MOS1 和二极管 D3 导通,Is = 0,电路处于电感续流状态。仅二极管 D2 和 D3 导通,Is < 0,电路处于电能回馈状态。

④ 当 Uss1g 和 Uss4g 同为低电平时,Uss2g 为高电平,Uss3g 为 SPWM 脉冲,电路处于电源供电或电感续流状态。仅开关 MOS2 和 MOS3 导通,Is > 0,电路处于电源供电状态。仅开关 MOS2 和二极管 D4 导通,Is = 0,电路处于电感续流状态。

注意,在电路处于电能回馈状态时,即使开关 MOS4 或 MOS3 的门极信号为 SPWM 脉冲信号,它们各自的对角开关 MOS1 或 MOS3 的门极信号保持低电平,各桥臂的电流在它们各自的反并联二极管 D4 或 D3 流过。

图 2.26 显示了 0~1s 的两个电流响应曲线及其 0.4~1s 的稳态电流频谱图。电流 I(R)在 0.2s 后已经进入稳态,它的幅值和有效值分别为 38.42A 和 26.42A。I(R)的频谱在基频 50Hz 处有最大的幅值 36.43A,它的 11 次、19 次、35 次和 37 次谐波幅值较为显著,分别为 1.82A、1.62A、0.69A 和 0.50A,各谐波与基波的幅值之比小于 5%。利用 Simview 的 Analysis → THD 分析功能,计算的电流 I(R)的总谐波畸变率 THD 为 8.42%,说明 I(R)能够逼近正弦电流 I(Rr)。

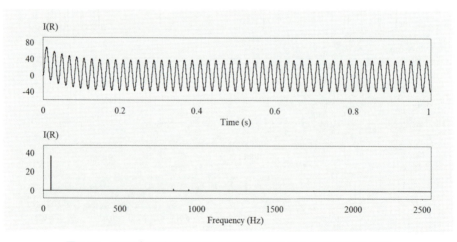

图 2.26 矩形电压脉冲序列作用下的感性负载电流响应及其频谱

因此,矩形电压脉冲序列作用在感性负载上的电流波形在正弦电流曲线上下波动,其变化趋势与理想正弦电流一致。利用 FFT 技术,可以证明两者的基波特性基本相同。随着电压正弦波等角度分割越多,其相应的电压矩形脉冲宽度越小,两者的电流响应更加逼近,响应电流的 THD 也越小。可以看出,通过与正弦波面积等效的矩形脉冲序列的宽度按正弦规律发生变化,这样的脉冲序列称为 SPWM 波形。

2.4 电路的状态平均

在构建电力电子电路的小信号线性化模型时，忽略功率半导体开关的频率分量、开关频率谐波分量及其变频分量，建立输出电压（电流）与PWM占空比和输入电压的低频扰动的关系。为此，提出了基于PWM控制电路设计与分析的电路电压或电流的状态平均概念。

$$\langle x(t) \rangle_{T_p} = \frac{1}{T_p} \int_t^{t+T_p} x(\tau) \mathrm{d}\tau \qquad (2.11)$$

式中，$x(t)$为电力电子电路的状态变量；T_p为PWM周期（s）；$\langle x(t) \rangle_{T_p}$表示$x(t)$的状态平均。

当每个PWM信号开关周期完成后，电力电子电路的状态又回到与起点一致的状态，此时的电路进入了一种PWM周期稳定状态。

2.4.1 状态平均电感特性

对于一个PWM开关周期充放磁的电感L，其电压u_L和电流i_L的状态平均特性方程可表达为

$$\langle u_L(t) \rangle_{T_p} = L \frac{\mathrm{d}}{\mathrm{d}t} \langle i_L(t) \rangle_{T_p} \qquad (2.12)$$

对于进入一个周期稳态的电感电压，电感器的充磁和放磁过程的伏秒相同，简称为伏秒平衡。在一个PWM周期中，如果一个电感器的初始电流和末端电流相同，那么它的周期伏秒变化为0，进入一个周期稳态的电感电压的状态平均为0。

$$\langle u_L(t) \rangle_{T_p} = 0 \qquad (2.13)$$

图2.27显示了一个感性负载的直流斩波电路的PSIM模型。其中，VDC1 = 48V，R1 = 12Ω，L1 = 5mH，R2 = 100kΩ。方波信号VSQ1的频率为5kHz，占空比为25%。开关MOS1和二极管D1分别为理想的功率MOSFET和二极管。单位增益电压传感器VSEN1采集L1的端电压，输出至积分器B1，由增益K = 1000s^{-1}的比例放大器转换为电压信号，经由控制功率转换模块作用在电阻R2上。其中，积分器B1通过顺序单击菜单Elements → Control → Digital Control Module → Integrator选择，它有三个参数：

① Algorithm Flag：0表示梯形积分算法，1表示后向差分算法，2表示前向差分算法；默认设置为0。

② Initial Value：积分器的初值，默认设置为0。

③ Sampling Frequency：采样频率，默认设置为0。

积分器B1的算法选用后向差分法，其标志设置为1，初始值为0，采样频率小于等于仿真控制步长的倒数。仿真控制的步长和时长分别为1μs和10ms，因此积分器B1的采样频率设置为1MHz。图2.28显示了PSIM模型的运行结果。在Ug为高电平时，开关MOS1导通，二极管D1截止，电源VDC1向负载供电，电感电压Ui为正。当Ug为低电平时，开关MOS1截止，二极管D1导通，电感L1的电流通过二极管D1续流，Ui为负。

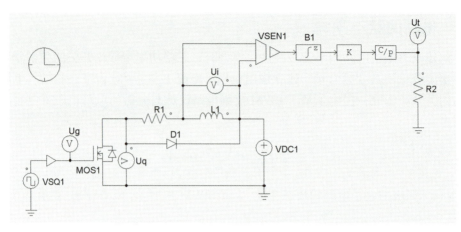

图 2.27　模拟 PWM 周期稳态电感电压的 PSIM 模型

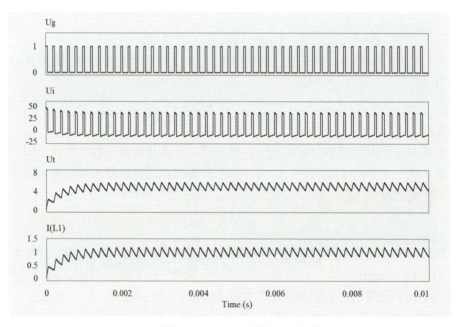

图 2.28　模拟 PWM 周期稳态的感性负载曲线

在图 2.28 中，负载电流 I（L1）从 0 开始波动上升，在 2ms 后进入周期稳态，电感电压 Ui 的积分值 Ut 与 I（L1）具有相同的变化趋势。电流 I（L1）呈现周期性变化状态，当 Ug 为高电平时，I（L1）上升；当 Ug 为低电平时，I（L1）下降。期间，Ut 的平均值为 4.87V。

图 2.29 显示了 9～10ms 的各变量曲线，在每一个 PWM 周期，电流 I（L1）的初值与终值等于 0.83A，而且 I（L1）有周而复始的变化趋势，说明感性负载电流进入了周期稳定状态。期间，电感电压积分 Ut 在每一个 PWM 周期稳态的初值与终值相等，平均值约等于 5.04V，几乎保持恒定。而且，电感电压 Ui 的平均值约为 -9.78mV，接近 0，说明 Ui 在一个 PWM 周期的增量为 0，也就是进入周期稳态的 Ut 在每一个 PWM 周期的状态平均等于 0。

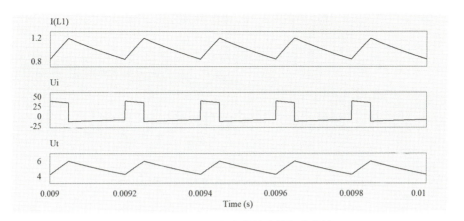

图 2.29 PWM 周期稳态的感性负载曲线

2.4.2 状态平均电容特性

同样，对于一个 PWM 开关周期充放电的电容 C，其端电压 u_C 和流过的电流 i_C 的状态平均特性方程可表达为

$$\langle i_C(t) \rangle_{T_p} = C \frac{d}{dt} \langle u_C(t) \rangle_{T_p} \quad (2.14)$$

对于进入一个周期稳态的电容电流，电容器的充电和放电过程的电荷相同，简称为荷电平衡。在一个 PWM 周期中，如果电容器的初始电压和末端电压相同，那么它的周期电量变化为 0，进入一个周期稳态的电容电流的状态平均为 0。

$$\langle i_C(t) \rangle_{T_p} = 0 \quad (2.15)$$

图 2.30 显示了一个容性负载的直流斩波充电电路的 PSIM 模型。VDC1 = 48V，R1 = 1.2Ω，C1 = 450μF，R2 = 100kΩ。方波信号 VSQ1 的频率为 5kHz，占空比为 25%。开关 PMOS1 和 MOS1 分别为 P 沟道和 N 沟道增强型功率 MOSFET，它们的参数取默认值。单位增益电流传感器 ISEN1 采集 C1 的充放电电流，输出至积分器 B1，由增益为 $1000\Omega \cdot s^{-1}$ 的比例放大器转换为电压信号，通过控制功率转换模块作用在电阻 R2 上。其中，积分器 B1 和仿真控制的参数设置与图 2.27 相同，图 2.31 显示了该 PSIM 模型的运行结果。

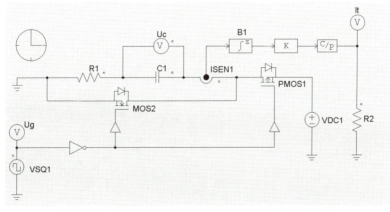

图 2.30 模拟 PWM 周期稳态电容电流的 PSIM 模型

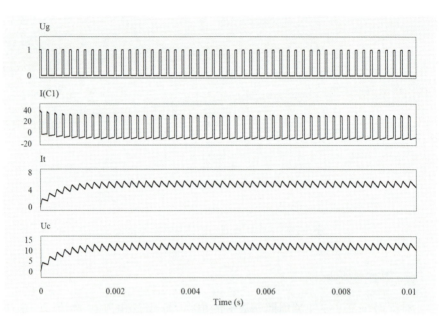

图 2.31　模拟 PWM 周期稳态的容性负载曲线

在图 2.31 中，当 Ug 为高电平时，开关 PMOS1 导通，开关 MOS1 截止，电源 VDC1 向电容 C1 充电，电容电流 I（C1）为正。当 Ug 为低电平时，开关 PMOS1 截止，开关 MOS1 导通，C1 通过 MOS1 放电，I（C1）为负。电容电压 Uc 从 0 开始波动上升，在 2ms 后进入稳态，电容电流 I（C1）的积分值 It 与 Uc 具有相同的变化趋势。该电压呈现周期性变化状态，当 Ug 为高电平时，Uc 上升；当 Ug 为低电平时，Uc 下降。期间，It 的平均值为 4.87V。

图 2.32 显示了 9 ~ 10ms 的各变量曲线，在每一个 PWM 周期，电容电压 Uc 的初值与终值等于 10.39V，而且电容电流积分 It 有周而复始的变化趋势，说明容性负载电压进入了周期稳定状态。期间，It 在每一个 PWM 周期稳态的初值与终值相等，平均值约等于 5.40A，几乎保持恒定。而且，电容电流 I（C1）的平均值约为 -8.56mA，接近 0，说明 I（C1）在一个 PWM 周期稳态的增量为 0，即进入周期稳态的 It 在每一个 PWM 周期的状态平均值为 0。

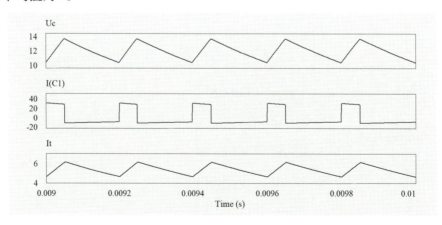

图 2.32　PWM 周期稳态的容性负载曲线

2.4.3 离散化方法

在图 2.27 和图 2.30 的 PSIM 模型电路中，积分器采用了后向差分的数值积分方法。在 PSIM 模型库中，可采用前向欧拉差分（forward Euler）、后向欧拉差分（backward Euler）或梯形差分（trapezoidal rule）的三种数值逼近方法计算一个积分器的值。

假设 $u(t)$ 是输入，$y(t)$ 是输出，t 是时间，$y(t)$ 是 $u(t)$ 的时间积分，那么

$$y(t)=\int_{t_0}^{t}u(\tau)\mathrm{d}\tau \tag{2.16}$$

式中，$t_0 \geqslant 0$ 是系统作用的初始时间（s）。

将 $t_0 \sim t$ 以采样时间 T_s 进行分割，当 $t=t_0+kT_s$ 时，k 为正整数，由式（2.16）得到

$$y(t_0+kT_s)=\int_{t_0}^{t_0+kT_s}u(\tau)\mathrm{d}\tau \tag{2.17}$$

同理，当 $t=t_0+(k-1)T_s$ 时，得到

$$y(t_0+kT_s-T_s)=\int_{t_0}^{t_0+(k-1)T_s}u(\tau)\mathrm{d}\tau \tag{2.18}$$

将式（2.17）减去式（2.18），得到

$$y(t_0+kT_s)-y(t_0+kT_s-T_s)=\int_{t_0+(k-1)T_s}^{t_0+kT_s}u(\tau)\mathrm{d}\tau \tag{2.19}$$

下面以图 2.33 的图形法对式（2.19）的积分值进行逼近，一种是矩形面积逼近，另一种是梯形面积逼近。根据 $u(t)$ 取值于时刻 $t=t_0+(k-1)T_s$ 还是时刻 $t=t_0+kT_s$，对相应的积分计算的逼近算法进行分类。

① 图 2.33a 显示前向欧拉差分法：取 $t=t_{k-1}$ 时刻的输入值，$u(t)=u[t_0+(k-1)T_s]$，逼近计算式（2.19）的积分值。

$$y(t_0+kT_s)-y(t_0+kT_s-T_s)=T_s u(t_0+kT_s-T_s) \tag{2.20}$$

② 图 2.33b 显示后向欧拉差分法：取 $t=t_k$ 时刻的输入值，$u(t)=u(t_0+kT_s)$，逼近计算式（2.19）的积分值。

$$y(t_0+kT_s)-y(t_0+kT_s-T_s)=T_s u(t_0+kT_s) \tag{2.21}$$

③ 图 2.33c 显示梯形差分法：取 $t=t_{k-1}$ 和 $t=t_k$ 两个时刻的输入值，逼近计算式（2.19）的积分值。

$$y(t_0+kT_s)-y(t_0+kT_s-T_s)=\frac{T_s}{2}[u(t_0+kT_s-T_s)+u(t_0+kT_s)] \tag{2.22}$$

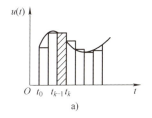
a)
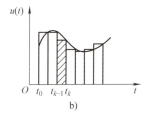
b)
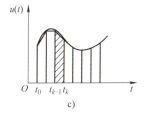
c)

图 2.33 曲线积分逼近方法

a）前向差分 b）后向差分 c）梯形差分

运用采样时刻数表示式（2.20）~式（2.22），它们的简化形式如下所示。

① 前向差分

$$y(k)-y(k-1)=T_s u(k-1) \quad (2.23)$$

② 后向差分

$$y(k)-y(k-1)=T_s u(k) \quad (2.24)$$

③ 梯形差分

$$y(k)-y(k-1)=\frac{T_s}{2}\left[u(k-1)+u(k)\right] \quad (2.25)$$

从式（2.16）的连续时间方程转换为式（2.23）~式（2.25）的离散时间方程，这些转换方程也可通过拉普拉斯变换和 z 变换实现。假设式（2.16）表示的对象的初值为 0，那么它的传递函数为

$$G(s)=\frac{Y(s)}{U(s)}=\frac{1}{s} \quad (2.26)$$

z 变换为

$$z=\mathrm{e}^{sT_s} \quad (2.27)$$

对式（2.27）在 $s=0$ 处进行一阶泰勒展开，可得到它的近似形式。

$$s=\frac{z-1}{T_s} \quad (2.28)$$

式（2.28）称为连续时间系统离散化的前向差分变换。将式（2.27）取倒数，得

$$z^{-1}=\mathrm{e}^{-sT_s} \quad (2.29)$$

对式（2.29）在 $s=0$ 处进行一阶泰勒展开，可得到它的近似形式。

$$s=\frac{z-1}{zT_s} \quad (2.30)$$

式（2.30）称为连续时间系统离散化的后向差分变换。如果将复数 s 在虚轴上的取值 $s=\mathrm{j}\omega$ 压缩到 $-\pi \sim \pi$ 之间，构建新的虚轴 $s=\mathrm{j}\Omega$，两个角频率的对应关系见表2.3。

表 2.3　虚轴 $\mathrm{j}\Omega$ 与 $\mathrm{j}\omega$ 的映射关系

ω	$-\infty \leftarrow$	0	$\rightarrow +\infty$
Ω	$-\pi \leftarrow$	0	$\rightarrow \pi$

$$\Omega = 2\arctan\left(\frac{\omega T_s}{2}\right) \quad (2.31)$$

将式（2.31）变换为正切函数，得

$$\omega = \frac{2}{T_s}\tan\frac{\Omega}{2} = \frac{2}{T_s}\frac{\sin(\Omega/2)}{\cos(\Omega/2)} \quad (2.32)$$

将欧拉公式表示的正弦和余弦公式代入式（2.32），得

$$\omega = \frac{2}{jT_s} \frac{e^{j\Omega} - 1}{e^{j\Omega} + 1} \quad (2.33)$$

式（2.33）两边同时乘以虚数 j，并将式（2.27）代入式（2.33），得

$$s = \frac{2}{T_s} \frac{z-1}{z+1} \quad (2.34)$$

式（2.34）称为连续时间系统离散化的双线性变换，它能够保持系统的稳定性。如果将式（2.28）、式（2.30）和式（2.34）分别代入式（2.26），得到积分器的三个 z 变换形式。

① 前向差分

$$H(z) = \frac{T_s}{z-1} \quad (2.35)$$

② 后向差分

$$H(z) = \frac{zT_s}{z-1} \quad (2.36)$$

③ 梯形差分

$$H(z) = \frac{T_s}{2} \frac{z+1}{z-1} \quad (2.37)$$

式（2.35）～式（2.37）表示了式（2.16）积分器的 z 变换形式，分别对应了对象的离散时间方程式（2.23）～式（2.25）。

2.5 等效热路模型

在功率半导体器件工作时，器件晶元的功率损耗使器件产生热量，常用热阻评价器件的散热能力。具有高热导率的物体是很好的导热体，比如铜或铝，它们的热阻小。具有低热导率的物体是热的不良导体，比如塑料或石英的热阻很大。功率半导体系统的总热阻决定一个功率半导体器件从导通开始消耗功率时结温的上升程度。

2.5.1 热阻计算

热阻常用 R_{th} 表示，就好比电工电子领域的电阻。物体的热阻与其传热方向的厚度成正比，如果一个物体的厚度增加，则在同样的温差作用下，流过物体的功率将下降，反之亦然。

$$R_{th} = \frac{d}{A\lambda_{th}} \quad (2.38)$$

式中，R_{th} 为热阻（$K \cdot W^{-1}$）；d 为物体传热方向的厚度（m）；A 为物体传热方向的面积（m^2）；λ_{th} 为物体的热导（$W \cdot m^{-1} \cdot K^{-1}$）。

热从物体温度高的地方向温度低的地方流动，也就是热功率从高温物体流向低温物体，用于热计算的功率流就像电流，温度差就像电势差（电压）。这样，类似于电路中的

欧姆定律，热路中也有一个温差计算公式，即

$$\Delta T = P_D R_{th} \tag{2.39}$$

式中，P_D 为功率（W）；ΔT 为温差（K）。

像电容器具有存储电荷的能力一样，物体具有存储热量的作用，采用热容表示。根据傅里叶热分析理论，对于一个各向同性的等温物体，不考虑物体的辐射热，它满足下面的热量平衡方程。

$$mC_{th}\frac{dT}{dt} = Q_{th} + \frac{\Delta T_a}{R_{tha}} \tag{2.40}$$

式中，m 为物体质量（kg）；C_{th} 为物体的比热容（$J \cdot kg^{-1} \cdot K^{-1}$）；$Q_{th}$ 表示物体的生热量（W）；ΔT_a 指物体表面与环境的温差（K）；R_{tha} 指物体表面与环境之间的热阻（$K \cdot W^{-1}$）。当物体放置在空气中时，假设物体的表面积 A 不发生变化，那么 R_{tha} 与物体的对流热交换系数成反比。

$$R_{tha} = \frac{1}{h_a A} \tag{2.41}$$

式中，h_a 为空气中物体的对流热交换系数（$W \cdot m^{-2} \cdot K^{-1}$）。

2.5.2 功率半导体器件结温温升过程仿真

假设一个功率半导体开关（比如功率 MOSFET）的最大操作温度 T_{jmax} = 150℃，内阻 R_{on} = 40mΩ，耐压 U_{DS} = 60V，连续的工作电流 I_D = 50A，晶元到环境的热阻 R_{thJA} = 1K·W^{-1}。如果环境温度是 25℃，那么该功率半导体开关的功耗为

$$P_D = I_D^2 R_{on} = 50^2 \times 0.04W = 100W$$

功率半导体开关晶元的温升为

$$\Delta T = P_D R_{thJA} = 100 \times 1℃ = 100℃$$

功率半导体开关的结温为

$$T_j = T_a + \Delta T = (25 + 100)℃ = 125℃$$

此时，功率半导体开关在 50A 的工作电流下，其结温达到 125℃ < T_{jmax}。因此，该器件能够安全工作。

如果该功率 MOSFET 的热容为 1.0 J·K^{-1}，那么利用式（2.40）建立的等效热路 PSIM 模型如图 2.34 所示。图示的 ISQU1 ~ ISQU3 表示热功率方波信号，幅值为 200W，频率为 100Hz，占空比为 50%。Cth11 = 1.0J·K^{-1}，Rth11 = 1.0K·W^{-1}；Cth21 = Cth22 = 0.5J·K^{-1}，Rth21 = Rth22 = 0.5K·W^{-1}；Cth31 = Cth32 = 0.33J·K^{-1}，Rth31 = Rth32 = 0.33K·W^{-1}，Cth33 = 0.34J·K^{-1}，Rth33 = 0.34K·W^{-1}；Ta 表示环境温度：25℃。Tj1、Tj2 和 Tj3 分别表示一阶、二阶和三阶等效热路模型的功率器件结温。

仿真控制的步长和时长分别为 1ms 和 6s，图 2.35 显示了该 PSIM 模型的运行结果。在相同热功率 P1（仅显示 5.9 ~ 6s）作用下，三个等效热路保持相同的总热容 1.0 J·K^{-1} 和总热阻 1.0K·W^{-1}，功率器件结温的变化过程表现为单调上升且无超调进入稳态的曲

线。明显地，热容和热阻回路的数量增多，并不改变功率器件的温升稳态值，也不改变器件温度的稳态值，然而能够减小温升曲线的上升时间。在图 2.35 中，Tj1、Tj2 和 Tj3 的初始值为 25℃，经历不同的单调上升过程，它们的稳态值都为 125℃。然而三者的上升时间分别为 2.20s、0.91s 和 0.84s，Tj2 比 Tj1 进入稳态的时间缩短约 41%，比 Tj3 进入稳态的时间增长约 8%。因此，就功率半导体器件晶元温升的仿真过程而言，图 2.34b 的二阶模型的快速性接近图 2.34c 的三阶模型，远好于图 2.34a 的一阶模型。

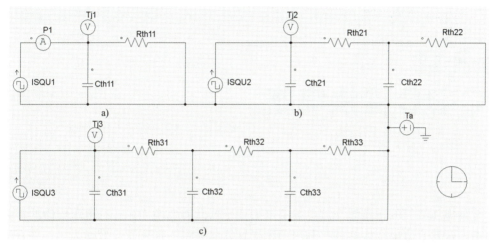

图 2.34　等效热路 PSIM 模型

a）一阶模型　b）二阶模型　c）三阶模型

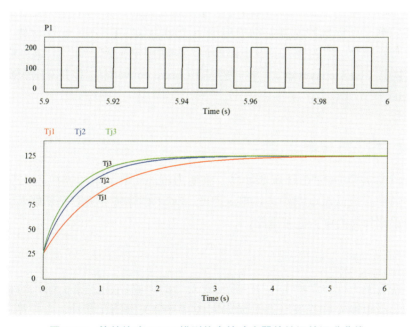

图 2.35　等效热路 PSIM 模型仿真的功率器件结温的温升曲线

Chapter 03

第 3 章
DC-DC 变换电路

一种电压幅值的正弦波交流电依靠电力变压器能够变换为另一种电压幅值的正弦波交流电。针对直流电变换问题,利用功率半导体器件将一种直流电变换为另一种直流电的电路拓扑及其控制技术,称为直流-直流(DC-DC)变换器技术。就电路结构而言,DC-DC 变换器可分为直接变换器和隔离变换器两种类型。在新能源汽车中,向汽车低电压负载和蓄电池供电的 DC-DC 变换器是一种隔离变换器,它利用脉冲变压器隔离输入直流电源和负载。在电机控制器与动力电池组之间的双向 DC-DC 变换器是一种直接变换器,它没有脉冲变压器的介入。就电路的输入和输出电压大小而言,DC-DC 变换器可分为降压变换器(buck converter)、升压变换器(boost converter)和升降压变换器(buck-boost converter)。

3.1 DC-DC 降压变换器

新能源汽车需要 DC-DC 降压变换器,将动力电池组的高电压转换为 12V 或 24V 等低电压,持续向车载低压电器设备供电。因此,DC-DC 降压变换器是新能源汽车不可缺少的、具有重要作用的电力电子电路。

3.1.1 电路结构和工作原理

图 3.1 显示了一种典型的 DC-DC 降压变换器的电路结构。除了输入的直流电压源 U_1、输出的负载电阻 R 和滤波电容 C 外,它还有三个关键的元器件,全控型功率半导体开关器件 S、储能电感 L 和功率二极管 D。

根据开关 S 的两个工作状态(导通或截止),分析降压电路的基本工作原理。将图 3.1 的电路分解为 S 处于导通状态的电路和 S 处于截止状态的电路,分别如图 3.2a 和图 3.2b 所示。

1)当开关 S 导通时,二极管 D 截止,电压源 U_I 经过电感 L 向负载 R 和 C 供电。电感电流 i_L 逐渐增大,电感的磁能增加,电容充电,负载电压 u_o 随之上升。

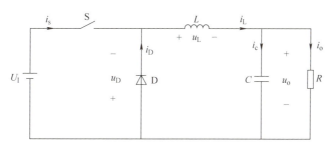

图 3.1 电阻负载的 DC-DC 降压变换器电路

2)当开关 S 截止时,电压源 U_I 停止向负载供电,电感电压 u_L 的方向突变,二极管 D 导通,维持电感电流 i_L 连续流动,电感所存储的磁能经过 D 向负载持续供电。i_L 逐渐减小,电感的磁能减少,电容放电,u_o 随之降低。

利用 PWM 信号控制开关 S 的周期性导通和截止,依靠电感的储能和二极管 D 的续流作用,使图 3.1 的电路在图 3.2a 和图 3.2b 的两个电路之间无缝切换,调节负载电压的大小。

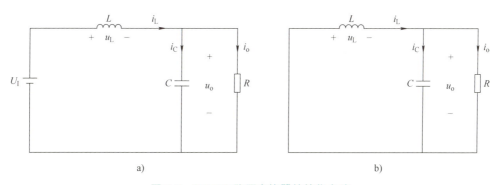

图 3.2 DC-DC 降压变换器的简化电路
a)导通电路 b)截止电路

3.1.2 工作模式

在图 3.2 的两个切换电路中,如果驱动开关 S 的 PWM 信号占空比、电感或电源电压匹配不好,则电感电流 i_L 在图 3.2b 中会出现持续为 0 的现象,产生间断的状态。针对电感电流是否连续,降压变换器有二极管电流的连续导通模式(continuous conduction mode,CCM)和间断导通模式(discontinuous conduction mode,DCM)。

图 3.3a 显示了降压变换器工作在 CCM 时的电感电流波形,i_L 始终为非持续为 0 的状态。图 3.3b 显示了降压变换器工作在 DCM 时的电感电流波形,在开关 S 截止期间,i_L 出现持续为 0 的状态。对于降压变换器以 DCM 工作,当 $i_L = 0$ 时,$u_L = 0$,此时 $i_D = 0$,D 截止,$u_D = -u_o$,即二极管端电压与负载电压绝对值相等,但极性相反。

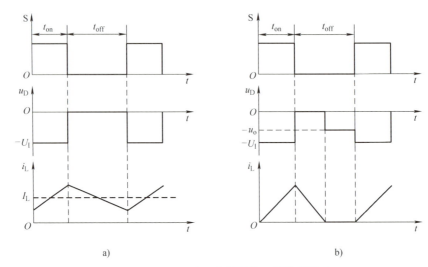

图 3.3　DC-DC 降压变换器的工作模式波形
a) CCM　b) DCM

3.1.3 周期稳态输出电压计算

在每一个 PWM 周期内,假设降压变换器处于 CCM 状态,电感电流的周期初值与终值相同,那么该降压变换器进入了一种 PWM 周期稳定状态,简称周期稳态。此时,电路电感进入了伏秒平衡状态。

$$\langle u_L \rangle_{T_p} T_p = 0 \tag{3.1}$$

图 3.2a 和图 3.2b 所示的两个子电路的电压回路方程分别有如下的表达式。

① 开关 S 导通

$$u_L = u_I - u_o \tag{3.2}$$

② 开关 S 截止

$$u_L = -u_o \tag{3.3}$$

式中,u_I 和 u_o 分别为电压 U_I 和 U_o 的瞬时变量。

当开关 S 高频工作时,在每个 PWM 信号周期内,认为 DC-DC 降压变换器的电压变化微小,可用直流量来替代,近似的电感电压波形如图 3.4 所示。图示的阴影面积是电感电压与时间之积,该面积有正负之分。当系统进入周期稳态时,电感伏秒平衡,有

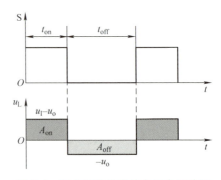

图 3.4　两个开关状态的电感电压波形

$$A_{on} + A_{off} = 0 \tag{3.4}$$

$$A_{on} = \int_t^{t+t_{on}} u_L dt = \int_t^{t+t_{on}} (u_I - u_o) dt \tag{3.5}$$

$$A_{\text{off}} = \int_{t+t_{\text{on}}}^{t+T_p} u_L \mathrm{d}t = \int_{t+t_{\text{on}}}^{t+T_p} (-u_o) \mathrm{d}t \tag{3.6}$$

式中，t_{on} 为开关 S 的导通时间；$T_p = t_{\text{on}} + t_{\text{off}}$，$t_{\text{off}}$ 为开关 S 的截止时间。

将式（3.5）和式（3.6）代入式（3.4），得到

$$\int_{t}^{t+t_{\text{on}}} (u_I - u_o) \mathrm{d}t + \int_{t+t_{\text{on}}}^{t+T_p} (-u_o) \mathrm{d}t = 0 \tag{3.7}$$

由于 DC-DC 降压变换器电路进入了周期稳态，降压变换器的输入和输出电压近乎保持恒定。因此，用变量的常值代入式（3.7），整理得到

$$\frac{U_o}{U_I} = \frac{t_{\text{on}}}{T_p} = \delta \tag{3.8}$$

式中，δ 为 PWM 信号的占空比。

假设 DC-DC 降压变换器的能量转换效率为 100%，$0 < \delta < 1$，那么

$$\frac{I_o}{I_I} = \frac{1}{\delta} \tag{3.9}$$

式中，I_I 和 I_o 分别为图 3.1 中电源电流 i_1 和电阻电流 i_o 的稳态量。因此，在 CCM 状态下，DC-DC 降压变换器可看作一种理想的直流降压变压器，也称为一种电子变压器。

3.1.4 CCM 变换器性能分析

图 3.5 显示了一个降压变换器的 PSIM 模型。其中，Vs = 12V，L = 6μH，C = 50μF，R = 0.6Ω，理想开关 MOS1 选用 N 沟道增强型功率 MOSFET，MOS1 的开关频率为 100kHz，占空比为 40%。仿真控制的步长和时长分别为 0.1μs 和 500μs，图 3.6 显示了该 PSIM 模型的运行结果。

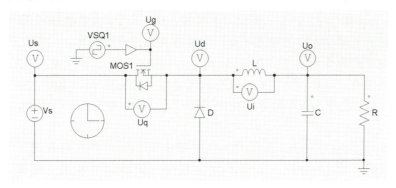

图 3.5 降压变换器的 PSIM 模型

在图 3.6 中，$t > 0$，在 100kHz 的 PWM 信号 Ug 驱动下，输出电压 Uo 的曲线略有纹波，在 200μs 已进入了稳定的 2% 误差带。周期稳态的负载电压 U_o 的理论计算值为 4.8V，在 300～500μs 期间，U_o 的平均电压为 4.799V，与理论计算值的误差为 -1mV。由 U_o 的曲线可知，当开关 MOS1 的占空比为 40% 时，负载的电压响应类似一个典型二阶系统的阶跃响应曲线，稳态值 4.8V，超调量为 40%，调节时间为 200μs。对于电感电压 Ui，当 Ug 为高电平时，Ui 为正；当 Ug 为低电平时，Ui 为负。当系统进入周期稳态

时，Ui 的正值和负值分别为 7.26V 和 -4.83V。随着 PWM 信号 Ug 的高低电平切换，Ui 的方向瞬时发生改变，幅值不超过 12V，变化趋势与 Uo 相反。当系统进入周期稳态时，Ui 表现为伏秒平衡状态。

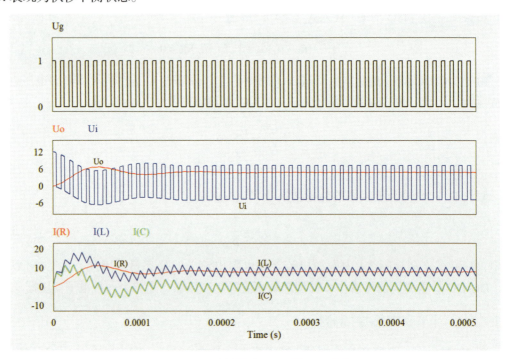

图 3.6　降压变换器的 PSIM 模型仿真曲线

总体而言，图 3.6 所示的负载电阻电流 I（R）的曲线较为光滑，与电压 Uo 具有一致的变化趋势。在一个 PWM 周期内，电感电流 I（L）和电容电流 I（C）有相同的变化趋势。当 Ug 为高电平时，I（L）和 I（C）同时上升。当 Ug 为低电平时，I（L）和 I（C）同时下降。这两个储能元件的电流呈现三角波脉动方式连续变化，没有出现持续为 0 的时间段，因此该降压变换器工作在 CCM 状态。在 200μs 后，系统进入周期稳态，I（L）在 I（R）上下脉动，I（C）和 I（L）的波动幅度几乎相等。I（L）始终大于 0，I（C）出现了负值，I（C）表现为周期稳态的荷电平衡状态，所以稳定的 I（R）近乎表现为一条直线。

图 3.7 显示了开关 MOS1 的端电压 Uq 和电流 I（MOS1）的曲线，Uq 是一条周期而等幅值的矩形脉冲曲线，方向不发生变化，频率为 100kHz，幅值不超过 12V。I（MOS1）是一条不等幅的斜边朝上的梯形脉冲曲线，进入周期稳态的 I（MOS1）的频率为 100kHz。当 Ug 为高电平时，开关 MOS1 导通，Uq 为 0，I（MOS1）上升；当 Ug 为低电平时，开关 MOS1 截止，Uq 为 12V，I（MOS1）为 0。因此，开关 MOS1 所需耐受的端电压不超过电源 Vs 的电压 12V。

图 3.8 显示了二极管 D 的反向电压 Ud 和电流 I（D）的仿真曲线，Ud 是一条周期而等幅值的矩形脉冲曲线，方向不发生变化，频率为 100kHz，幅值不超过 12V。I（D）是一条不等幅的斜边朝上的梯形脉冲曲线，进入周期稳态的 I（D）的频率为 100kHz，呈现与 I（MOS1）相反的变化趋势。当 Ug 为低电平时，二极管 D 导通，Ud 为 0，I（D）下

降。当 Ug 为高电平时，二极管 D 截止，Ud 为 12V，I（D）为 0。因此，D 所需耐受的反向电压不超过电源 Vs 的电压 12V。

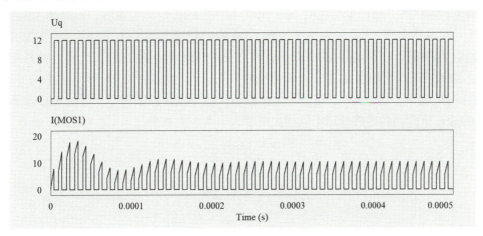

图 3.7　降压变换器开关 MOS1 的 PSIM 模型仿真曲线

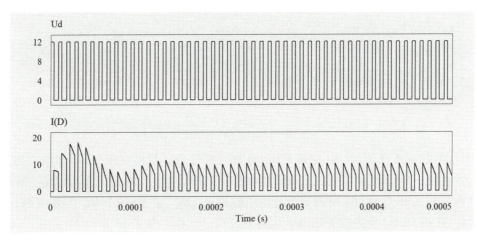

图 3.8　降压变换器二极管 D 的 PSIM 模型仿真曲线

电感电流 I（L）以三角波方式脉动变化，它的外包络线具有超调特征，并趋于周期稳态。I（L）的最大值为 18.26A，电源 Vs、开关 MOS1 和二极管 D 的电流不超过电感电流，因此它们的最大值都为 18.26A，约为电阻稳态电流的 228%。

根据 CCM 降压变换器的电路仿真结果分析，降压变换器的负载电压和电流保持连续、波动小，而功率半导体器件的电压和电流都是脉冲波。其中，当系统处于周期稳态时，器件电流是尖脉冲波，它们的频率与 PWM 开关信号的频率一致，器件所需承受的电压由输入电源幅值决定。

3.1.5　通态压降影响分析

在图 3.5 的降压变换器 PSIM 模型中，将开关 MOS1 和二极管 D 的通态电阻分别设置为 0.3Ω 和 0.1Ω，D 的阈值电压设置为 1V。下面分析开关和二极管的电压降对系统周期稳态输出电压 Uo 的影响。

图 3.9 显示了非理想开关的 PISM 模型的运行结果。在相同的 PWM 信号 Ug 作用下，图示的电感电流 I（L）的波形与图 3.6 相似，I（L）保持连续，因此该降压变换器工作在 CCM 状态。相比于图 3.6，尽管开关 MOS1 的占空比为 40%，但是图 3.9 的输出电压 Uo 和电感电压 Ui 波形发生了变化，Uo 的周期稳态值减小了，约为 3.23V。当开关 MOS1 导通时，Ui 为正且逐渐减小；当开关 MOS1 截止时，Ui 变为负，且其绝对值减小。当系统进入周期稳态时，Ui 的波峰值为 6.51V，波谷值为 -4.50V，与图 3.6 相比，Ui 的峰峰值缩小了约 1.00V。这两个电压幅值和波形变化的根源在于开关 MOS1 和二极管 D 的通态压降随着器件导通电流增大而增大、减小而减小。

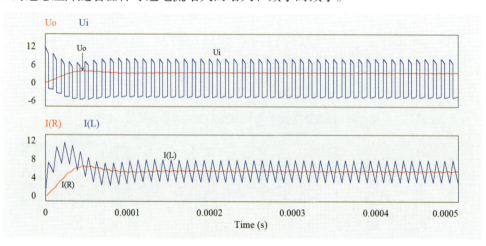

图 3.9 非理想功率半导体器件的降压变换器的 PSIM 模型仿真曲线

图 3.10 显示了开关 MOS1 的端电压 Uq 和二极管 D 的反向电压 Ud 的曲线。与图 3.7 和图 3.8 相比，Uq 和 Ud 都变成了双斜边的梯形脉冲波形。二极管 D 的通态压降峰值达到 2.13V，导致开关 MOS1 所需承受的电压超过了 12V，达到 14.13V。当系统进入周期稳态时，开关 MOS1 所需承受的电压达到 13.77V。然而，开关 MOS1 的通态压降减小了二极管 D 所需承受的可重复反向电压。

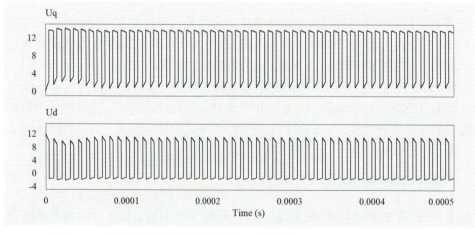

图 3.10 非理想功率半导体器件的降压变换器的 PSIM 模型开关电压曲线

在图 3.1 中，假设系统工作在 CCM 状态，当系统进入 PWM 周期稳态后，负载电阻 R 的周期稳态电压 U_o 和占空比 δ 应满足一个二次代数方程。

$$U_o = c_1\delta(\delta U_I - U_{s,on}) + c_2(1-\delta)(\delta U_I - U_{d,on}) \qquad (3.10)$$

$$\begin{cases} c_1 = \dfrac{R}{R + R_{s,on}} \\ c_2 = \dfrac{R}{R + R_{d,on}} \end{cases} \qquad (3.11)$$

式中，$U_{s,on}$ 表示开关 S 的通态电压降（V）；$U_{d,on}$ 表示二极管 D 的通态电压降（V）；$R_{s,on}$ 表示开关 S 的通态电阻（Ω）；$R_{d,on}$ 表示二极管 D 的通态电阻（Ω）。

整理式（3.10），得

$$a_{10}\delta^2 + a_{11}\delta + a_{12} - U_o = 0 \qquad (3.12)$$

$$\begin{cases} a_{10} = (c_1 - c_2)U_I \\ a_{11} = c_2(U_I + U_{d,th}) - c_1 U_{s,th} \\ a_{12} = -c_2 U_{d,th} \end{cases} \qquad (3.13)$$

式中，$U_{s,th}$ 表示开关 S 的阈值电压（V）；$U_{d,th}$ 表示二极管 D 的阈值电压（V）；a_{1j} 表示中间变量，$j = 0、1、2$。

在 PSIM 模型中，一个功率 MOSFET 的通态压降仅与其通态电阻成正比，而功率二极管的通态压降与其通态电阻和阈值电压成线性关系。

$$U_{s,th} = 0，\quad U_{d,th} = 1\text{V}，\quad R_{s,on} = 0.3\Omega，\quad R_{d,on} = 0.1\Omega$$

当 $\delta = 40\%$ 时，由式（3.12）计算的电阻 R 的周期稳态电压 $U_o = 3.23\text{V}$，与图 3.8 的仿真计算相同。如果系统设计要求 $U_o = 4.8\text{V}$，那么由式（3.12）计算的开关 PWM 信号占空比 $\delta = 57.57\%$。经验证，该理论计算的占空比能够使降压变换器的周期稳态电压为 4.8V。如果考虑功率半导体器件的开关损耗，那么图 3.6 的负载电阻的电压还会略有减小。

因此，对于 CCM 降压变换器而言，在相同的开关占空比作用下，功率半导体器件的通态压降越大，变换器的周期稳态输出电压会越小。而且，器件的通态压降改变了它们的电压波形，增大了开关器件所需承受的电压，还会恶化开关器件的热应力。

3.1.6 负载电阻影响分析

在 3.1.5 节的 PSIM 模型基础上，将负载电阻 R 增大 4 倍，即 $R = 2.4\Omega$，元件模型的其他参数不变。下面分析该降压变换器的工作模式和增大电阻 R 对系统周期稳态输出电压的影响，并计算电感电流临界模式的 PWM 信号占空比。

图 3.11 显示了该 PSIM 模型的运行结果。相比于图 3.6，电感电压 Ui、电感电流 I（L）和电容电流 I（C）的曲线形状发生了显著变化。在 57μs 的同一时间域内，Ui 和 I（L）包含了周期性的持续为 0 的区间，I（C）则包含了周期性的电流缓慢变化的区间，结果表明了该降压变换器工作在 DCM 状态。另外，负载电压 Uo 的曲线形状相似，但动

态和稳态性能指标发生了变化，超调量和周期稳态输出分别为 14% 和 4.64V，减小幅度分别达到 26% 和 3.33%。

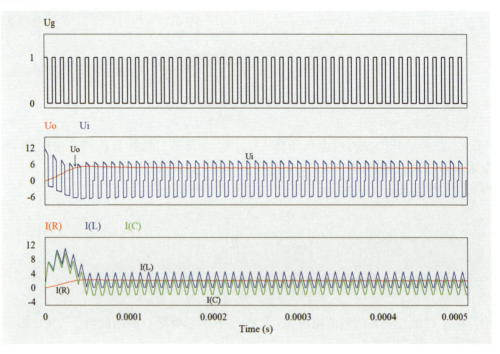

图 3.11　增大负载电阻的降压变换器的 PSIM 模型仿真曲线

图 3.12 显示了在 480～500μs 期间的模型运行周期稳态曲线。Ui 和 I（L）在开关 MOS1 截止期间出现了近 15μs 的持续为 0 区间，同时 I（C）出现了约 1.93A 的电容放电电流，进一步说明该降压电路工作在 DCM 状态。保持开关 MOS1 的 PWM 信号占空比不变，增大负载电阻后，负载电流减小，在开关 MOS1 导通期间，电感电流的减小降低了电感充磁能量的减少，不满足在开关 MOS1 截止期间的电感所释放的磁能，导致电感电流没有保持连续。相比于图 3.9，Uo 的稳态输出值提高了 1.41V，电容在零电感电流区间仅需向负载电阻提供有功电能，而无须向电感转换无功电能，减小了负载电压的下降幅度。在 Ug 为低电平时，I（C）下降，而且它在非零 I（L）区间比在零 I（L）区间的下降速率大得多。

在图 3.1 中，假设进入周期稳态的电感电流处于临界状态，在每一个 PWM 周期，电感电流的初始值和终止值为 0。在开关 S 的导通期，电感电流的变化率大于 0，且满足

$$\frac{di_L}{dt}=\frac{u_I-u_o-u_{s,on}}{L} \tag{3.14}$$

在开关 S 导通期间，电感电流的变化率小于 0，且满足

$$\frac{di_L}{dt}=\frac{-u_o-u_{d,on}}{L} \tag{3.15}$$

假设功率半导体器件的通态损耗是其电流的线性模型，那么

$$\frac{di_L}{dt} = \frac{u_I - u_o - u_{s,th} - i_L R_{s,on}}{L} \qquad 0 \leq t < t_{on} \qquad (3.16)$$

$$\frac{di_L}{dt} = \frac{-u_o - u_{d,th} - i_L R_{d,off}}{L} \qquad t_{on} \leq t < T_p \qquad (3.17)$$

因为 i_L 为临界状态，所以 $i_L(0) = i_L(T_p) = 0$。而且

$$i_L(t_{on}) = 2I_{L,avg} \qquad (3.18)$$

式中，$I_{L,avg}$ 为电感电流在 PWM 周期稳态的状态平均值。

$$I_{L,avg} = \frac{U_o}{R} \qquad (3.19)$$

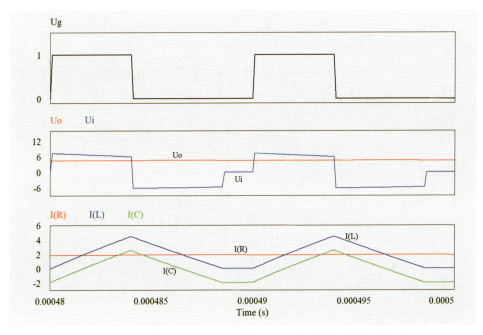

图 3.12 增大负载电阻的降压变换器的 PSIM 模型仿真曲线（周期稳态）

对式（3.16）两边同时乘以 dt，同时将各变量的稳态值代入式（3.16），并对等式两边积分，得

$$i_L(t_{on}) = \frac{U_I - U_o - U_{s,th}}{L} t_{on} - \frac{R_{s,on}}{L} \int_0^{t_{on}} i_L dt \qquad (3.20)$$

在开关 S 导通和 D 截止期间，运用三角形面积近似计算，得到

$$\int_0^{t_{on}} i_L dt = \frac{1}{2} t_{on} i_L(t_{on}) \qquad (3.21)$$

将式（3.21）代入式（3.20），整理得到

$$\left(1 + \frac{R_{s,on} + R}{2L} T_p \delta\right) U_o = \frac{R T_p}{2L} \delta (U_I - U_{s,th}) \qquad (3.22)$$

将式（3.12）代入式（3.22），整理得到临界占空比 δ_0 满足的一个三次方程：

$$a_{20}\delta_0^3 + a_{21}\delta_0^2 + a_{22}\delta_0 + a_{23} = 0 \quad (3.23)$$

式中，

$$\begin{cases} a_{20} = (c_3 + c_4)a_{10} \\ a_{21} = a_{10} + (c_3 + c_4)a_{11} \\ a_{22} = a_{11} + (c_3 + c_4)a_{12} - c_4(U_1 - U_{s,th}) \\ a_{23} = a_{12} \end{cases} \quad (3.24)$$

$$\begin{cases} c_3 = \dfrac{R_{s,on}}{2L}T_p \\ c_4 = \dfrac{R}{2L}T_p \end{cases} \quad (3.25)$$

同理，在开关 S 截止和 D 导通期间，开关 S 的临界占空比应满足的另一个三次方程式为

$$a_{30}\delta_0^3 + a_{31}\delta_0^2 + a_{32}\delta_0 + a_{33} = 0 \quad (3.26)$$

式中，

$$\begin{cases} a_{30} = (c_4 + c_5)a_{10} \\ a_{31} = (1 - c_4 - c_5)a_{10} + (c_4 + c_5)a_{11} \\ a_{32} = (1 - c_4 - c_5)a_{11} + (c_4 + c_5)a_{12} + c_4 U_{d,th} \\ a_{33} = (1 - c_4 - c_5)a_{12} - c_4 U_{d,th} \end{cases} \quad (3.27)$$

$$c_5 = \dfrac{R_{d,on}}{2L}T_p \quad (3.28)$$

将参数代入式（3.13）、式（3.24）、式（3.25）、式（3.27）和式（3.28），得到

$$a_{10} = -0.853,\ a_{11} = 12.48,\ a_{12} = -0.96$$

$$a_{20} = -1.91925,\ a_{21} = 27.227,\ a_{22} = -13.68,\ a_{23} = -0.96$$

$$a_{30} = -1.7771,\ a_{31} = 26.9241,\ a_{32} = -13.520,\ a_{33} = -0.96$$

将这些参数分别代入式（3.23）和式（3.26），计算的降压变换器的临界占空比 δ_0 分别为 58.68% 和 58.57%。取较大值，经验证，该降压变换器的电感电流逼近临界状态，在 200～500μs 期间的 U_o 平均值为 6.13V，而理论计算值为 6.07V，误差小于 1%。在 CCM 工作的理想降压变换器，U_o 为 7.0416V。因此，为了补偿功率器件的通态损耗，应提高实际降压变换器的占空比，由式（3.12）计算的理论占空比为 67.20%。此时，在 200～500μs 期间，模型仿真的 U_o 平均值为 7.0433V。

由上述分析可知，当负载电阻增大时，降压变换器会工作在 DCM 状态。根据 CCM 工作的降压变换器导通和截止的电流连续临界条件，式（3.23）或式（3.26）可用来计算变换器在 CCM 工作的临界占空比。

3.2 DC-DC 升压变换器

依靠 DC-DC 升压变换器将动力电池组的电压提升，稳定逆变器的直流母线电压，有利于交流电机控制系统效率的提高。

3.2.1 电路结构和工作原理

逆时针轮换图 3.1 的降压变换器电路的开关 S、电感 L 和续流二极管 D 的位置，可得到如图 3.13 所示的 DC-DC 升压变换器的电路。

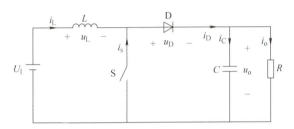

图 3.13 电阻负载的 DC/DC 升压变换器电路

根据开关 S 的两个工作状态——导通或截止，分析升压电路的基本工作原理。将图 3.13 的电路分解为 S 处于导通状态的电路和 S 处于截止状态的电路，分别如图 3.14a 和 b 所示。

1）当开关 S 导通时，电源 U_I 和电感 L 被短路，如图 3.14a 所示。如果电容 C 的电压 u_o 等于 0，那么二极管 D 的正向偏置电压为 0，D 截止；如果 $u_o > 0$，则 D 反向截止。直流电压源 U_I 经过电感 L 形成回路，电感电流 i_L 突增，电感的磁能增加。

2）当开关 S 截止时，二极管 D 导通，接续电感电流 i_L，如图 3.14b 所示。i_L 逐渐减小，电感 L 的磁通发生变化，电感电压 u_L 方向突变，产生一个叠加在直流电源 U_I 上的附加电动势，使负载电压 u_o 超过电源电压 U_I。

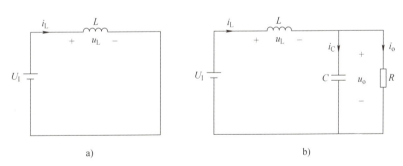

图 3.14 DC/DC 升压变换器的简化电路
a）导通电路 b）截止电路

利用 PWM 信号控制开关 S 的周期性导通和截止，依靠电感的储能和二极管的续流作用，使图 3.13 的电路在图 3.14a 和图 3.14b 的两个电路之间无缝切换，调节负载电压的大小。DC-DC 升压变换器也有两种工作模式，即由电感电流连续性决定的 CCM 和 DCM。

3.2.2 升压原理

功率半导体开关 S 无论是处于导通状态还是截止状态，电感电流 i_L 的方向保持不变，而电感电压 u_L 的方向则在开关状态切换时刻发生瞬时变化。由法拉第电磁感应定律和楞次定律，得到 u_L 的表达式。

$$u_L = L \frac{di_L}{dt}$$

当开关 S 处于导通状态时，i_L 持续上升，u_L 的大小与 U_I 相等，方向与 U_I 相反。

$$u_L = U_I$$

当开关 S 处于截止状态时，i_L 逐渐减小，此时 u_L 已切换方向，$u_L < 0$，其大小依赖 i_L 的变化率。

$$u_L = U_I - u_o$$

因此，可推出输出电压 u_o 与电源电压 U_I 和电感电压 u_L 的关系式。

$$u_o = U_I + (-u_L) > U_I \qquad u_L < 0$$

这说明 DC-DC 升压变换器实现了输出电压对输入电压的提升，其原理是电感磁通变化产生感生电动势的法拉第电磁感应定律和楞次定律。

3.2.3 周期稳态输出电压计算

下面写出两个子电路图 3.14a 和图 3.14b 的电压回路方程。

① 当开关 S 导通时，有

$$u_L = u_I \tag{3.29}$$

② 当开关 S 截止时，有

$$u_L = u_I - u_o \tag{3.30}$$

当升压变换器处于 CCM 工作的 PWM 周期稳定状态时，图 3.15 显示了电感电压 u_L 和电流 i_L 波形，i_L 在平均电流 I_L 上下对称波动。u_L 的阴影面积计算为

$$A_{on} = \int_{t}^{t+t_{on}} u_L dt = \int_{0}^{t_{on}} u_I dt \tag{3.31}$$

$$A_{off} = \int_{t+t_{on}}^{t+T_p} u_L dt = \int_{t_{on}}^{T_p} (u_I - u_o) dt \tag{3.32}$$

由 PWM 周期稳态的电感进入伏秒平衡，u_L 在开关导通和截止期间的阴影面积之和为 0，即

$$\int_{0}^{t_{on}} u_I dt + \int_{t_{on}}^{T_p} (u_I - u_o) dt = 0 \tag{3.33}$$

将周期稳态的变量状态平均值或直流量代入式（3.33），得到

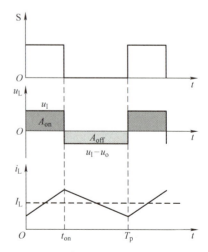

图 3.15 两个开关状态的电感电压波形

$$U_I t_{on} + (U_I - U_o)(T_p - t_{on}) = 0 \quad (3.34)$$

$$\frac{U_o}{U_I} = \frac{1}{1-\delta} \quad (3.35)$$

由式（3.35）可知，DC-DC 升压变换器的占空比 δ 不能等于 1，也就是说升压变换器的开关不能长时间保持导通状态，否则电感的峰值电流过大，能够导致过电压输出。

假设升压变换器的能量转换效率为 100%，那么周期稳态的输入与输出电流有一个理想关系。

$$\frac{I_o}{I_I} = 1 - \delta \quad (3.36)$$

式中，I_I 表示电源电流。因此，在 CCM 状态下，由式（3.35）和式（3.36）可知，DC-DC 降压变换器可看作一个理想的电子升压变压器。

3.2.4　CCM 变换器性能分析

图 3.16 显示了一个升压变换器的 PSIM 模型。其中，Vs = 12V，L = 10μH，C = 100μF，R = 0.6Ω，D 为理想二极管，理想开关选用 IGBT，开关频率 50kHz，占空比 50%。仿真控制的步长和时长分别为 0.5μs 和 1ms，图 3.17 显示了该 PSIM 模型的运行结果。

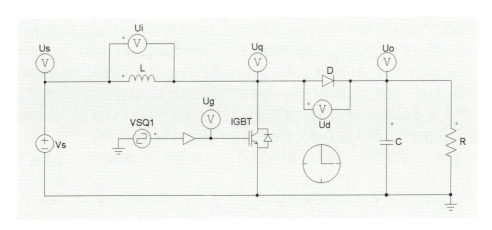

图 3.16　升压变换器的 PSIM 模型

在图 3.17 中，$t > 0$，在 50kHz 的 PWM 信号 Ug 驱动下，输出电压 Uo 的曲线有明显的三角纹波，在 500μs 已进入了稳定的 2% 误差带。周期稳态的负载电阻电压 U_o 的理论计算值为 24V，在 0.8～1ms 期间，U_o 的平均电压为 23.89V，与理论计算值的相对误差为 -0.45%。由 U_o 的曲线可知，当开关 IGBT 的占空比为 50% 时，负载的电压响应类似一个典型二阶系统的阶跃响应曲线，超调量为 22.52%，调节时间为 500μs。对于电感电压 Ui，当 Ug 为高电平时，Ui 为正；当 Ug 为低电平时，Ui 为负；进入周期稳态，Ui 的正值为 12V，Ui 的负值从 -9.91V 下降至 -13.77V。随着 Ug 的高低电平切换，Ui 的方向瞬时随之发生改变，幅值不超过 12V，-Ui 的变化趋势与 Uo 一致。当系统进入周期稳态，Ui 表现为伏秒平衡状态。

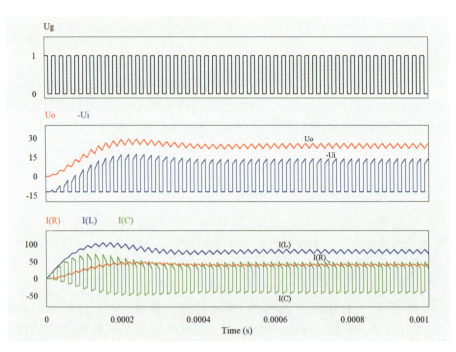

图 3.17　升压变换器的 PSIM 模型仿真曲线（0～1ms）

总体而言，负载电阻的电流 I（R）曲线纹波亦较为明显，与其电压 Uo 具有一致的变化趋势。在一个 PWM 周期内，电感电流 I（L）和电容电流 I（C）也有相同的变化趋势。当 Ug 为高电平时，I（L）和 I（C）同时上升；当 Ug 为低电平时，I（L）和 I（C）同时下降。但是，这两个储能元件的电流分别呈现三角波脉动和正负脉冲切换方式连续变化，没有出现持续为 0 的区间，因此该升压变换器工作在 CCM 状态。在 500μs 后，系统进入周期稳态，I（L）在 I（R）上方脉动，两者的平均电流相差约 1 倍。I（L）始终大于 0，I（C）出现了负值，其正值包络线与 I（R）曲线接近，表现为周期稳态的荷电平衡状态。

图 3.18 显示了开关 IGBT 的端电压 Uq 和电流 I（IGBT）曲线，Uq 是一条不等幅的斜边朝上的梯形脉冲曲线，方向不发生变化，周期稳态的频率为 50kHz，幅值为 Uo 的最大值。I（IGBT）的总体变化趋势与 Uq 相同，是一条不等幅的斜边朝上的梯形脉冲曲线，进入周期稳态的 I（IGBT）的频率为 50kHz。当 Ug 为高电平时，IGBT 导通，Uq 为 0，I（IGBT）上升；当 Ug 为低电平时，IGBT 截止，Uq 等于 Uo，I（IGBT）为 0。因此，IGBT 所需耐受的端电压不超过输出电压 Uo 的峰值。

图 3.19 显示了二极管 D 的反向电压 Ud 和电流 I（D）曲线，Ud 是一条不等幅的斜边朝下的梯形负脉冲曲线，方向不发生变化，稳态周期的频率为 50kHz，幅值下限为 -Uo。I（D）也是一条不等幅的斜边朝上的梯形脉冲曲线，周期稳态的频率为 50kHz，呈现与 I（IGBT）相反的变化趋势。当 Ug 为低电平时，D 导通，Ud 为 0，I（D）下降；当 Ug 为高电平时，D 截止，Ud 等于 -Uo，I（D）为 0。因此，D 所需耐受的反向电压不超过输出电压 Uo 的峰值。

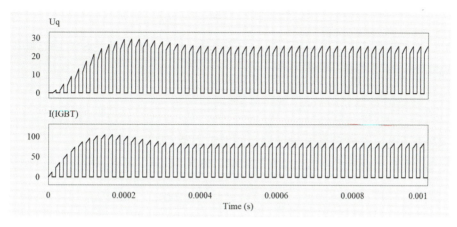

图 3.18　升压变换器开关 IGBT 的 PSIM 模型仿真曲线

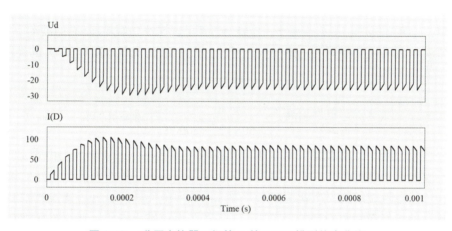

图 3.19　升压变换器二极管 D 的 PSIM 模型仿真曲线

电感电流 I(L) 以三角波脉动变化，它是 I(IGBT) 和 I(D) 的外包络线，因此电源、开关和二极管的电流的上限为 I(L) 的峰值，约为电阻峰值电流的 2 倍。根据 CCM 升压变换器的电路仿真结果分析，升压变换器的负载电压和电流保持连续、波动比较明显，而功率半导体器件的电压和电流都是梯形脉冲波。其中，周期稳态的器件电流是尖脉冲波，它们的频率与 PWM 信号的频率一致。器件所需承受的电压由输出电压峰值决定，所需承受的电流的最大值是负载电流峰值的 2 倍。

3.2.5　输出电压和电感电流纹波分析

下面计算图 3.17 的负载电阻电压 U_o 和电感电流的纹波系数，分析它们的影响因素。在图 3.14 中，当升压变换器进入 PWM 周期稳态时，在开关 S 截止期间，电感电流 i_L 既给电容充电，又对负载供电。在开关 S 导通期间，电源与电感形成短路，电容放电，为负载供电，电容电压与输出电压有相同的脉动量。

周期稳态的电容 C 处于荷电平衡状态。因此，在开关 S 导通期间，电容 C 向负载的放电电流与负载电流的状态平均值相等。

$$\Delta Q_c = I_o t_{on} = \frac{U_o}{R}\delta T_p = \frac{\delta U_o}{R f_p} \tag{3.37}$$

式中，ΔQ_c 表示电容 C 在开关 S 导通期间的放电量（C）；f_p 表示开关 S 的开关频率（Hz）。

这样，负载电压的变化量可表达为

$$\Delta U_o = \frac{\Delta Q_c}{C} = \frac{\delta}{R C f_p} U_o \tag{3.38}$$

式中，ΔU_o 表示电容 C 在开关 S 导通期间的电压增量（V）。

负载电压的纹波在其平均值上下对称波动，由式（3.38）可计算负载电压的纹波系数。

$$\begin{cases} \gamma_o = \frac{\Delta U_o}{2U_o} = \frac{\delta}{2\tau_o f_p} \times 100\% \\ \tau_o = RC \end{cases} \tag{3.39}$$

式中，γ_o 表示负载电压的纹波系数；τ_o 表示 RC 电压滤波器的时间常数（s）。因此，提高开关频率 f_p、增大滤波电容 C 或减小占空比 δ，都可以减小负载电压 U_o 的波动。

由图 3.16 的升压变换器的电路参数，可计算图 3.17 的负载电阻电压 U_o 的纹波系数。

$$\tau_o = 0.6 \times 100 \times 10^{-6}\text{s} = 60\mu\text{s}$$

$$\gamma_o = \frac{\Delta U_o}{2U_o} = 0.5 \times \frac{1}{2 \times 60 \times 10^{-6} \times 50000} \times 100\% = 8.33\%$$

这个结果比图 3.17 测量的负载电阻电压的纹波系数 ±7.95% 略大。由式（3.39）可知，在不改变输入电压而要求相同的输出电压时，负载电压的纹波系数与开关频率、输出电容和负载电阻成反比，也就是提高开关 S 的频率就能够降低升压变换器输出电压的纹波系数。如果将开关 S 的开关频率提高 1 倍和将电容增大 5 倍，那么该升压变换器的输出电压的纹波系数将小于 1%，波动范围在（24±0.2）V。

在图 3.14 中，当开关 S 导通时，电感电流 i_L 增大；当开关 S 截止时，i_L 减小。期间，i_L 的变化率分别由式（3.29）和式（3.30）决定。当升压变换器进入周期稳态时，由图 3.15 显示在开关 S 的导通时间 t_{on} 和截止时间 t_{off} 的两个电感电流变化量绝对值相同。因此，在开关 S 导通期间，电感电流增量为

$$\Delta I_L = \frac{U_I}{L} t_{on} = \frac{U_I}{L}\delta T_p \tag{3.40}$$

电感电流的纹波电流在其平均值上下对称波动。因此，电感的纹波电流增量为

$$\Delta i_L = \frac{\Delta I_L}{2} = \frac{U_I}{2L}\delta T_p \tag{3.41}$$

这样，电感电流的纹波系数为

$$\gamma_L = \frac{\Delta i_L}{I_L} = \frac{U_I}{2L I_L}\delta T_p \tag{3.42}$$

式中，γ_L 表示电感电流的纹波系数。无论开关在导通期间还是截止期间，电感电流与电源电流相同，由式（3.36）可知

$$\gamma_L = \frac{\delta(1-\delta)}{2LI_o}U_I T_p = \frac{\delta(1-\delta)}{2L/R}\frac{U_I}{U_o}T_p \qquad (3.43)$$

将式（3.35）代入式（3.42）中，得

$$\gamma_L = \frac{\delta(1-\delta)^2}{2\tau_L f_p} \qquad (3.44)$$

式中，γ_L 表示电感电流的纹波系数；τ_L 表示电流滤波器的时间常数 L/R（s）。因此，电感的纹波电流与开关频率、占空比、电源电压成正比，与电感大小成反比。而电感电流的纹波系数与系统电流滤波时间常数、开关频率成反比，与占空比成三次函数关系。

根据图 3.16 升压变换器电路的参数，可计算式（3.41）和式（3.44）的参数。

$$\Delta i_L = \frac{0.5 \times 12}{2 \times 10 \times 10^{-6} \times 50000} A = 6A$$

$$\gamma_L = \frac{0.5 \times (1-0.5)^2}{2 \times (10 \times 10^{-6}/0.6) \times 50000} \times 100\% = 7.5\%$$

这个结果比图 3.17 测量的电感电流 ±5.78A 波动产生的输出电压纹波系数 7.28% 略大。在不改变输入电压而要求相同的输出电压时，提高开关 S 的频率和增大电感能够降低升压变换器电感电流的纹波系数。如果提高开关 S 的开关频率 1 倍，增大电感 5 倍，那么该升压变换器的电感电流的纹波系数将小于 1%，在 80A 左右波动 ±0.6A。

3.2.6 元件寄生电阻影响分析

在图 3.16 的升压变换器 PSIM 模型中，与电感 L 串联一个电阻 Ri，其值为 0.001Ω，模拟电感的寄生电阻，如图 3.20 所示。开关 IGBT 的通态压降和通态电阻分别设置为 2V 和 0.01Ω，二极管 D 的阈值电压和通态电阻分别设置为 1V 和 0.01Ω。

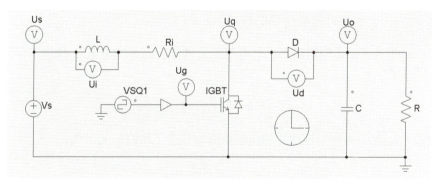

图 3.20　非理想元件升压变换器的 PSIM 模型

图 3.21 显示了该 PSIM 模型的运行结果。图示的电感电流 I（L）的波形与图 3.17 相似，I（L）连续，因此该升压变换器工作在 CCM 状态。相比于图 3.17，尽管开关 IGBT 的占空比都是 50%，图 3.21 的输出电压 Uo 变化趋势相似，但 Uo 的周期稳态值下降到了 19.49V，减小了 18.42%。这个电压周期稳态值下降的根源在于 IGBT、二极管 D 和电感寄生元件的电压降。

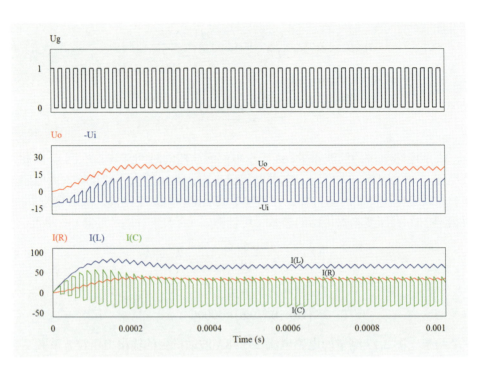

图 3.21　非理想元件升压变换器 PSIM 模型的运行曲线

假设图 3.13 的升压变换器工作在 CCM 状态，当系统进入 PWM 周期稳态后，滤波电容 C 在每个 PWM 周期内保持荷电平衡状态。

$$\int_0^{t_{on}} i_c \mathrm{d}t + \int_{t_{off}}^{T_p} i_c \mathrm{d}t = 0 \quad (3.45)$$

根据开关 S 导通和截止的电容电流与电感电流、负载电流的关系，由式（3.45）可知

$$\int_0^{t_{on}} -i_o \mathrm{d}t + \int_{t_{off}}^{T_p} (i_L - i_o) \mathrm{d}t = 0 \quad (3.46)$$

由于系统进入 PWM 周期稳态，且电感电流连续，因此将 i_L 和 i_o 的状态平均值代入式（3.46），得到

$$\int_0^{t_{on}} -I_o \mathrm{d}t + \int_{t_{off}}^{T_p} (I_L - I_o) \mathrm{d}t = 0 \quad (3.47)$$

整理式（3.47），得到电感电流和负载电流的状态平均值的关系式。

$$I_L = \frac{I_o}{1-\delta} \quad (3.48)$$

由于升压变换器的电感电流和电源电流相同，因此式（3.48）与式（3.36）一致。也就是，忽略输出电容器的内阻，当升压变换器处于 CCM 的 PWM 周期稳态时，升压变换器的输出电流和电源电流保持式（3.36）的关系，与电感、开关和功率二极管的损耗无关。在图 3.21 中，升压变换器在 0.5ms 后进入了 PWM 周期稳态，电感电流 I（L）和负载电流 I（R）的平均值分别为 64.89A 和 32.45A，它们的比例是 2.00，正好是占空比 0.5 的倒数。

下面分析元件寄生电阻的电压降对周期稳态输出电压的影响。假设图 3.13 的电感串联一个电阻 Ri, 当系统进入 PWM 周期稳态时, 电感电压满足伏秒平衡。当开关 S 处于导通状态时, 有

$$u_L = U_I - U_{s,on} - R_i I_L \tag{3.49}$$

式中, $U_{s,on}$ 表示开关 S 的通态压降 (V); R_i 表示电感 L 的寄生电阻 (Ω)。

当开关 S 截止时, 有

$$u_L = U_I - U_o - U_{d,on} - R_i I_L \tag{3.50}$$

式中, $U_{d,on}$ 表示二极管 D 的通态压降 (V)。

因此

$$(U_I - U_{s,on} - R_i I_L)\delta T_p + (U_I - U_o - U_{d,on} - R_i I_L)(1-\delta)T_p = 0 \tag{3.51}$$

由于

$$U_{s,on} = U_{s,th} + R_s I_L \tag{3.52}$$

$$U_{d,on} = U_{d,th} + R_d I_L \tag{3.53}$$

式中, $U_{s,th}$、$U_{d,th}$ 分别表示开关 S 和二极管 D 的阈值电压 (V); R_s、R_d 分别表示开关 S 和二极管 D 的通态电阻 (Ω)。

由式 (3.48) 可知

$$I_L = \frac{1}{1-\delta}\frac{U_o}{R} \tag{3.54}$$

联合式 (3.51) ~ 式 (3.54), 整理得

$$U_o = \frac{b_{11}(1-\delta) + b_{10}}{(1-\delta)^2 + b_{21}(1-\delta) + b_{20}}(1-\delta) \tag{3.55}$$

$$\begin{cases} b_{11} = U_{s,th} - U_{d,th} \\ b_{10} = U_I - U_{s,th} \\ b_{21} = \dfrac{R_d - R_s}{R} \\ b_{20} = \dfrac{R_i + R_s}{R} \end{cases} \tag{3.56}$$

由式 (3.55) 和式 (3.56) 可知, 在 CCM 状态工作的升压变换器, 周期稳态的输出电压 U_o 受到占空比 δ、器件通态压降、寄生电阻和负载电阻的影响, 随着元件电感电阻 Ri、开关通态电阻 Rs 和二极管通态电阻 Rd 的增加而减小。将图 3.20 的元件参数代入式 (3.55), 理论计算的 U_o 为 19.57V, 与图 3.21 的周期稳态输出电压的相对误差小于 0.5%。

另一方面, 式 (3.55) 能够应用极值法求解升压变换器在 CCM 工作条件的最大周期稳态电压及其对应的占空比, 图 3.22 显示了相应的 PSIM 模型。由图 3.15 给定的参数, 该模型的运行结果如图 3.23 所示。图示的周期稳态电压 Uo 随着占空比 Duty 增大而非线性单调上升至一个最大值后非线性减小, Uo 的最大值为 37.43V, 此时对应的占空比为 86.3%。

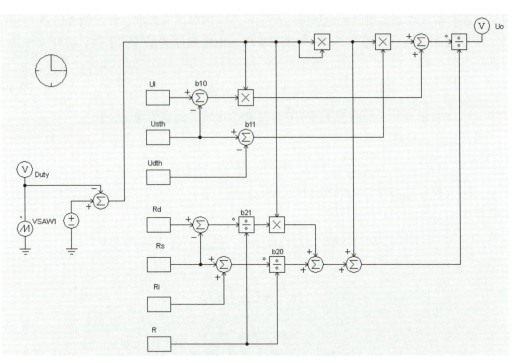

图 3.22　在 CCM 工作的非理想元件升压变换器的周期稳态输出电压与占空比关系的 PSIM 模型

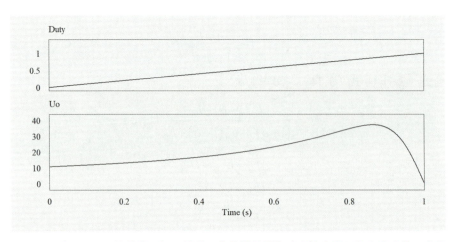

图 3.23　在 CCM 工作的非理想元件升压变换器的周期稳态输出电压与占空比关系曲线

3.2.7　临界模式电感计算

为了计算临界工作模式升压变换器的电感参数,在图 3.20 的非理想元件升压变换器 PSIM 模型中,假设 Ri 的阻值为 0.1Ω,C 为 $3300\mu F$,R 为 10Ω,输入电源电压 Vs 为 288V,目标输出电压 Uo 为 540V,VSQ1 的频率为 20kHz,元件模型的其他参数保持不变。

当升压变换器工作在临界模式时,处于周期稳态的电感在一个 PWM 周期的初始电流和终点电流为 0。由于临界系统工作在 CCM 状态,因此由式(3.55)计算得到输出目标电压 540V 的占空比约为 47.3%。

在开关 S 的导通期，电感电流的变化率大于 0，由式（3.49）和式（3.52）可知

$$L\frac{di_L}{dt} = U_I - U_{s,th} - (R_i + R_s)i_L \quad (3.57)$$

因为 i_L 为临界状态，所以 $i_L(0) = i_L(T_p) = 0$。而且，有

$$i_L(t_{on}) = 2I_{L,avg} \quad (3.58)$$

式中，$I_{L,avg}$ 表示电感电流在周期稳态的状态平均值。
由式（3.54）可知

$$I_{L,avg} = \frac{U_o}{(1-\delta)R} \quad (3.59)$$

对式（3.57）两边同时乘以 dt，同时将各变量的稳态值代入式（3.57），两边积分得到

$$Li_L(t_{on}) = (U_I - U_{s,th})t_{on} - (R_i + R_s)\int_0^{t_{on}} i_L dt \quad (3.60)$$

在开关 S 导通期间，电感电流的时间积分近似为

$$\int_0^{t_{on}} i_L dt = \frac{1}{2}t_{on}i_L(t_{on}) \quad (3.61)$$

将式（3.61）代入式（3.60），联合式（3.59），整理得到

$$L = \frac{\delta T_p}{2}\left[\frac{(1-\delta)(U_I - U_{s,th})}{U_o}R - (R_i + R_s)\right] \quad (3.62)$$

在升压变换器进入 PWM 周期稳态后，由式（3.62）可计算系统工作在临界状态的电感值。根据给定的条件，系统在临界工作的电感计算值为 32.7μH。为了减小电感的周期动态电流，假设电容的初始电压为 500V，仿真控制的步长和时长分别为 0.5μs 和 50ms，图 3.24 和图 3.25 显示了该 DC-DC 升压变换器的 PSIM 模型运行曲线。

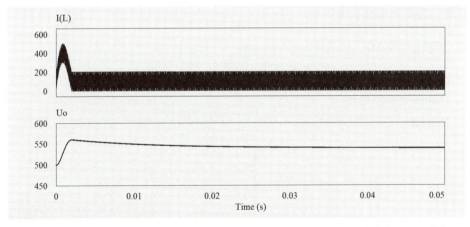

图 3.24　临界模式升压变换器 PSIM 模型仿真的电感电流 I(L) 和输出电压 Uo 曲线

在图 3.24 中，虽然负载电压 Uo 从 500V 超调上升至其稳态值 540V，但是电感电流 I(L) 在 0.91ms 左右产生近 466A 的峰值电流，原因在于滤波电容 C 的电压突变引起的高强度充电电流。Uo 在 9ms 后进入了 ±2% 的误差带，而 I(L) 在 2ms 后已进入 PWM

周期稳态。在图 3.25 中，电感电流 I（L）在每个 PWM 周期的起点和终点值接近 0，在 0～203A 之间以等腰三角波波动，表明电感电流工作在临界模式。由于电容 C 的电压滤波作用，使得负载电压 Uo 是一条略有纹波的直线。

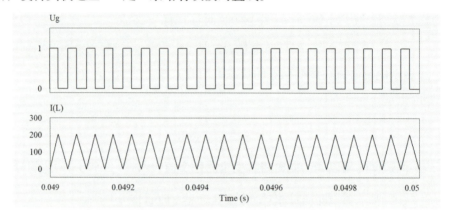

图 3.25　临界模式升压变换器 PSIM 模型仿真的周期稳态电感电流 I（L）曲线

若 DC-DC 升压变换器电路的参数确定，例如已知电感 L、电容 C、开关频率和输入输出电压，由式（3.62）可以计算该变换器临界模式的负载电阻。

$$R = \left(\frac{2L}{\delta T_p} + R_i + R_s\right)\frac{U_o}{(1-\delta)(U_I - U_{s,th})} \quad (3.63)$$

3.3　DC-DC 升降压变换器

燃料电池系统的输出电压能够随着电流增大而急剧减小，而且动态响应比动力电池系统慢，因此燃料电池汽车的燃料电池可通过串联的一个 DC-DC 升降压变换器与动力电池组并联，为驱动电机系统供电。

3.3.1　电路结构和工作原理

如果将图 3.1 的降压变换器的电感和二极管的位置互换，那么能生成图 3.26 的 DC-DC 升降压变换器电路。

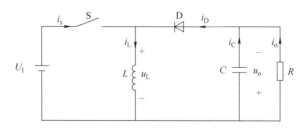

图 3.26　DC-DC 升降压变换器电路

根据开关 S 的两个工作状态，将图 3.26 的电路分解为 S 处于导通状态的电路和 S 处于截止状态的电路，如图 3.27 所示。

1）当开关 S 导通时，二极管 D 截止，电源 U_I 和电感 L 被短路，如图 3.27a 所示。U_I 经过电感 L 形成回路，电感电流 i_L 突增，电感的磁能增加，电感电压 $u_L > 0$。如果 $u_o > 0$，则电容 C 向负载电阻 R 放电，平滑输出电压 u_o。

2）当开关 S 截止时，二极管 D 导通，接续电感电流 i_L，如图 3.27b 所示。i_L 逐渐减小，电感 L 的磁通发生变化，电感电压 u_L 方向突变，$u_L < 0$，向负载电阻 R 供电，对电容 C 充电，输出电压 u_o 上升。

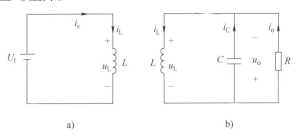

图 3.27 DC/DC 升降压变换器的工作电路
a）导通电路 b）截止电路

利用 PWM 信号控制开关 S 的周期性导通和截止，依靠电感的储能和二极管的续流作用，使图 3.26 的电路在图 3.27a 和图 3.27b 的两个电路之间无缝切换，融合了降压变换器和升压变换器的两种负载电压调节功能。DC-DC 升降压变换器也有两种工作模式，即由电感电流连续性决定的 CCM 和 DCM。

3.3.2 周期稳态输出电压计算

当 DC-DC 升降压变换器的开关 S 处于导通状态时，电源 U_I 和电感 L 短路，有

$$u_L = U_I \tag{3.64}$$

当开关 S 处于截止状态时，电感向负载提供电能，i_L 逐渐变小，此时有

$$u_L = -u_o \tag{3.65}$$

当升降压变换器处于 CCM 的 PWM 周期稳定状态时，电感电压 u_L 波形如图 3.28 所示。u_L 的阴影面积为

$$A_{on} = \int_{t}^{t+t_{on}} u_L dt = \int_{0}^{t_{on}} U_I dt \tag{3.66}$$

$$A_{off} = \int_{t+t_{on}}^{t+T_p} u_L dt = \int_{t_{on}}^{T_p} -u_o dt \tag{3.67}$$

由于 PWM 周期稳态的电感 L 进入伏秒平衡，其电压 u_L 在开关导通期间的阴影面积 A_{on} 和截止期间的阴影面积 A_{off} 之和为 0。根据式（3.66）和式（3.67），可得

$$\int_{0}^{t_{on}} U_I dt + \int_{t_{on}}^{T_p} -u_o dt = 0 \tag{3.68}$$

当升降压变换器电路进入了 PWM 周期稳定状态时，升降压变换器的输出电压值保持恒定。因此，用变量的常值代入式（3.68），得到

$$U_I t_{on} - U_o t_{off} = 0 \tag{3.69}$$

对式（3.69）合并同类项，整理得到的表达式为

$$\frac{U_o}{U_I} = \frac{\delta}{1-\delta} \quad (3.70)$$

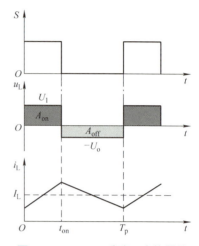

图 3.28　DC-DC 升降压变换器的电感电压稳态特性

注意，图 3.28 规定了输入电压 U_I 和输出电压 u_o 的方向。由式（3.70）可知，当 DC-DC 升降压变换器处于 CCM 的 PWM 周期稳态时，升降压变换器的占空比不能等于 1，输出电压的状态平均与占空比 δ、输入电压 U_I 成非线性关系。当占空比 $\delta < 0.5$ 时，升降压变换器为一个降压电路。当占空比 $\delta = 0.5$ 时，升降压变换器为一个等压电路。当占空比 $\delta > 0.5$ 时，升降压变换器为一个升压电路。

3.3.3　燃料电池系统升降压变换器设计

假设质子交换膜燃料电池（Proton exchange Membrane Fuel Cell，PEMFC）的输出电压范围为 220～450V，所输出的最大持续功率为 25kW，PEMFC 串联一个 DC-DC 升降压变换器后与功率型 8A·h 锂离子电池组并联，为一个 320V、最大电流 80A 和最小电流 10A 的恒压负载供电，开关频率不小于 20kHz。下面介绍一个 CCM 工作和电压纹波系数不大于 1% 的 DC-DC 升降压变换器的设计与仿真。

CCM 工作的升降压变换器指标为

① 输入电压

$$U_{I,min} = 220V$$
$$U_{I,max} = 450V$$

② 输出电压

$$U_o = 320V$$

③ 负载等效电阻

$$R_{min} = \frac{320}{80}\Omega = 4\Omega$$
$$R_{max} = \frac{320}{10}\Omega = 32\Omega$$

④ 开关频率

$$f_{p,min} = 20000Hz$$

⑤ 纹波系数

$$\gamma_{u,max} = 1\%$$

根据以上给定的设计条件，由式（3.70）计算 CCM 工作的升降压变换器的占空比 δ。

$$\delta = \frac{U_o}{U_I + U_o} \times 100\%$$

因此，由条件①、②和③可得变换器的最小占空比 $\delta_{\min}$ 和最大占空比 $\delta_{\max}$ 为

$$\delta_{\min} = \frac{320}{450+320} \times 100\% = 41.56\%$$

$$\delta_{\max} = \frac{320}{220+320} \times 100\% = 59.26\%$$

对于图 3.26 的升降压变换器和图 3.13 的升压变换器，在开关导通期间，它们的负载电阻都由变换器输出端的滤波电容供电，因此它们两者的负载电压的纹波系数计算公式相同。这样，由式（3.39）和条件⑤得到

$$C \geqslant \frac{\delta_{\max}}{2\gamma_{u,\max} R_{\min} f_{p,\min}} = \frac{0.5926}{2 \times 0.01 \times 4 \times 20000} \text{F} = 370\mu\text{F}$$

类似式（3.59）~式（3.63），考虑理想开关 S 和功率二极管 D，并联合式（3.70），得到升降压变换器处于临界模式的电感最小值 $L_{\min}$。

$$L_{\min} = \frac{(1-\delta_{\min})^2}{2f_{p,\min}} R_{\max} = \frac{(1-0.4156)^2}{2 \times 20000} \times 32\text{H} = 273\mu\text{H}$$

综上设计，取 $C = 400\mu\text{F}$，$L = 275\mu\text{H}$，$f_p = 20\text{kHz}$，$41.6\% \leqslant \delta \leqslant 59.3\%$。图 3.29 显示了相应的 PSIM 模型电路。图示的开关 IGBT 和二极管 D 为理想元件，电容 C 的初始电压为 −300V，仿真控制步长和时长分别为 0.5μs 和 30ms。在最小占空比 41.6% 和最小负载 32Ω 作用下，PEMFC 高电压输出的 DC-DC 变换器电路参数必须保证它处于周期稳态时的电感电流连续，图 3.30 显示了 Vs 为 450V 的 PSIM 模型的运行曲线。在最大占空比 59.3% 和最大负载 4Ω 作用下，PEMFC 低电压输出的 DC-DC 变换器电路参数必须保证它在周期稳态的输出电压纹波系数小于 1%，图 3.31 显示了 Vs 为 220V 的 PSIM 模型的运行曲线。

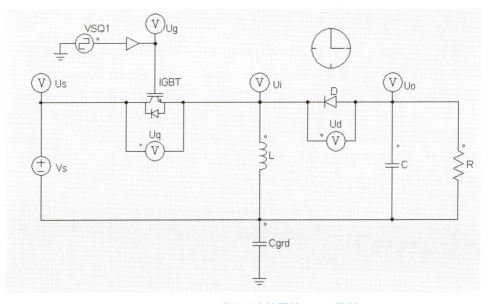

图 3.29　DC-DC 升降压变换器的 PSIM 模型

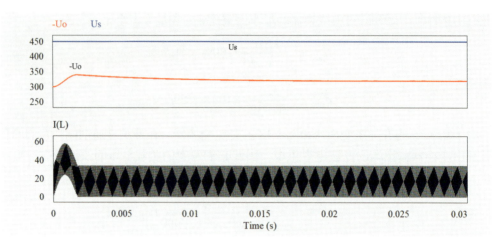

图 3.30　DC-DC 升降压变换器的 PSIM 模型运行曲线（Vs = 450V，R = 32Ω，δ = 41.6%）

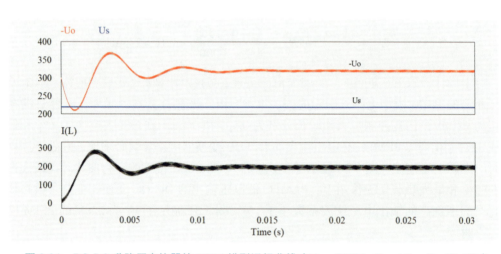

图 3.31　DC-DC 升降压变换器的 PSIM 模型运行曲线（Vs = 220V，R = 4Ω，δ = 59.3%）

对比图 3.30 和图 3.31，可以观察该变换器在降压模式比升压模式的周期稳态输出电压脉动小，两者的纹波系数分别为 0.075% 和 0.78%，前者小于后者的十分之一。而且，变换器在最小负载 32Ω 和最小占空比 41.6% 工作时比在最大负载 4Ω 和最大占空比 59.3% 工作时具有更小的电感电流 I（L），因此更容易在 DCM 状态工作。表 3.1 显示了图 3.30 和图 3.31 的周期稳态输出电压 Uo 和电感电流 I（L）的计算结果，无论何种负载和何种占空比，Uo 的平均电压约为 320.50V，纹波系数小于 1%，I（L）保持连续，变换器工作在 DCM 状态。

表 3.1　对应图 3.22 的 PSIM 模型运行结果

参数	R/Ω	Vs/V	δ/(%)	-Uo		I(L)/A	
				平均值 /V	纹波系数	最小值	最大值
图 3.30	32	450	41.6	320.51	0.075%	0.15	33.65
图 3.31	4	220	59.3	320.47	0.78%	185.29	208.45

3.4 DC-DC 组合电路

将降压变换器或升压变换器的支路进行重组,可产生各种多功能的 DC-DC 变换电路。例如,将降压变换器和升压变换器组合,能够形成一种非隔离型双向 DC-DC 变换器。

3.4.1 半桥式双向变换器

图 3.32 显示了由降压变换器电路和升压变换器电路组合而成的一种双向 DC-DC 变换器,它的两个开关及其反并联二极管组成了一个桥臂,通过开关 S_1 和 S_2 的互锁控制能够实现电压源 U_1 和 U_2 之间电流的双向流动,且 $U_1 > U_2$,因此称为半桥式双向 DC-DC 变换器。

S_1、D_2 和 L 构成了降压变换器电路,将高压电源 U_1 为负载 U_2 供电,$i_1 > 0$,$i_2 > 0$。U_2、S_2、D_1 和 L 构成了升压变换器电路,将低压电源 U_2 为负载 U_1 供电,$i_1 < 0$,$i_2 < 0$。注意,开关 S_1 和 S_2 应互锁触发导通或截止,避免引起电源 U_1 短路。

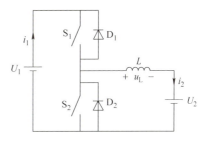

图 3.32 半桥式双向 DC/DC 变换器

图 3.33 显示了半桥式双向 DC-DC 变换器电路的 PSIM 模型,V1 = 600V,V2 = 240V,R1 = 1Ω,R2 = 0.5Ω,C1 = 2200μF,C2 = 1100μF,L = 200μH,C1 和 C2 的初始电压分别与 U1 和 U2 相同。S1 和 S2 选用 IGBT,器件的饱和电压和通态电阻分别为 2V 和 10mΩ,反并联二极管的阈值电压和通态电阻分别为 1V 和 10mΩ。VSQ1 和 VSQ2 的频率为 20kHz,占空比分别为 0.5 和 0.6667。VSQ3 和 NOT1 的作用是互锁控制开关 S1 和 S2,VSQ3 的频率为 50Hz。当 VSQ3 高电平时,使能开关 S1 启动 PWM 控制;反之,使能开关 S2 启动 PWM 控制。仿真控制步长和时长分别为 1μs 和 25ms,图 3.34 显示了该 PSIM 模型的运行曲线。

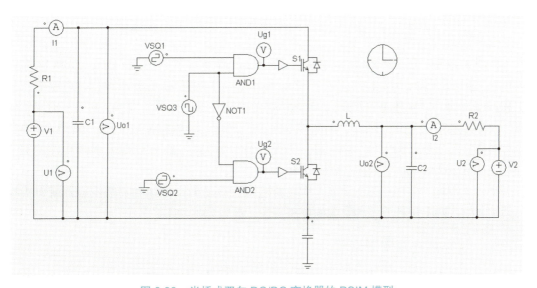

图 3.33 半桥式双向 DC/DC 变换器的 PSIM 模型

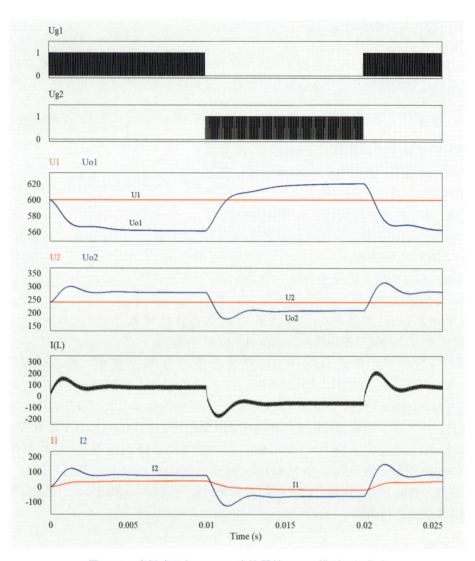

图 3.34 半桥式双向 DC/DC 变换器的 PSIM 模型运行曲线

在图 3.34 中，0 ~ 10ms 显示了从 V1 到 V2 的降压过程，电流 I（L）、I1 和 I2 都大于 0，电压 U1 下降，U2 上升。10 ~ 20ms 显示了从 V2 到 V1 的升压过程，电流 I（L）、I1 和 I2 都小于 0，电压 U1 上升，U2 下降。无论是升压还是降压变换，I（L）出现了超调，没有出现持续为 0 的区域，因此该双向 DC-DC 变换器在 CCM 工作。就 PWM 周期稳态而言，降压电路的 I1 = 38A、I2 = 77A、U1 = 562V、U2 = 279V；升压电路的 I1 = −20A、I2 = −62A、U1 = 620V、U2 = 209V。

半桥式双向 DC-DC 变换器常应用在新能源汽车动力电池组和超级电容器或电机控制系统之间，匹配两种或多种电源的电压特性，高效分配功率。

3.4.2 双半桥式双向变换器

在图 3.32 的电感 L 右侧增加一个桥臂，构成对称结构的电路图 3.35，该电路称为双半桥式双向 DC-DC 变换器。理论上，它能够匹配任意电压大小的 U_1 与 U_2，无论两侧电压高低,均可实现电流的双向流动,它是一个双向的升降压变换器。

① U_1 为电源,U_2 为负载,$U_1 > U_2$,$i_1 > 0$,$i_2 > 0$。S_1、D_2、D_3 和 L 构成了降压变换器电路,要求对开关 S_1 实施 PWM 控制,其他三个全控型开关都处于截止状态。

② U_2 为电源,U_1 为负载,$U_1 > U_2$,$i_1 < 0$,$i_2 < 0$。S_2、S_3、D_1 和 L 构成了升压变换器电路,要求开关

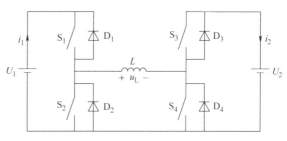

图 3.35 双半桥式双向 DC-DC 变换器

S_3 保持导通状态、PWM 控制开关 S_2,且开关 S_1 和 S_4 截止。

③ U_1 为电源,U_2 为负载,$U_1 < U_2$,$i_1 > 0$,$i_2 > 0$。S_1、S_4、D_3 和 L 构成了升压变换器电路,要求开关 S_1 保持导通状态、PWM 控制开关 S_4,且开关 S_2 和 S_3 截止。

④ U_2 为电源,U_1 为负载,$U_1 < U_2$,$i_1 < 0$,$i_2 < 0$。S_3、D_1、D_4 和 L 构成了降压变换器电路,要求对开关 S_3 实施 PWM 控制,其他三个全控型开关都处于截止状态。

3.4.3 H 桥式变换器

图 3.36 显示了另一种双半桥式 DC-DC 变换器电路,它将图 3.35 的电源 U_2 去掉,将开关 S_1 和 S_3 的共阳极端连接在一起,该电路称为 H 桥式 DC-DC 变换器,其中 M 表示直流电动机。H 桥式变换器广泛应用在直流电动机四象限斩波控制、

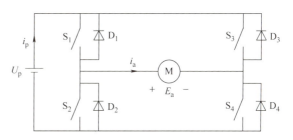

图 3.36 直流电动机为负载的 H 桥式 DC-DC 变换器电路

单相逆变电路、单相 PWM 整流器和电子变压器中。

通过四个全控型开关的 PWM 控制,能够实现电源供电、电感续流和电能回馈三个功能及它们之间的无缝切换。在图 3.36 中,直流电动机 M 的电枢可等效为一个感性负载与一个电动势的串联电路,该电动势在电动机的电动状态表现为反电动势,吸收电功率;在电动机的发电状态表现为发电机的电源,发出电功率。

1) M 正向电动状态:S_1、S_4 和 D_2 构成 DC-DC 降压电路元件,其中,开关 S_2 和 S_3 截止,开关 S_4 保持导通,开关 S_1 为 PWM 控制,直流电源 U_p 向电动机 M 以直流斩波方式供电。

2) M 反向电动状态:S_2、S_3 和 D_4 构成 DC-DC 降压电路元件,其中,开关 S_1 和 S_4 截止,开关 S_2 保持导通,开关 S_3 为 PWM 控制,直流电压 U_p 向电动机 M 以直流斩波方式供电。

3) M 正向发电状态:S_2、D_4 和 D_1 构成 DC-DC 升压电路元件,其中,开关 S_1、S_3 和 S_4 截止,开关 S_2 为 PWM 控制,电动机 M 能够向电源 U_p 回馈电能。

4) M 反向发电状态:S_4、D_2 和 D_3 构成 DC-DC 升压电路元件,其中,开关 S_1、S_2 和 S_3 截止,开关 S_4 为 PWM 控制,电动机 M 能够向电源 U_p 回馈电能。

当直流电动机电动运行时,H 桥式 DC-DC 变换器电路存在电源供电和负载续流的切

换状态。当直流电动机发电运行时,H 桥式 DC-DC 变换器电路存在电能回馈和负载续流的切换状态。图 3.37 显示了直流电动机正反转电动运行的电压型 H 桥式 DC-DC 变换器的 PSIM 模型,开关 S1~S4 选用默认参数的 IGBT,电源电压 U_p = 160V,励磁电压 U_f = 12V。

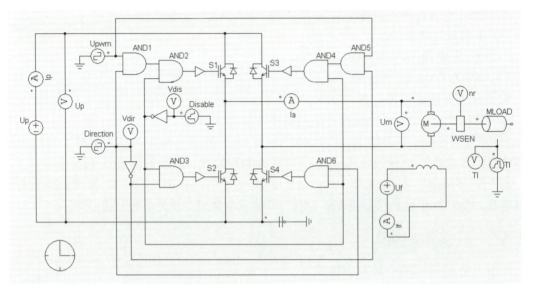

图 3.37　直流电动机为负载的电压型 H 桥式 DC-DC 变换器电路 PSIM 模型

DCM 是直流电动机,可顺序单击菜单 Elements → Power → Motor Drive Module → DC Machine 进行选择。电机的电枢电阻 R_a = 0.5Ω,电感 L_a = 10mH;励磁电阻 R_f = 7.5Ω,电感 L_f = 5mH;转动惯量 J = 0.1kg·m²;额定值包括 V_t = 120V,I_a = 10A,I_f = 1.6A,n = 1200r/min。转速传感器 WSEN 和机械负载 MLOAD 分别在菜单 Elements → Power → Mechanical Loads and Sensors 中选择 Speed Sensor 和 Mechanical Load(ext. controlled),利用折线波形发生器 Tl 产生可变机械负载,选择 Elements → Sources → Voltage → Piecewise Linear 设置参数。

① 频率（Frequency）：0。

② 点数（No. of Points n）：15。

③ 幅值（Values V1…Vn）：0 0 10 10 50 50 0 0 50 50 0 0 50 50 0。

④ 时刻（Times T1…Tn）：0 0.8 0.8 0.9 0.9 1.1 1.1 1.4 1.4 2.1 2.1 2.9 2.9 3.8 3.8。

他励式直流电动机 DCM 利用降压式 DC-DC 变换器的基本工作原理驱动运行。当 DCM 需要正向电动运行时,开关 S2 和 S3 截止,开关 S4 导通,开关 S1 为 PWM 控制。反之,开关 S1 和 S4 截止,开关 S2 导通,开关 S3 为 PWM 控制,此时 DCM 反向电动运行。由 Direction 方波发生器决定 DCM 的旋转方向,频率为 0.25,占空比为 0.5,幅值为 1;当 Direction 高电平时,DCM 正向电动旋转;否则 DCM 反向电动旋转。开关 S1~S4 由 Disable 使能,当 Disable 为低电平时,开关 S1~S4 使能而允许 PWM 控制,否则保持截止状态。Disable 折线波形发生器的点数为 9,幅值为 0 0 1 1 0 0 1 1 0,对应时刻分别为 0 1.5 1.5 2.2 2.2 3 3 4.1 4.1。仿真控制步长和时长分别为 10μs 和 5s,图 3.38 显示了该 PSIM 模型的运行曲线。

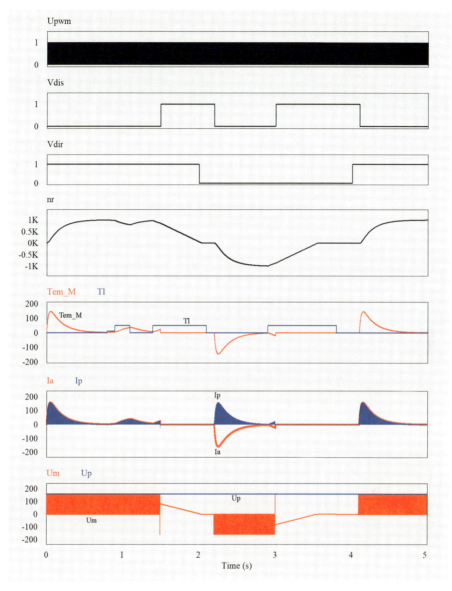

图 3.38 直流电动机正反向电动运行曲线

当直流电动机恒励磁空载起动时，电枢电流 Ia 和电磁转矩 Tem_M 出现了超调，然而转速 nr 无超调上升进入稳态，原因在于该直流电动机的电枢电压 - 转子转速关系可描述为一个一阶线性系统。

① 当电动机空载稳态运行时，n_r = 990r/min，Ia = 2.50A，Tem_M = 2.29N·m。在电动机空载起动过程中，Ia 的峰值约为 158A，Tem_M 的峰值约为 145N·m，nr 的上升时间约为 0.4s。

② 在 0.8s 时，施加 10 N·m 负载，Ia 和 Tem_M 略微增大，nr 保持稳定。

③ 在 0.9s 时，负载增加到 50 N·m，Ia 和 Tem_M 开始明显增大，nr 下降幅度近 20%。

④ 在 1.1s 后，空载使电动机的 Ia 和 Tem_M 开始下降，nr 升高，恢复至 990r/min。

⑤ 在 1.5s 时，开关 S1～S4 截止，50N·m 负载使电动机自由减速，在 0.5s 内电动机的转速下降为 0。

⑥ 在 2.2s 时，开关 S1～S4 使能，电动机开始空载反向旋转。在电动机正向电动旋转时，电枢电流 Ia 与电源电流 Ip 的方向相同，而且电动机端电压 Um 与电源电压 Up 的方向一致；在电动机反向电动旋转时，Ip 方向为正，Ia 方向为负，而且 Um 与 Up 的方向相反。图 3.39 和图 3.40 分别显示了电动机 M 处于正向电动和反向电动运行状态的电压和电流的时间小尺度曲线，图示表明 Um 是 Up 的斩波曲线；在 Um 非零时，|Um| = Up，|Ia| = Ip；在 Um = 0 时，Ip = 0，Ia ≠ 0，表明电动机 M 电枢绕组处于续流状态。

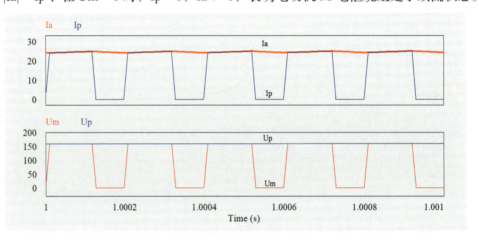

图 3.39　直流电动机正电动运行的电压与电流曲线

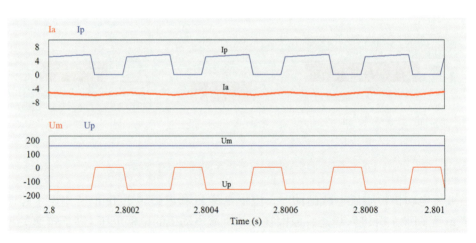

图 3.40　直流电动机反向电动运行的电压与电流曲线

下面运用电路的基尔霍夫电压定律和刚体转动定律构建直流电动机的数学模型。将直流电动机 DCM 的励磁回路等效为电感和电阻串联的一个感性负载，并假设励磁电感不发生变化，那么

$$U_\mathrm{f} = R_\mathrm{f} i_\mathrm{f} + L_\mathrm{f} \frac{\mathrm{d} i_\mathrm{f}}{\mathrm{d} t} \tag{3.71}$$

式中，U_f、i_f 分别为直流电动机励磁回路的电压（V）和电流（A）；R_f、L_f 分别为直流电

动机励磁回路的电阻（Ω）和电感（H）。

相似地，将直流电动机的电枢回路等效为电感、电阻和反电动势串联的一个负载，并假设电枢电感量保持常数，那么

$$U_a = R_a i_a + L_a \frac{di_a}{dt} + E_a \tag{3.72}$$

式中，U_a、i_a 分别为直流电动机电枢回路的电压（V）和电流（A）；R_a、L_a 分别为直流电动机电枢回路的电阻（Ω）和电感（H）；E_a 为直流电动机电枢回路的反电动势（V）。

当直流电动机转子旋转时，它的电磁转矩、负载转矩和角动量变化率达到平衡，那么

$$J \frac{d\omega_m}{dt} = T_{em} - T_L - T_\Delta \tag{3.73}$$

式中，J、ω_m 分别为直流电动机等效的转动惯量（kg·m²）和转子转速（rad/s）；T_{em}、T_L 和 T_Δ 分别为直流电动机的电磁转矩、负载转矩和损失转矩（N·m）。

直流电动机的反电动势与气隙磁通量和转子转速成正比，它的电磁转矩与气隙磁通量和电枢电流成正比，即有

$$E_a = k_e \Phi \omega_m \tag{3.74}$$

$$T_{em} = k_t \Phi i_a \tag{3.75}$$

式中，Φ 为直流电动机的气隙磁通量（Wb）；k_e、k_t 分别为直流电动机的电动势常数和转矩常数。

在 PSIM 中，将直流电动机的励磁过程假设为一个线性系统，$k_e = k_t = 1$，$T_\Delta = 0$。因此，当直流电动机进入额定稳态运行状态时，该电动机的额定气隙磁通量为

$$\Phi = \frac{U_a - R_a I_a}{\omega_m} \tag{3.76}$$

$$L_{af} = \frac{\Phi}{I_f} \tag{3.77}$$

式中，L_{af} 为直流电动机的励磁绕组和电枢绕组之间的互感（H）；I_a、I_f 分别为电枢电流 i_a 和励磁电流 i_f 的稳态值（A）。

因此，在调整直流电动机的参数时，应由式（3.76）计算电动机的额定气隙磁通量 Φ，而后由式（3.77）计算互感 L_{af}。调整 L_a 和 L_f 能够改变电动机的动态过程，它们越小，电动机的起动越快，超调也会越大。调整 R_a 和 R_f 能够分别改变电动机的电枢电流和励磁电流的稳态值，也就是改变电动机的额定气隙磁通量 Φ 和额定电磁转矩 T_{em}。

Chapter 04

第 4 章
DC-DC 隔离变换电路

在新能源汽车上，动力电池包的直流电压大于 60V，有的额定值超过了 600V。而车载低压电气系统的母线电压小于 60V，比如 12V、24V 或 48V。为了使驾驶人或乘员避免受到电击，将车载电气系统分隔为不共地的高压电气系统和低压电气系统，利用高频脉冲变压器电气隔离 DC-DC 变换器的输出侧低压系统回路与输入侧动力电池高压系统回路。脉冲变压器的匝比可调节变换器的输出电压水平，结合功率半导体开关 PWM 占空比的调节，能够实现 DC-DC 隔离变换器的降压、升压或升降压功能。如果 DC-DC 隔离变换器的脉冲变压器二次绕组侧也有储能电感，那么变换器也有 CCM 和 DCM 两种工作模式。

4.1 单端正激式变换器

在车载小型 DC-DC 隔离变换器中，单端正激式变换电路的功率半导体器件少、成本低、控制简单，能够将几百伏的动力电池组电压降压并隔离为低压电器设备所需的母线电压，比如 12V。

4.1.1 电路结构与工作原理

在开关导通期间，电源的能量通过脉冲变压器直接传递给负载的 DC-DC 隔离变换器，称之为正激式变换器。并且，将脉冲变压器一次绕组仅有一个方向励磁的正激式变换器称为单端正激式变换器。图 4.1 显示了单端正激式变换器的一种电路拓扑，它是在直接式降压变换器电路的功率半导体开关和续流二极管之间插入了一个高频脉冲变压器和一个整流二极管形成的电路。

1）当开关 S 导通时，如果脉冲变压器 T 的二次绕组侧的电压高于输出电压，则二极管 D_1 导通，D_2 截止，电源能量经电感 L 传递给负载。

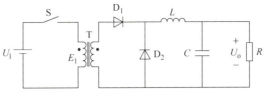

图 4.1 单端正激式变换器

2）当开关 S 截止时，脉冲变压器 T 的感应电动势反向，试图阻止其磁通量衰减，二极管 D_1 截止，D_2 导通，电感 L 的电流经二极管 D_2 续流。

如果电感 L 的电流保持连续，且电路处于 PWM 周期稳定状态，那么由电感 L 的伏秒平衡，可知

$$\frac{U_\mathrm{o}}{U_1} = \frac{N_2}{N_1}\delta \tag{4.1}$$

式中，U_1、U_o 分别为变换器的输入和输出电压（V）；N_1、N_2 分别为脉冲变压器的一次绕组和二次绕组的匝数。

4.1.2 性能仿真

图 4.2 显示了单端正激式 DC-DC 变换器电路的 PSIM 模型，各元件为理想元件。直流电源电压 Vs = 360V，负载 R = 1.2Ω，脉冲变压器 TR 的一次绕组与二次绕组匝比为 2:1，开关 IGBT 的频率为 100kHz，电感 L = 10μH、电容 C = 30μF，占空比 δ = 26.67%。仿真控制的步长和时长分别为 0.1μs 和 1ms，图 4.3 显示该 PSIM 模型的运行曲线。

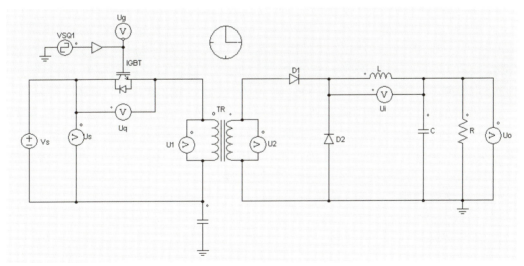

图 4.2 单端正激式变换器 PSIM 模型

图 4.3 所示的输出电压 Uo、电感电流 I（L）和电容电流 I（C）的动态过程与非隔离降压变换器的运行曲线图 3.6 相似。系统在 0.4ms 已进入了 PWM 周期稳态，电感 L 电流连续，表明电路工作在 CCM 状态。其中，Uo 的平均值为 48.00V，波动范围为 ±2%。I（L）的平均值为 38.78A，波动范围为 ±47%。

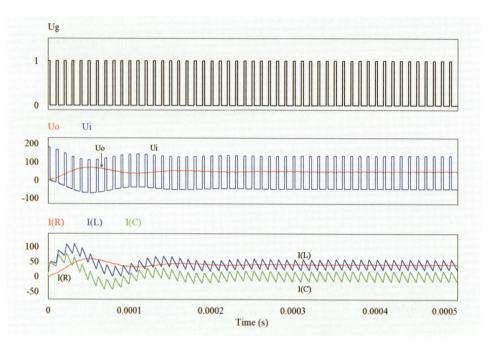

图 4.3　单端正激式变换器电路 PSIM 模型运行曲线

4.1.3　非理想脉冲变压器影响分析

实际上，由绕组和磁芯构成的脉冲变压器有励磁电感和漏感，励磁电感用来表征脉冲变压器传递能量的主磁通，而漏感用来表征脉冲变压器能量损失的漏磁通。在图 4.2 中，如果将 TR 的理想脉冲变压器 Ideal Transformer 更换为具有寄生参数脉冲变压器 1-ph Transformer，那么 PWM 周期稳态的输出电压 Uo 难以达到目标电压。原因在于全控型开关截止导致 TR 的一次绕组漏感电流缺少了续流回路，形成 TR 的磁能损失，并且给开关突加了电压冲击。脉冲变压器的漏感越大，电感 L 越小，输出电压的下降幅度越大。

如果在 TR 的一次绕组两端增加一个反并联二极管，那么周期稳态输出电压将接近目标电压。图 4.4 显示了在脉冲变压器两端增加一个功率二极管 D 的 PSIM 模型。其中，TR 在菜单 Elements → Power → Transformers 中选择，Ideal Transformers 为理想变压器，1-ph Transformers 为实际变压器，它有 7 个模型参数。

① 一次绕组电阻：$R_p = 0.1\text{m}\Omega$。
② 二次绕组电阻：$R_s = 0.1\text{m}\Omega$。
③ 一次绕组漏感：$L_p = 0.5\mu\text{H}$。
④ 二次绕组漏感：$L_s = 0.5\mu\text{H}$。
⑤ 励磁电感：$L_m = 100\mu\text{H}$。
⑥ 一次绕组匝数：$N_p = 2$。
⑦ 二次绕组匝数：$N_s = 1$。

图 4.5 显示了续流二极管 D 的阈值电压分别设置为 0V 和 3V 的系统输出电压 Uo 和 Uo1 曲线。在占空比为 26.67% 的 PWM 波形 Ug 作用下，Uo 和 Uo1 两条曲线具有相近的变化趋势，它们已在 0.4ms 进入了 PWM 周期稳态，期间的平均电压分别为 47.74V 和

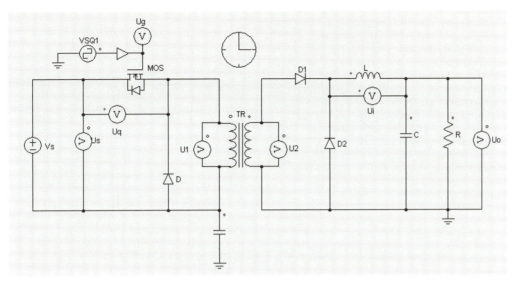

图 4.4　非理想变压器的单端正激式变换器电路 PSIM 模型

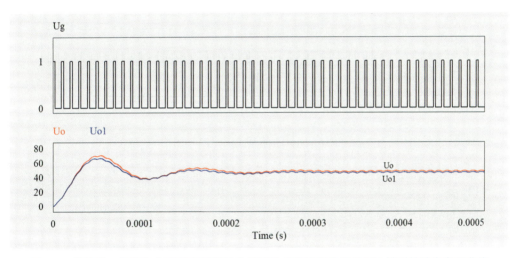

图 4.5　带续流二极管和非理想变压器的单端正激式变换器电路 PSIM 模型的输出电压曲线

45.85V，与目标电压 48V 的相对误差分别为 0.54% 和 4.48%。仿真结果表明：续流二极管 D 的阈值电压越大，造成正激式变换器输出电压的下降也越大，其根本原因在于一次绕组能量损失增加。

为了限制续流二极管的电流，常采用电阻、电容和二极管（RCD）的电压钳位吸收电路来抑制开关截止期脉冲变压器的感应电动势幅值。图 4.6 和图 4.7 分别显示了相应电路的 PSIM 模型和运行曲线。其中，R1 = 1kΩ，C1 = 10nF，二极管 D 的阈值电压为 1V。该电路也在 0.4ms 进入了 PWM 周期稳定状态，期间的输出电压 Uo 为 46.57V，相比目标输出电压下降了 2.98%。在 MOS 开关的截止期，U1 和 U2 产生了明显的负值尖脉冲，U1 尖脉冲幅值接近 1000V，导致 MOS 开关的端电压 Uq 超过 1000V。如果增加脉冲变压器的励磁电感值，那么脉冲变压器端电压的尖脉冲幅值能够大幅减小，同时负脉冲宽度将增加。

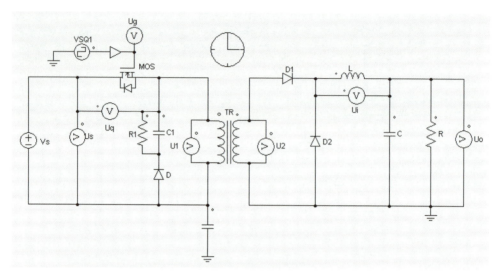

图 4.6 带 RCD 吸收电路和非理想变压器的单端正激式变换器电路 PSIM 模型

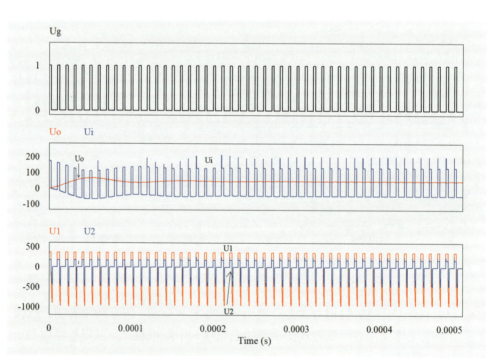

图 4.7 带 RCD 吸收电路和非理想变压器的单端正激式变换器电路 PSIM 模型运行曲线

4.2 半桥式隔离变换器

半桥式 DC-DC 隔离变换电路也常用在小功率车载 DC-DC 隔离变换器中。它的电路拓扑是一种 H 桥结构，一个桥臂由两个功率半导体全控型开关串联而成，另一个桥臂则由两个电解电容串联而成，脉冲变压器的一次绕组两端跨接在两个桥臂两个元件的电气连接点。

4.2.1 电路结构与工作原理

图 4.8 显示了半桥式 DC-DC 隔离变换器的电路拓扑，通过开关控制能够对一次绕组的正反向励磁，具有避免脉冲变压器磁饱和的作用。两个功率半导体开关 S_1 和 S_2 互补触发导通，分压电容 C_1 和 C_2 相同，具有电压分压和直流隔离作用。

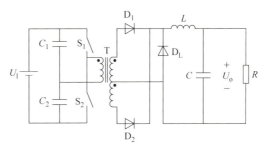

图 4.8 半桥式 DC-DC 变换器

1）当开关 S_1 导通和 S_2 截止时，二极管 D_1 导通、D_2 截止，电容 C_1 放电、C_2 充电，电源能量经脉冲变压器 T、D_1 和电感 L 传递给负载 R。

2）当开关 S_1 截止和 S_2 导通时，二极管 D_2 导通、D_1 截止，电容 C_2 放电、C_1 充电，电源能量经脉冲变压器 T、D_2 和电感 L 传递给负载 R。

3）当开关 S_1 和 S_2 截止时，二极管 D_1 和 D_2 截止，续流二极管 D_L 导通，保持电感 L 电流连续。

如果电感 L 的电流保持连续，且该变换器电路处于 PWM 周期稳定状态，那么由电感 L 的伏秒平衡，可知半桥式 DC-DC 隔离变换器的输入和输出稳态电压之间的关系。

$$\frac{U_o}{U_1} = \frac{N_2}{N_1}\delta \quad (4.2)$$

4.2.2 性能仿真

图 4.9 显示了半桥式 DC-DC 隔离变换器电路的 PSIM 模型。相比于图 4.8，该 PSIM 模型电路采用二次侧单绕组结构的理想脉冲变压器 TR 和 H 桥式二极管整流器。理想脉冲变压器 TR 的匝比设置为 1:1。两个功率开关和五个二极管采用默认参数，开关 MOS1 和 MOS2 的频率为 100kHz，占空比为 12%，它们的相位延迟分别为 0° 和 180°。电源电压 Vs = 400V，电解电容 C1 = C2 = 1000μF，它们的初始电压为 200V。电感 L = 120μH，电容 C = 30μF，电阻 R = 1.2Ω。

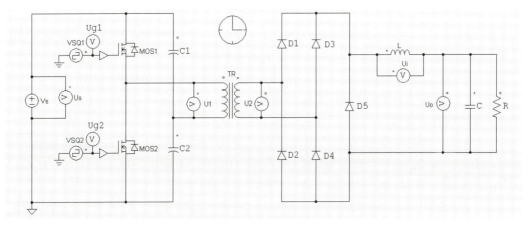

图 4.9 半桥式 DC-DC 隔离变换器的 PSIM 模型

仿真控制的步长和时长分别为 0.1μs 和 1ms，图 4.10 显示了该 PSIM 模型运行的曲线。该半桥式 DC-DC 隔离变换器是一个降压变换电路，它的输出电压 Uo 和负载电流 I(R) 曲线平滑、无超调上升至周期稳定电压。而电感电流 I(L) 逐渐上升至稳态，以 I(R) 为中心周期性脉动变化。输出端电容电流 I(C) 先上升后下降至稳态，以 0 电流为中心周期性脉动变化。该 DC-DC 隔离变换器在 CCM 状态工作，系统周期稳定的输出电压 Uo 非常逼近式（4.2）的理论计算值 48V。

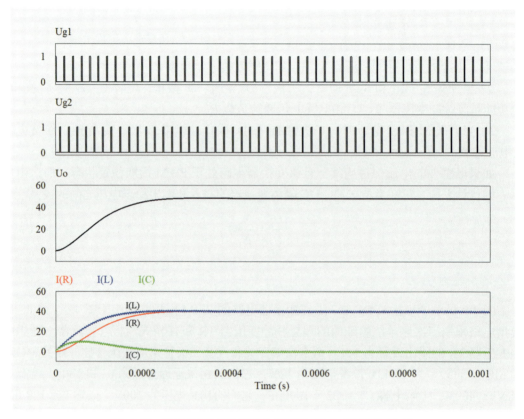

图 4.10 半桥式 DC-DC 隔离变换器的 PSIM 模型运行曲线

图 4.11 显示了 PWM 周期稳定的模型运行曲线，在一个 10μs 周期内，开关 MOS1 和 MOS2 分别由门极驱动信号 Ug1 和 Ug2 互补触发导通一次。

① 当 Ug1 为高电平和 Ug2 为低电平时，开关 MOS1 导通、MOS2 截止，电容 C1 放电、C2 充电，二极管 D1 和 D4 导通、D2 和 D3 截止，电流 I(C1)、I(C2)、I(D1)、I(D2) 和 I(D5) 分别为 -20A、20A、40A、0 和 0。

② 当 Ug2 为高电平和 Ug1 为低电平时，开关 MOS2 导通，开关 MOS1 截止，电容 C2 放电、C1 充电，二极管 D2 和 D3 导通、D1 和 D4 截止，电流 I(C1)、I(C2)、I(D1)、I(D2) 和 I(D5) 分别为 20A、-20A、0、40A 和 0。

③ 当 Ug1 和 Ug2 均为低电平时，开关 MOS1 和 MOS2 截止，二极管 D1~D4 截止，电感 L 通过 D5 续流，电流 I(C1)、I(C2)、I(D1) 和 I(D2) 均为 0，而 I(D5) 为 40A。可以推定，当 Ug1 或 Ug2 导通时，脉冲变压器的绕组电压 U1 = U2 = 200V。

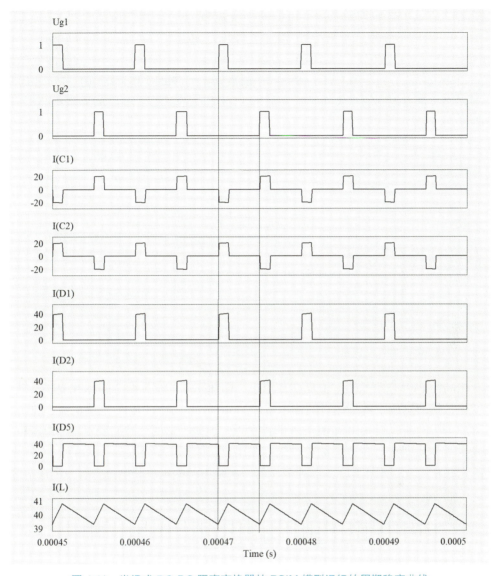

图 4.11　半桥式 DC-DC 隔离变换器的 PSIM 模型运行的周期稳定曲线

4.2.3 非理想脉冲变压器影响分析

实际的脉冲变压器的一次绕组与二次绕组通过电磁感应传递被负载吸收的励磁能量，而漏磁能量则成为了脉冲变压器的电磁感应损耗。当一次绕组的电流路径被开关控制中断时，变压器漏感能够瞬间改变一次绕组的端电压方向，二次绕组的感应电压方向随之发生改变，从而对 DC-DC 隔离变换器的输出电压产生负效应。

在图 4.9 中，如果将 TR 的理想脉冲变压器更换为具有寄生参数的非理想脉冲变压器，那么该 DC-DC 隔离变换器的 PWM 周期稳态输出电压 Uo 会明显低于目标电压。为此，可在两个理想开关 MOS1 和 MOS2 两端各增加一只微型电容器，给脉冲变压器一次绕组的电流提供持续流动路径，这称之为续流电容。请注意，与开关并联的这两个续流电容应远远小于另一桥臂的分压电容。

图 4.12 显示了带非理想脉冲变压器的半桥式 DC-DC 隔离变换器的 PSIM 模型。相比于图 4.9，取消了续流二极管 D5，增加了与开关 MOS1、MOS2 分别并联的两只电容 C3 和 C4，C3 = C4 = 46nF，初始电压为 200V。而且，将 TR 更换为工程脉冲变压器模型 1-ph Transformer，Rp = 0.1mΩ，Rs = 0.1mΩ，Lp = 0.5μH，Ls = 0.1μH，Lm = 100μH，Np = Ns = 1。仿真控制的步长和时长分别为 0.1μs 和 1ms，图 4.13 显示了该 PSIM 模型的运行曲线。

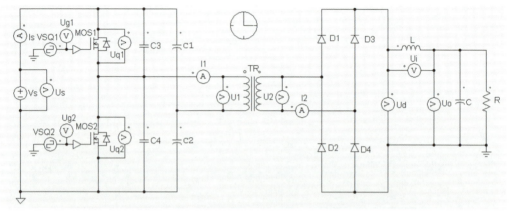

图 4.12 非理想脉冲变压器半桥式 DC-DC 隔离变换器的 PSIM 模型

在相同的 PWM 信号 Ug1 和 Ug2 作用下，即使图 4.9 与图 4.12 的脉冲变压器模型发生了变化，然而这两个模型运行的输出电压 Uo、负载电阻 I（R）、电感电流 I（L）和电容电流 I（C）的曲线图 4.10 和图 4.13 非常逼近。但是，这两个脉冲变压器的电压和电流行为发生了本质变化，在开关截止时刻，图 4.9 的理想脉冲变压器一次绕组的端电压和电流瞬间截止为 0，而图 4.12 的脉冲变压器一次绕组的端电压和电流各有一个振荡过程。

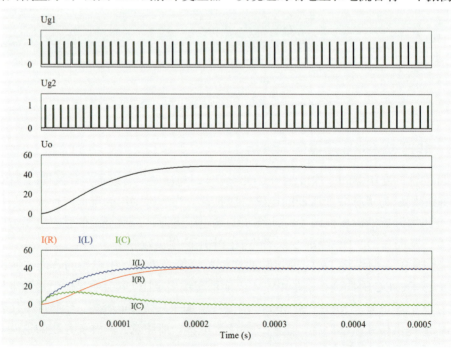

图 4.13 非理想脉冲变压器半桥式 DC-DC 隔离变换器的 PSIM 模型运行曲线

图 4.14 显示了图 4.12 周期稳定状态的运行曲线。对比图 4.11，在相同的门极驱动信号 Ug1 和 Ug2 作用下，图 4.14 具有形状和趋势几乎一致的电感电流 I（L）曲线，而且在任意两个脉冲信号 Ug1 和 Ug2 之间，分压电容的电流 I（C1）和 I（C2）曲线存在振荡波，脉冲变压器 TR 二次绕组侧的整流二极管的电流 I（D1）和 I（D2）曲线也同样有振荡波。但是，两个开关和电源的电流 I（MOS1）、I（MOS2）和 Is 三条曲线仅有周期性脉冲波，分压电容在开关导通时通过 MOS 开关放电，导致开关 MOS1 和 MOS2 的电流幅值是电源电流的 2 倍，接近 40A。图 4.14 所示的振荡波形的频率可以通过频谱分析提取。

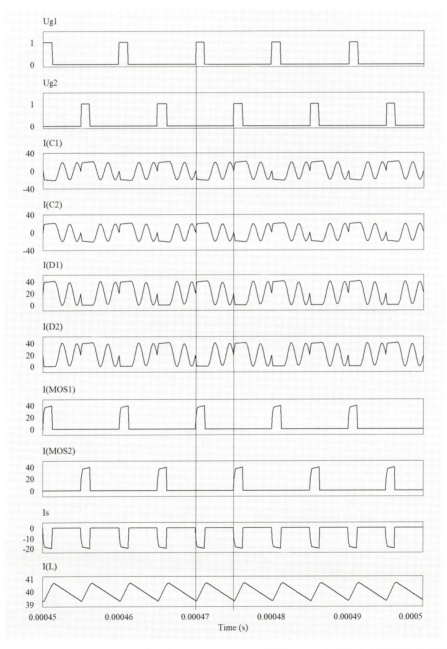

图 4.14 非理想脉冲变压器半桥式 DC-DC 隔离变换器的 PSIM 模型运行的周期稳定曲线

图 4.15 显示了 Ug1、I（MOS1）、Is、I（C1）、I（D1）和 I（L）这六条曲线的频谱。很明显，图示的 I（L）以 38.70A 的直流分量为主，其他频率 200kHz、400kz 和 600kHz 的分量分别为 0.53A、0.20A 和接近于 0.078A。Ug1 在 100～800kHz 的各频率分量非线性单调衰减，I（MOS1）与 Ug1 有一致的频谱变化趋势，这反映了开关 MOS1 受控于 PWM 信号 Ug1。Is 有与 I（MOS1）相同的频谱幅值趋势，但仅有 100kHz 的偶数倍频谱，原因在于电源电流是由 MOS1 和 MOS2 开关的周期性互补导通产生。而 I（C1）和 I（D1）的频谱变化趋势一致，仅有 100kHz 的奇数倍频谱；频谱幅值总体呈现衰减趋势，但是在 500kHz 的频率分量出现了显著增大。因此，箭头所指的 500kHz 频率信号产生了增强效应，该作用是源于脉冲变压器漏感、分压电容和续流电容的能量振荡行为，其振

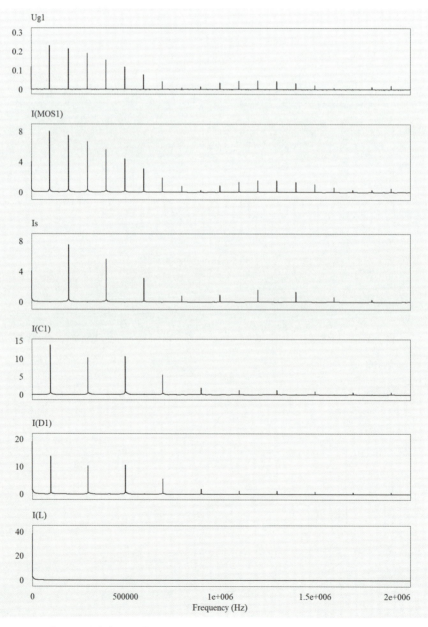

图 4.15　非理想脉冲变压器半桥式 DC-DC 隔离变换器的 PSIM 模型运行曲线的频谱

荡电流不经过电源、开关 MOS1 和 MOS2。

图 4.16 放大了图 4.14 的时间尺度,它清晰地显示了在两个互补 PWM 信号 Ug1 和 Ug2 之间的续流电容、分压电容和脉冲变压器的电流曲线存在振荡波形,开关和脉冲变压器一次绕组的端电压也同样存在振荡波形,而开关电流、电源电流和脉冲变压器二次绕组端电压没有振荡波形。这是一种源于脉冲变压器一次绕组漏感电磁感应的 RLC 能量

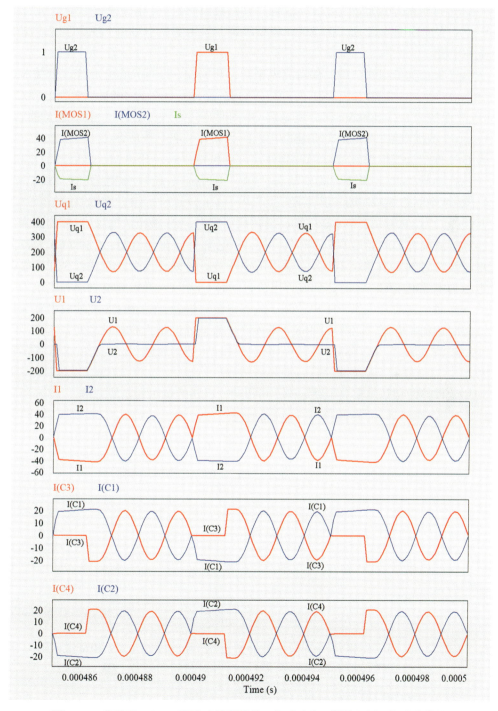

图 4.16 半桥式 DC-DC 隔离变换器的非理想脉冲变压器输入侧周期稳定曲线

振荡，这些振荡电流仅在脉冲变压器一次绕组、分压电容 C1 和 C2、续流电容 C3 和 C4 形成的两个回路中流动，起始于开关截止时刻、终止于开关导通时刻。这些电流振荡波形的幅值略有衰减。

为了分析图 4.16 的振荡波形的产生机理，假设：①系统处于 PWM 周期稳定状态，②工作区间为 MOS1 截止时刻至 MOS2 导通时刻，③不考虑开关、电容和线路的寄生参数，④续流电容远远小于分压电容，⑤各元件参数保持恒定。在这里，规定各元件的电压和电流的方向由图 4.12 所示的 PSIM 模型决定，采用变量小写和下标数字对应图中的各电压和电流。

当 Ug2 保持为低电平、Ug1 保持高电平时，开关 MOS2 保持截止状态，开关 MOS1 保持导通状态；MOS1 端电压 Uq1 为 0V，MOS2 端电压 Uq2 为 400V，续流电容 C3 和 C4 的电流保持为 0；电源 Vs 和分压电容 C1 同时通过开关 MOS1 为脉冲变压器 TR 和分压电容 C2 提供电量，TR 一次绕组的电流 I1 为正并呈现上升趋势。

当 Ug2 保持为低电平且 Ug1 从高电平突变为低电平时，开关 MOS2 保持截止状态，开关 MOS1 由导通状态切换为截止状态，TR 一次绕组电流 I1 分别通过 C1 和 C3、C2 和 C4 形成两个回路保持连续：其路径一为 TR → C1 → C3 → TR，其中 C1 放电、C3 充电；其路径二为 TR → C2 → C4 → TR，其中 C2 充电、C3 放电。而且，TR 的漏感、分压电容和续流电容形成能量的振荡转移。当 TR 电流 I1 下降至 0 时，C2 和 C3 为各自充电的电压波峰时刻，C1 和 C4 为各自放电的电压波谷时刻。其次，C2 和 C3 开始放电直至其电压为电源电压的一半时达到波谷电流，同时 C1 和 C4 开始充电直至其电压为电源电压的一半时达到波峰电流，I1 也达到了波谷电流。接着，C2 和 C3 继续放电直至其电压为波谷时达到零电流，同时 C1 和 C4 开始充电直至其电压为波峰时达到零电流，I1 也达到了零电流。然后，C2 和 C3 开始充电，C1 和 C4 开始放电，形成新的波形振荡和能量转移。

应用元件特性和基尔霍夫电路定律，可以建立电路的电压和电流方程。

$$u_1 - u_{c1} + u_{c3} = 0 \qquad (4.3)$$

$$u_1 + u_{c2} - u_{c4} = 0 \qquad (4.4)$$

$$i_1 + i_{c1} - i_{c2} = 0 \qquad (4.5)$$

$$i_{c1} + i_{c3} = 0 \qquad (4.6)$$

$$i_{c2} + i_{c4} = 0 \qquad (4.7)$$

$$u_1 = L_r \frac{di_1}{dt} + R_r i_1 \qquad (4.8)$$

$$i_{cj} = C_j \frac{du_{cj}}{dt} \qquad (4.9)$$

式中，$j = 1、2、3、4$；L_r 和 R_r 分别表示脉冲变压器 TR 的漏感（H）和寄生电阻（Ω）。

将式（4.8）分别代入式（4.3）和式（4.4），并对时间求导数，得

$$L_r \frac{d^2 i_1}{dt^2} + R_r \frac{di_1}{dt} - \frac{du_{c1}}{dt} + \frac{du_{c3}}{dt} = 0 \qquad (4.10)$$

$$L_r \frac{d^2 i_1}{dt^2} + R_r \frac{di_1}{dt} + \frac{du_{c2}}{dt} - \frac{du_{c4}}{dt} = 0 \quad (4.11)$$

将式（4.9）分别代入式（4.10）和式（4.11），得

$$L_r \frac{d^2 i_1}{dt^2} + R_r \frac{di_1}{dt} - \frac{i_{c1}}{C_1} + \frac{i_{c3}}{C_3} = 0 \quad (4.12)$$

$$L_r \frac{d^2 i_1}{dt^2} + R_r \frac{di_1}{dt} + \frac{i_{c2}}{C_2} - \frac{i_{c4}}{C_4} = 0 \quad (4.13)$$

将式（4.6）和式（4.7）分别代入式（4.12）和式（4.13），得

$$L_r \frac{d^2 i_1}{dt^2} + R_r \frac{di_1}{dt} - \left(\frac{1}{C_1} + \frac{1}{C_3}\right) i_{c1} = 0 \quad (4.14)$$

$$L_r \frac{d^2 i_1}{dt^2} + R_r \frac{di_1}{dt} + \left(\frac{1}{C_2} + \frac{1}{C_4}\right) i_{c2} = 0 \quad (4.15)$$

假设

$$\begin{cases} C_1 = C_2 \\ C_3 = C_4 \end{cases} \quad (4.16)$$

则将式（4.5）、式（4.14）和式（4.15）联合求解，得到

$$\begin{cases} \dfrac{d^2 i_1}{dt^2} + 2\zeta \omega_n \dfrac{di_1}{dt} + \omega_n^2 i_1 = 0 \\ \omega_n = \dfrac{1}{\sqrt{2 L_r C_p}} \\ \xi = \dfrac{1}{\omega_n \tau_r} \\ C_p = \dfrac{C_1 C_3}{C_1 + C_3} \\ \tau_r = \dfrac{L_r}{R_r} \end{cases} \quad (4.17)$$

式中，ξ 表示系统的阻尼比；ω_n 表示系统的自由角频率（rad/s）；τ_r 表示脉冲变压器 TR 一次绕组的时间常数（s）；C_p 表示 TR 一次绕组侧的谐振电容（F）。式（4.17）表达了一个典型的二阶系统，该系统的动态行为由阻尼比 ξ 和自由角频率 ω_n 决定。在脉冲变压器一次绕组电流 i_1 非 0 的初始条件下，电流将发生 RLC 振荡，振荡频率为 ω_n。

在开关 MOS2 保持截止状态，开关 MOS1 由导通状态切换为截止状态，此时记为参考时刻 0。在开关 MOS1 保持截止状态，开关 MOS2 由截止状态切换为导通状态，此时记为参考时刻 t_e。这样，脉冲变压器 TR 的初始条件为

$$\begin{cases} i_1(0) = I_{1p} \\ u_1(0) = 0 \end{cases} \quad (4.18)$$

式中，I_{1p} 表示 TR 一次绕组在 PWM 周期稳定时的状态平均电流（A）。

由于 TR 的寄生电阻 R_r 很小，在式（4.17）中令 $R_r = 0$。并对式（4.17）进行拉普拉斯变换，得到

$$s^2 I_1(s) - s i_1(0) + \omega_n^2 = 0 \qquad (4.19)$$

联合式（4.18）和式（4.19），并进行拉普拉斯逆变换，得

$$i_1(t) = I_{1p} \cos \omega t \qquad (4.20)$$

由于 $C_3 \ll C_1$，因此式（4.17）的谐振电容 C_r 可近似等于 C_3。这样，求得系统的自由角频率为 3.30M rad/s，周期约为 1.91μs。在图 4.16 的 Ug1 与 Ug2 之间，I（C1）= I（C2）= -I（C3）= -I（C4），且这些电流振荡曲线的周期与理论计算值一致。

图 4.17 显示了 TR 二次绕组侧元件的电压和电流曲线。输入直流电压 Us 为 400V，Ug1 和 Ug2 的占空比为 12%，周期为 10μs。在 PWM 周期稳定状态，输出电压 Uo 为一条 48V 直线，电感电流 I（L）是一条在 40A 附近略有波动的曲线。脉冲变压器 TR 的二次绕组 I2 与一次绕组 I1 具有相位相反、形状相同的振荡波形，而二次绕组电压 U2 没有

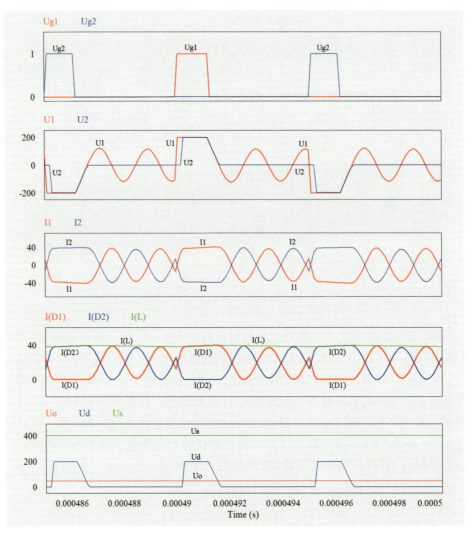

图 4.17　半桥式 DC-DC 隔离变换器的非理想脉冲变压器输出侧周期稳定曲线

像一次绕组电压 U1 一样发生与其电流频率相同的振荡，I1、I2 和 U1 以 0 为基准发生振荡，I1 和 I2 的振荡波形幅值约为 40A。但是理想整流二极管的电流 I（D1）和 I（D2）几乎以 20A 为基准在 0～40A 之间发生振荡，它们之和等于 I（L）。期间，二极管 D1、D2、D3 和 D4 同时导通，I（D1）= I（D4），I（D2）= I（D3），I（D1）+ I（D2）= I（L），I（D2）- I（D1）= I2。因此，H 桥式二极管整流器输出电压 Ud 为 0。这说明电感 L 的电流有两个回路流动，分别为 L → R//C → D4 → TR → D1 → L 和 L → R//C → D3 → TR → D2 → L。

因此，对于半桥式 DC-DC 隔离变换器，开关由导通状态切换为截止状态，能够导致非理想脉冲变压器的漏感磁通量突变，使其一次绕组产生强大的感应电压，将形成危害功率半导体开关的高强度脉冲电压。同时，这种电流突变行为能够大幅降低变换器的周期稳定输出电压。为此，可通过在理想开关两端并联一个续流电容，保持开关状态切换时脉冲变压器一次绕组电流的连续，并且能够保证变换器输出电压达到目标值。

4.2.4　功率半导体器件寄生参数影响分析

在图 4.9 中，将开关 MOS1 和 MOS2 的通态电阻设置为 0.04Ω，反并联二极管和整流二极管 D1～D4 的阈值电压设置为 1V，通态电阻设置为 0.01Ω，其他元件的参数保持不变。图 4.18 显示了开关和二极管参数重新设置后的 PSIM 模型运行的周期稳定曲线，其中半桥式 DC-DC 隔离变换器的输出电压 Uo 为 45.36V，比理论计算值下降了 5.50%，原因在于四个整流二极管和两个开关 MOS1、MOS2 存在通态压降。相比于理想功率半导体器件运行结果的图 4.16 和图 4.17，除了电流 I（D1）、I（D2）、I（MOS1）、I（MOS2）和 Is 曲线外，图 4.18 的其他曲线有非常相似的曲线形状和趋势，而且振荡波形的周期和幅值相近。

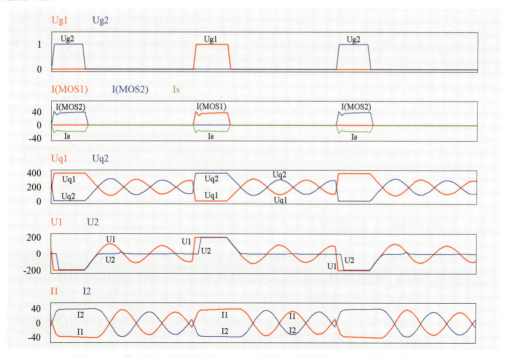

图 4.18　非理想开关半桥式 DC-DC 隔离变换器的 PWM 周期稳定曲线

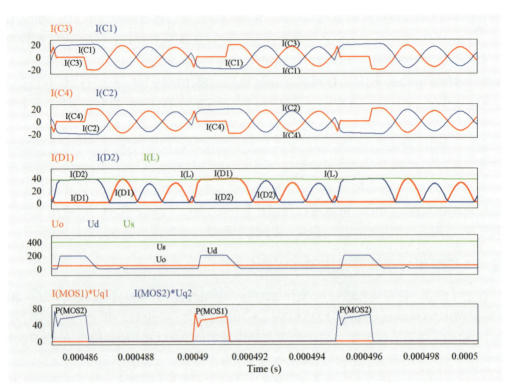

图 4.18 非理想开关半桥式 DC-DC 隔离变换器的 PWM 周期稳定曲线（续）

由于脉冲变压器 TR 输出侧的整流二极管有阈值电压和通态电阻，D1 和 D4、D2 和 D3 形成了对角同时导通或同时截止，且同一桥臂的两个二极管不能同时处于导通状态，而是轮流交替导通。因此，I（D1）和 I（D2）的波形在电感续流期间发生了本质变化，它们是一种正弦半波形状的曲线。如果 Uq1 和 Uq2 的振荡波形有零电压波谷，且开关 MOS1 和 MOS2 在各自的零电压波谷导通，那么开关导通损耗 P（MOS1）和 P（MOS2）会显著减小，实现 ZVS 导通。

相比于理想元件组成的半桥式 DC-DC 隔离变换器，在实际的功率半导体器件和脉冲变压器作用下，变换器出现损耗，能够降低 PWM 周期稳态的输出电压，开关的电应力增加。为此，半桥式 DC-DC 隔离变换器应提供能够保持开关截止时刻脉冲变压器一次绕组续流的回路，同时可通过软开关技术减小开关损耗。

4.3　全桥式隔离变换器

半桥式 DC-DC 变换器是一种一次绕组双端励磁的变换器，避免脉冲变压器绕组磁路饱和。然而，该变换器的脉冲变压器一次绕组仅承受 50% 的电源电压，功率传输的潜力不足。而全桥式 DC-DC 隔离变换器的主电路拓扑是由半桥式变换器的两个电容更换为功率半导体开关形成的，这种变换器的脉冲变压器一次绕组可承受 100% 的电源电压。在中大功率车载 DC-DC 隔离变换器中应用较多。

4.3.1 电路结构与工作原理

图 4.19 显示了一种 H 桥式 DC-DC 隔离变换器电路。对于理想脉冲变压器构成的全桥式 DC-DC 隔离变换器，两个对角的功率半导体开关同时触发导通，另两个对角的开关同时截止，这样，脉冲变压器的一次绕组电流能够在正反两个方向对称变化。

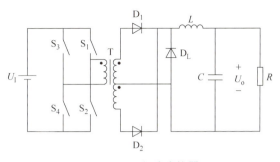

图 4.19　H 桥式变换器

1）当开关 S_1 和 S_4 导通、S_2 和 S_3 截止时，二极管 D_1 导通，D_2 截止，电源能量经脉冲变压器 T、D_1 和电感 L 传递给负载 R。

2）当开关 S_2 和 S_3 导通、S_1 和 S_4 截止时，二极管 D_2 导通，D_1 截止，电源能量经脉冲变压器 T、D_2 和电感 L 传递给负载 R。

3）当开关 $S_1 \sim S_4$ 都截止时，二极管 D_1 和 D_2 截止，续流二极管 D_L 导通，保持电感 L 电流连续。

全桥式 DC-DC 隔离变换器的整流输出方式常用全波和全桥两种方式，前者需要一个有双二次绕组的隔离脉冲变压器和两个整流二极管，后者仅需一个具有单二次绕组的脉冲变压器，但需要四个整流二极管。虽然全桥式变换器的功率开关多，成本相对高，但功率开关的电压和电流均衡，而且容易消除变压器的偏磁问题。

如果电感 L 的电流保持连续，且全桥式变换器电路处于 PWM 周期稳定状态，那么由电感 L 的伏秒平衡，可知

$$\frac{U_o}{U_I} = 2\delta \frac{N_2}{N_1} \tag{4.21}$$

4.3.2 性能仿真

图 4.20 显示了带桥式整流的全桥式 DC-DC 隔离变换器电路的 PSIM 模型。相比于图 4.9，开关 MOS3 和 MOS4 分别替换了分压电容 C1 和 C2，理想脉冲变压器 TR 的匝比设置为 1:1，方波信号发生器 VSQ1 和 VSQ2 的占空比为 6%，其他元件和仿真控制参数设置一致，图 4.21 显示了该 PSIM 模型运行的曲线。尽管 PWM 信号 Ug1 和 Ug2 的脉冲宽度减小了一半，但是图示的输出电压 Uo、负载电流 I（R）、电感电流 I（L）和电容电流 I（C）曲线与图 4.10 形状几乎一致，PWM 周期稳态的 Uo 与理论计算值相同。而且，图示的脉冲变压器 TR 一次绕组的电压 U1 为 ±400V 的矩形脉冲，脉冲幅值与电源电压 Us 幅值相同。

在图 4.20 中，如果采用理想的三绕组脉冲变压器和全波整流电路，那么也能够获得图 4.21 的结果。但是，如果脉冲变压器的漏感较大，比如漏感占励磁电感的 5‰，那么全桥式 DC-DC 隔离变换器的周期稳态输出电压会大幅下降，达不到目标输出电压值，其主要原因是脉冲变压器一次绕组漏磁电流在开关截止时缺少续流回路。

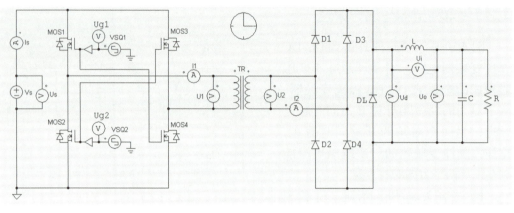

图 4.20　全桥式 DC-DC 隔离变换器的 PSIM 模型

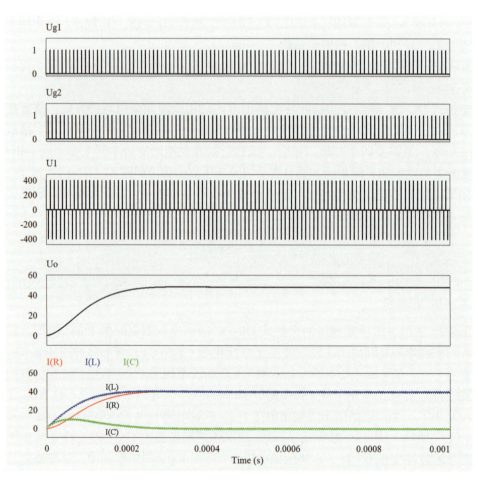

图 4.21　全桥式 DC-DC 隔离变换器的 PSIM 模型运行曲线

4.3.3　移相控制

为了抑制脉冲变压器漏磁对其能量传递效率的负效应，采用移相策略控制 H 桥的四个开关，不仅能够依靠全波整流的二次绕组和二极管交替导通保持输出侧电感的续流，而且能够最小化脉冲变压器漏磁的电能回馈。移相控制策略的核心思想有三个方面：

① 四个开关的占空比为 50%。

② 每个桥臂的两个开关的触发信号的相位互补。

③ 两个桥臂的对角开关触发导通时刻的相位差是对角开关占空比的一个线性函数。

移相控制开关的门极 PWM 触发信号存在下面的相位关系。

$$\begin{cases} \theta = (1-2\delta)180° \\ \alpha_4 = \alpha_1 - \theta \\ \alpha_3 = \alpha_2 - \theta \\ \alpha_1 + \alpha_2 = 180° \\ \alpha_3 + \alpha_4 = 180° \end{cases} \quad (4.22)$$

式中，θ 为全桥式 DC-DC 隔离变换器对角开关的触发导通时刻的门极信号相位差；2δ 为每个桥臂的对角开关同时导通的角度与 180° 之比；α_1、α_2、α_3 和 α_4 分别为四个开关的触发导通时刻的栅极信号相位，α_1 和 α_2 分别对应第一个桥臂的上下两个开关，α_3 和 α_4 分别对应第二个桥臂的上下两个开关，α_1 和 α_4 分别对应两个对角开关，α_2 和 α_3 分别对应另两个对角开关。如果 $\delta = 0$，移相控制开关就是占空比为 50% 的对角控制开关。

图 4.22 显示了具有移相控制的全桥式 DC-DC 隔离变换器的 PSIM 模型。其中，Vs = 400V，L = 120μH，C = 30μF，R = 1.2Ω。方波信号发生器 VSQ1 和 VSQ2 的占空比为 50%，它们的相位延迟分别为 0° 和 158.4°，频率为 100kHz。三绕组脉冲变压器的三个绕组的漏感和电阻分别为 0.5nH 和 0.1μΩ，励磁电感为 100μH，匝比为 1:1。四个功率 MOSFET 开关的通态电阻为 0Ω，反并联二极管和全波整流二极管的阈值电压和通态电阻都为 0。仿真控制的步长和时长分别为 0.1μs 和 1ms，该 PSIM 模型运行的曲线 Uo、I（R）、I（L）和 I（C）与图 4.21 十分相近，输出电压 Uo 的周期稳态值为 47.97V。

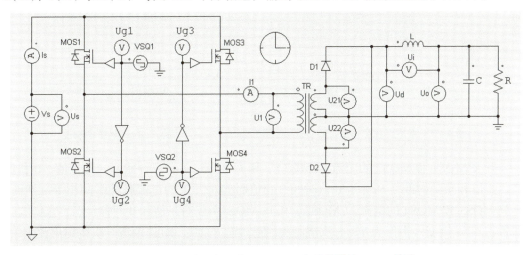

图 4.22 移相控制全桥式 DC-DC 隔离变换器的 PSIM 模型

图 4.23 显示了移相控制策略的全桥式 DC-DC 隔离变换器的 PSIM 模型运行的周期稳态曲线。门极信号 Ug4 和 Ug3 分别比 Ug1 和 Ug2 滞后了 6μs，等于 158.4°。Ug1 和 Ug4 分别触发开关 MOS1 和 MOS4 导通，使脉冲变压器 TR 的一次绕组端产生了 U1 的正电

压脉冲；门极信号 Ug2 和 Ug3 分别触发 MOS2 和 MOS3 导通，使 TR 的一次绕组端产生了 U1 的负电压脉冲。也就是，一个 PWM 周期产生 U1 的各一个正和负的电压脉冲。

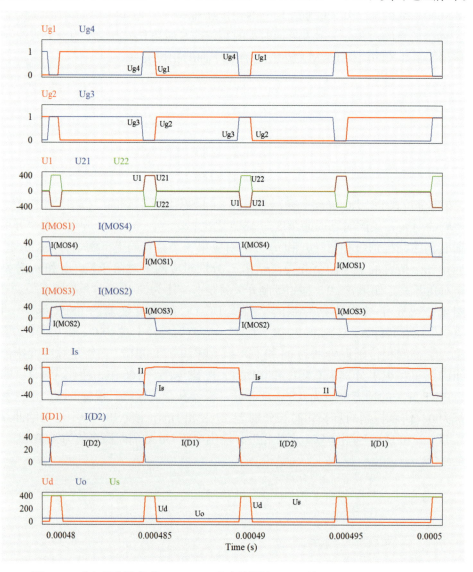

图 4.23　移相控制全桥式 DC-DC 隔离变换器的 PSIM 模型运行的周期稳定曲线

开关 MOS1 和 MOS2 的电流 I（MOS1）和 I（MOS2）有三种状态，即正值、0 和负值，正值和负值时间之和等于 0 值时间，正值时间与开关的电流脉冲时间相等。然而，开关 MOS3 和 MOS4 的电流 I（MOS3）和 I（MOS4）仅有正值和 0 两种状态，它们的时间各占 50% 周期，不仅为 TR 一次绕组提供脉冲电压 U1，而且保持一次绕组电流 I1 的连续流动。因此，I1 表现为正负值两种状态交替的电流曲线，而电源电流 Is 则是一种负脉冲电流曲线。在一次绕组续流期间，I（MOS3）和 I（MOS4）表现为正电流，而对应的 I（MOS2）和 I（MOS1）表现为负电流，表明这两个开关的反并联二极管导通。

脉冲变压器 TR 的两个二次绕组端电压 U21 和 U22 分别与一次绕组端电压 U1 相同和相反，U21 = U1，U22 = −U1，它们是正负电压脉冲。与 TR 两个二次绕组分别串联的两个二极管 D1 和 D2 交替导通，使得电流 I（D1）和 I（D2）形成 0 和正值之间交替变化的矩形波，它们的周期和幅值都相同，占空比为 50%。因此，全波整流器的整流电压 Ud 表现为一种占空比为 50% 的正电压脉冲曲线，与 U1、U21 和 U22 的脉冲宽度相等。

如果将脉冲变压器 TR 的三个绕组的漏感值和电阻值提高 1000 倍，该 PSIM 模型运行的电感电流 I（L）依然保持连续，但是该 DC-DC 隔离变换器的周期稳态输出电压 Uo 仅为 38.40V，下降幅度达到 20%。此时，若将式（4.22）的 δ 提高到 15%，即将图 4.22 的信号 VSQ2 的相位滞后参数设置为 153，那么移相控制参数重新设置的全桥式 DC-DC 隔离变换器在 PWM 周期稳态的输出电压达到 48V。而后，将四个功率 MOSFET 开关的通态电阻设为 0.04Ω，反并联二极管和全波整流二极管的阈值电压和通态电阻都为 1V 和 0.01Ω，该 PSIM 模型运行的周期稳态输出电压 Uo 仅略微下降。虽然相应的电压、电流曲线总体变化趋势相同，但是开关、二极管和脉冲变压器的电流曲线发生了明显衰减（见图 4.24），其根源在于 TR 一次绕组和电感 L 续流期间的开关和二极管的通态压降。

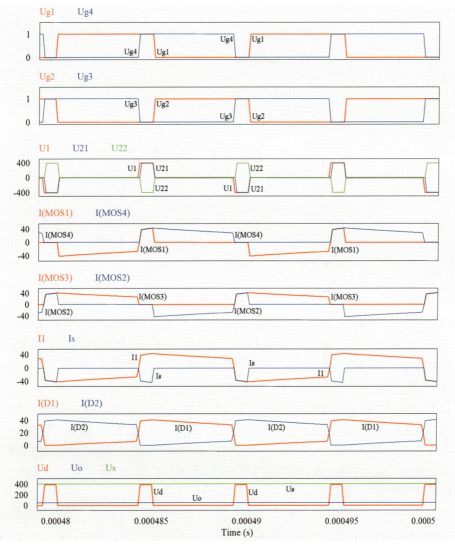

图 4.24　非理想功率半导体器件移相控制全桥式 DC-DC 隔离变换器的 PSIM 模型运行的周期稳定曲线

因此，应重视脉冲变压器漏感和非理想开关对全桥式 DC-DC 隔离变换器输出电压和电流的负效应。

4.3.4 隔直电容影响分析

图 4.25 显示了在脉冲变压器 TR 的一次绕组侧串联了一只隔直电容器 Cr 的移相控制全桥式 DC-DC 隔离变换器的 PSIM 模型。其中，Vs = 400V，L = 120μH，C = 30μF，R = 1.2Ω，Cr = 100nF。VSQ1 和 VSQ2 的占空比为 50%，它们的相位延迟分别为 0°和 153°，频率为 100kHz。三绕组脉冲变压器的三个绕组的漏感和电阻分别为 0.5μH 和 0.1mΩ，励磁电感为 100μH，匝比为 1:1。四个功率 MOSFET 开关的通态电阻为 0.04Ω，反并联二极管和全波整流二极管的阈值电压和通态电阻都为 0.01Ω。仿真控制的步长和时长分别为 0.1μs 和 1ms，该 PSIM 模型运行的曲线 Uo、I（R）、I（L）和 I（C）与图 4.21 十分相近。电路增加了隔直电容 Cr，不仅能防止脉冲变压器磁饱和，而且能够抬升输出电压 Uo 的周期稳态值。

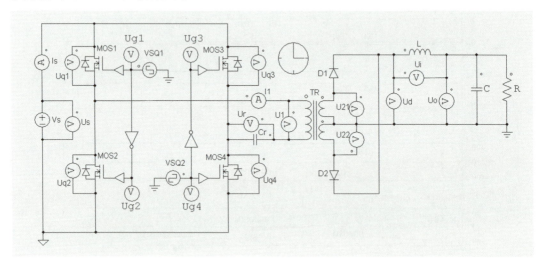

图 4.25　串联隔直电容的移相控制全桥式 DC-DC 隔离变换器的 PSIM 模型

图 4.26 显示了串联隔直电容的移相控制全桥式 DC-DC 隔离变换器的 PSIM 模型运行的 PWM 周期稳定曲线。相比于图 4.24，各元件的电压和电流曲线产生了变化。

1）在对角开关同时导通期间，脉冲变压器 TR 的一次绕组端电压 U1、二次绕组端电压 U21、U22 和整流电压 Ud 从矩形脉冲变化为形似的三角脉冲。

2）当对角开关仅有一个开关导通时，TR 一次绕组电流 I1、开关电流 I（MOS1）~I（MOS4）、整流二极管电流 I（D1）、I（D2）和一次绕组端电压 U1 发生了振荡。

3）当 Ug1 和 Ug3 同时为高电平、Ug2 和 Ug4 同时为低电平时，共阳极的两个开关 MOS1 和 MOS3 同时导通，共阴极的两个开关 MOS2 和 MOS4 同时截止，电流 I1 交替通过导通的开关及其反并联二极管，电流 I（MOS1）和 I（MOS3）振荡。

4）当 Ug2 和 Ug4 同时为高电平、Ug1 和 Ug3 同时为低电平时，共阴极的两个开关 MOS2 和 MOS4 同时导通，共阳极的两个开关 MOS1 和 MOS3 同时截止，电流 I1 交替通过导通的开关及其反并联二极管，电流 I（MOS2）和 I（MOS4）振荡。

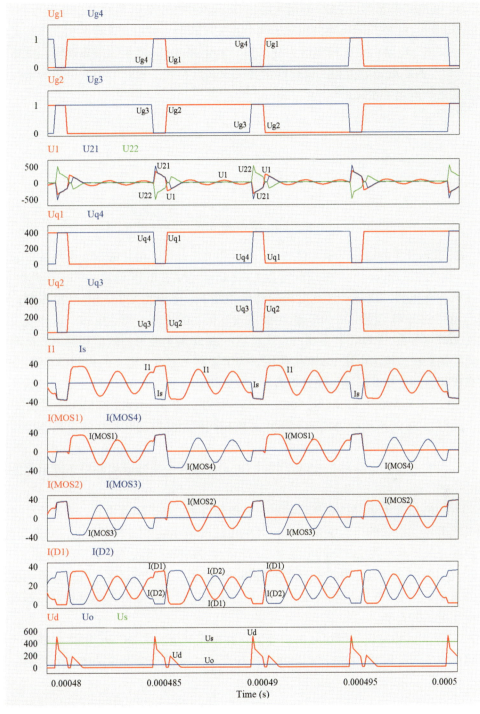

图 4.26　串联隔直电容的移相控制全桥式 DC-DC 隔离变换器的
PSIM 模型运行的周期稳定曲线

5）当共阳极或共阴极的开关同时导通时，电感 L 电流同时通过整流二极管 D1 和 D2 保持连续，电流 I（D1）和 I（D2）同时发生振荡。

因此，电路的隔直电容 Cr 与脉冲变压器 TR 一次绕组的串联，能够使移相控制全桥式 DC-DC 隔离变换器形成 RLC 振荡电路，TR 一次绕组电流振荡发生在介于两个 PWM 控制信号之间的 H 桥共阳极或共阴极的两个开关导通期。运用元件特性和基尔霍夫电路定律，可以建立电路的电压和电流方程。在 H 桥电路 TR 一次绕组续流期间，推导出形如式（4.17）的电流微分方程。假设四个开关及其反并联二极管的阈值电压为常数，式（4.17）的参数发生了变化。

$$\begin{cases} \omega_n = \dfrac{1}{\sqrt{L_r C_r}} \\ \xi = \dfrac{1}{2\omega_n \tau_r} \\ \tau_r = \dfrac{L_r}{R_r + R_{qs} + R_{qd}} \end{cases} \quad (4.23)$$

式中，R_{qs} 表示开关的通态电阻（Ω）；R_{qd} 表示开关反并联二极管的通态电阻（Ω）；τ_r 表示 TR 一次绕组续流回路的感性时间常数（s）；C_r 表示隔直电容（F）。

在脉冲变压器一次绕组非 0 电流的初始条件下，电流将发生 RLC 衰减振荡，振荡频率为 ω_n，这说明了图 4.26 的电流 I1 曲线发生振荡的原因。隔直电容、脉冲变压器参数、开关寄生参数、PWM 频率和占空比影响电流 I1 振荡波形的幅值和频率，从而对该变换器的周期稳态输出电压 Uo 产生作用。为了提高一定占空比下的周期稳态输出电压，应重点优化脉冲变压器漏感、隔直电容和 PWM 周期，实现开关的 ZVS 导通或截止。在图 4.26 中，开关 MOS1 和 MOS2 实现了 ZVS 导通，开关 MOS3 和 MOS4 实现了 ZVS 截止。此时，Uo 的周期稳态值为 45.52V，比相同模型参数的移相控制变换器提高了近 15%。

仿真研究取得了有关移相控制全桥式 DC-DC 隔离变换器的周期稳态输出电压影响因素的一些结论。

1）在 PWM 参数和脉冲变压器漏感一定的前提下，调节隔直电容，能够改变流经开关及其反并联二极管的电流振荡频率，开关电流的振荡频率随着隔直电容增大而减小，从而改变开关导通或截止时刻的电流大小与相位，影响周期稳态输出电压的大小。

2）在 PWM 占空比、脉冲变压器漏感和隔直电容一定的前提下，开关电流的振荡频率保持恒定，调节 PWM 周期将改变开关导通或截止时刻的电流大小与相位，影响周期稳态输出电压的大小。

3）在 PWM 占空比保持恒定的前提下，移相控制全桥式 DC-DC 隔离变换器的周期稳态输出电压的参数敏感性大小的降序为脉冲变压器漏感、PWM 周期和隔直电容。

Chapter 05

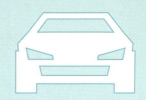

第 5 章
逆变电路

由逆变器供电的交流电动机驱动车辆在道路上行驶是新能源汽车区别于传统燃油汽车的技术特征。逆变器是一个将直流电变换成交流电的电路系统，它能够输出频率、幅值和相位可调的正弦波。它不仅大规模应用在交通领域，还广泛应用在太阳能、风能等新能源并网发电等领域。图 5.1 显示了逆变器的基本结构，它由直流链路、逆变电路和控制电路组成。其中，直流链路决定了逆变器是电压型还是电流型。基于车载电压源性质和感性负载的特点，新能源汽车采用电压型逆变器，它的直流链路包括滤波电容器、预充电电路和过电压抑制电路，以产生稳定的直流电压。

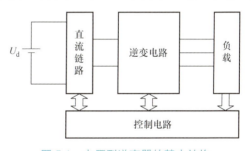

图 5.1　电压型逆变器的基本结构

5.1　单相电压型逆变电路

根据负载类型，可将逆变器分为单相逆变器和多相逆变器，单相交流电动机或公用单相交流电网是单相逆变器的常见负载。H 桥式电路是单相电压型逆变器应用最广泛的电路拓扑，采用单极性或双极性 SPWM 调制方法产生正弦交流电流为感性负载供电。

图 5.2 显示了单相电压型逆变器的 H 桥式电路拓扑。同一桥臂的两个功率半导体开关不能同时导通，否则会造成直流电源短路和滤波电容电压的突变。四个开关的工作状态见表 5.1，逆变器的工作状态与负载电流的方向相关。四个开关全部截止

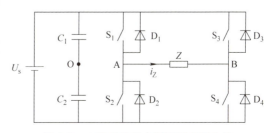

图 5.2　H 桥式单相电压型逆变器电路

的 H 桥式单相逆变器处于停止或整流状态，对角开关导通的 H 桥式单相逆变器处于逆变或整流状态，上桥臂或下桥臂双开关导通的 H 桥式单相逆变器处于续流状态，单开关导通的 H 桥式单相逆变器处于续流或整流状态。

表 5.1　H 桥式单相电压型逆变器的开关状态

开关状态		负载电压	导通器件	
导通	截止	u_{AB}	$i_Z > 0$	$i_Z < 0$
S_1、S_4	S_2、S_3	U_s	S_1、S_4	D_1、D_4
S_2、S_3	S_1、S_4	$-U_s$	D_2、D_3	S_2、S_3
S_1、S_3	S_2、S_4	0	S_1、D_3	D_1、S_3
S_2、S_4	S_1、S_3	0	D_2、S_4	S_2、D_4
S_1	S_2、S_3、S_4	×	S_1、D_3	D_1、D_4
S_2	S_1、S_3、S_4	×	D_2、D_3	S_2、D_4
S_3	S_1、S_2、S_4	×	D_2、D_3	S_3、D_1
S_4	S_1、S_2、S_3	×	S_4、D_2	D_1、D_4
—	所有开关	$-U_s$	D_2、D_3	—
		U_s	—	D_1、D_4

5.2　单极性 SPWM 技术

针对一个基准的正弦电压参考信号，运用面积等效原理，能够生成正弦脉宽变化的 SPWM 电压脉冲，作用在感性负载上而产生正弦电流。产生 SPWM 电压脉冲的方法分为单极性和双极性调制技术。其中，单极性 SPWM 技术是指在正弦电压参考信号的正半周中只调制出正脉波，而在正弦电压参考信号的负半周中只调制出负脉波。

5.2.1　性能仿真

图 5.3 显示了单极性 SPWM 信号调制的 H 桥式单相电压型逆变电路的 PSIM 模型。其中，Vs = 360V，四个 IGBT 开关 IGBT1 ~ IGBT4 的参数为默认值，正弦参考信号 Ura 的幅值和频率分别为 0.8 和 50Hz，通过一个负单位增益取反得到 Urb，等腰三角载波 Uc

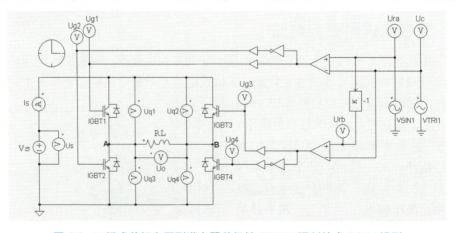

图 5.3　H 桥式单相电压型逆变器单极性 SPWM 调制技术 PSIM 模型

的幅值、偏移、占空比和频率分别为 2、−1、0.5 和 1000Hz，调制度为 0.8。RL 感性负载的电阻和电感分别为 1Ω 和 1mH，仿真控制单元的步长和时长分别为 10μs 和 0.1s。Ura 和 Uc 输入比较器，并输出至开关控制模块驱动开关 IGBT1，其反相信号用于驱动开关 IGBT2。相似地，Urb 和 Uc 的比较结果通过开关控制模块驱动开关 IGBT3，其反相信号用于驱动开关 IGBT4。

图 5.4 显示了该 PSIM 模型的运行曲线。在两个相位相反的正弦波参考信号 Ura、

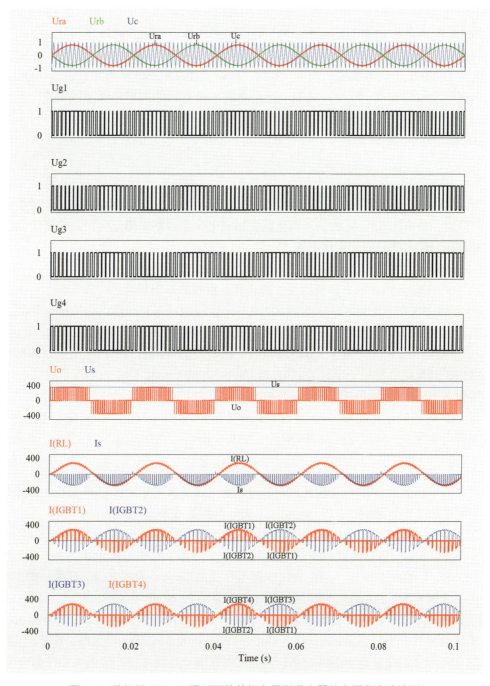

图 5.4　单极性 SPWM 调制下的单相电压型逆变器的电压和电流波形

Urb 和三角波信号比较下，产生了正弦脉冲宽度变化的 PWM 控制信号 Ug1、Ug2、Ug3 和 Ug4。其中，Ug1 与 Ug2 信号相反，Ug3 和 Ug4 信号相反。这四个 PWM 控制信号分别驱动四个开关 IGBT1～IGBT4，将直流电压 Us 转变为宽度正弦变化的负载电压脉冲序列 Uo。而且，正弦宽度脉冲序列 Uo 与参考信号 Ura 的极性相同，在 Ura 的正半周期，Uo > 0；在 Ura 的负半周期，Uo < 0。这是单极性 SPWM 技术命名的起因。受到正弦宽度脉冲电压序列 Uo 的激励，感性负载 RL 生成了纹波脉动的正弦电流 I（RL），它的周期为 0.02s。

图 5.4 所示的电压源电流 Is 表现为一种以负脉冲为主的周期脉冲序列波，它的周期是负载电流 I（RL）的 1/2，且 I（RL）绝对值波形是 Is 绝对值波形的包络线。当 Is <0 时，电路工作在电源供电模式；当 Is = 0 时，电路工作在电感续流模式；当 Is >0 时，电路工作在电能回馈模式。四个开关的电流是具有正弦变化的周期性脉冲序列波，它们与 I（RL）的周期相同，且开关电流 I（IGBT1）等于 I（IGBT4），开关电流 I（IGBT2）等于 I（IGBT3），开关电流 I（IGBT1）与 I（IGBT2）之差等于负载电流 I（RL）。

5.2.2 工作原理

图 5.5 显示了模型运行的 PWM 周期稳态曲线。当参考信号的瞬时值大于载波信号的瞬时值时，单极性 SPWM 的信号调制器输出高电平，否则输出低电平。单极性 SPWM 的信号调制器输出信号的作用规则如下：

1）高电平信号表示上桥臂的开关导通和下桥臂的开关截止。

2）低电平信号则表示上桥臂的开关截止和下桥臂的开关导通。

3）正弦参考信号 Ura 和三角载波信号 Uc 比较的信号调制器输出作用于 A 桥臂上开关 IGBT1，其反信号作用于下开关 IGBT2，如图 5.5 的 Ura 和 Ug1 的虚线示意。

4）正弦参考信号 Urb 和三角载波信号 Uc 比较的信号调制器输出作用于 B 桥臂上开关 IGBT3，其反信号作用于下开关 IGBT4，如图 5.5 的 Urb 和 Ug3 的虚线示意。

桥臂 A 和 B 之间的负载电压 Uo 的脉冲宽度等于 PWM 控制信号 Ug1 与 Ug3 之差或 Ug4 与 Ug2 之差的信号宽度，Uo 在参考信号 Ura 的正半周为正脉冲，在参考信号 Ura 的负半周为负脉冲，脉冲宽度呈现正弦变化趋势。而且，它有正值、0 和负值三种状态。

$$u_o = m_a U_s \sin \omega t \tag{5.1}$$

式中，u_o 表示负载的目标正弦电压（V）；U_s 表示电源电压（V）；m_a 表示目标电压幅值与直流链路电压之比的调制度，$0 < m_a < 1$；ω 表示调制信号频率（rad/s）。

图 5.6 显示了集成负载电压脉冲序列频谱分析功能的单极性 SPWM 技术的 PSIM 模型。其中，C1 = 360，C2 = 0.8，增益 K = 50，VSIN2 为单位幅值的 50Hz 正弦电压源，LP1 为二阶低通滤波器，FFT 为快速傅里叶变换器，sin 为正弦函数模块，RL1 的电阻和电感分别为 1Ω 和 1mH。LP1 通过顺序单击菜单 Elements → Control → Filters → 2nd-order Low-pass Filter 选择，它的增益、截止频率和阻尼比分别设置为 1、1000Hz 和 0.7。FFT 模块通过单击菜单 Elements → Control → Other Function Blocks → FFT 选择，它的采样点数和基频分别设置为 1024 和 50Hz，该模块有信号基频分量的幅值和相位两个输出。其他模块的参数设置与图 5.3 一致。

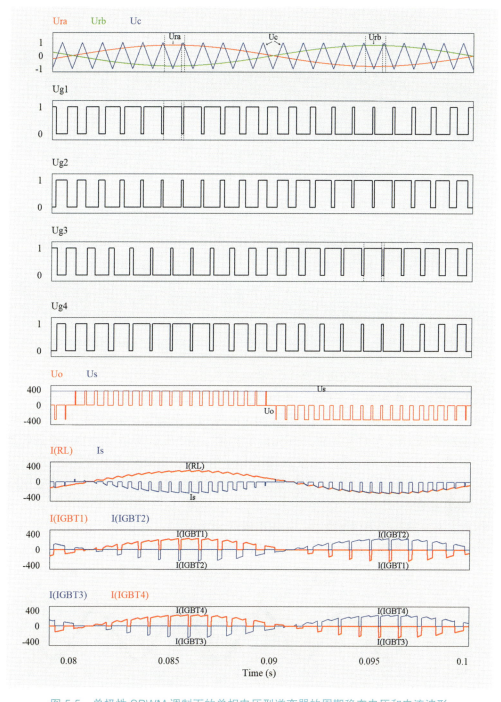

图 5.5 单极性 SPWM 调制下的单相电压型逆变器的周期稳态电压和电流波形

电压传感器 VSEN1 测量负载电压 Uo，一方面，通过二阶低通滤波器 LP1 输出 Uof；另一方面，利用 FFT 模块提取基频 50Hz 信号的幅值和相位，然后生成 Uo 的基频分量 Uob。由式（5.1）从 VSEN2 测量直流电压 Vs 角度构建理论计算的负载电压和电流发生的 PSIM 模型，输出理论计算电压 Uos，通过控制与功率转换接口模块，作用于与 RL 相同的负载 RL1，产生理想的负载电流 I（RL1）。

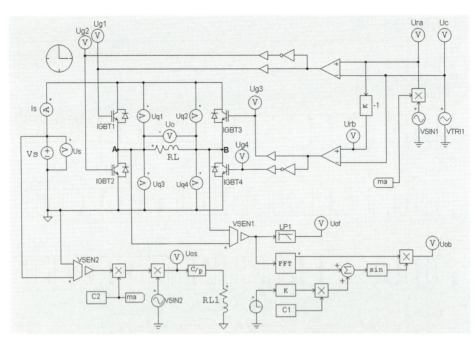

图 5.6　单极性 SPWM 负载电压序列波形生成及其基频信号提取的 PSIM 模型

图 5.7 显示了理论计算负载电压 Uos 和电流 I（RL1）、单极性 SPWM 技术生成的负载电压 Uo 及其低通滤波电压 Uof、基频分量 Uob 以及电流 I（RL）的曲线。Uo、Uof、Uob 和 Uos 曲线具有 20ms 的相同周期和同正同负的变化趋势，Uos 的幅值是 Uo 的 0.8 倍，周期稳态的 Uob 与 Uos 具有几乎相同的幅值，Uof 可认为是一种 Uos 叠加脉动信号的正弦波。在 20ms 后，Uob 完全跟踪了 Uos 和 Uof。负载电流 I（RL）围绕在其理想电流 I（RL1）上脉动，I（RL）的基频分量的幅值为 I（RL1）的 93%，它们几乎同步，I（RL）非常逼近 I（RL1）。

因此，对于电压型单相逆变器，采用单极性 SPWM 技术调制的电压脉冲序列作用在感性负载上，它的基频分量逼近理论计算值，并产生逼近理想的正弦波负载电流。

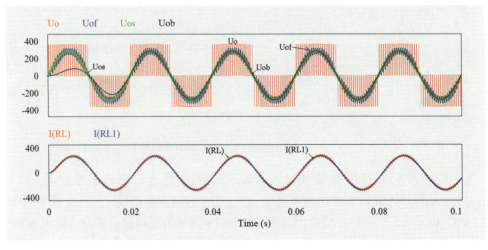

图 5.7　单极性 SPWM 负载电压及其基频信号和负载电流波形

5.2.3 谐波分析

针对图 5.4 的负载电压 Uo、负载电流 I(RL)、电源电流 Is 和开关电流 I(IGBT1) 曲线，运用 FFT 技术分析这些波形的基频分量和谐波分量。在显示 Uo、I(RL)、Is 和 I(IGBT1) 的时域曲线后，单击 Simview 中的菜单 Analysis → Perform FFT，界面显示图 5.8 的时域信号的频谱曲线。

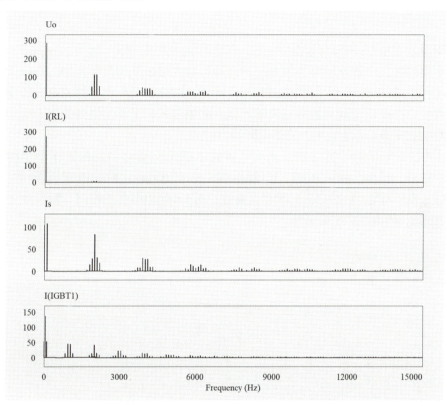

图 5.8　单极性 SPWM 调制的电压型单相逆变器的电压和电流频谱

在 0～15kHz 之间，图示的频谱曲线具有规律性，它们出现了谐波群。负载电流 I(RL) 以调制频率 50Hz 的基频分量为主，谐波很少。除了 50Hz 基频分量，Uo 的谐波群中心频率是载波频率 1000Hz 的偶数倍，谐波幅值总体趋势表现为非线性减小。I(RL) 和 Uo 没有直流分量，它们的总畸变率 THD 分别为 5.28% 和 77.50%。电源电流 Is 没有 50Hz 频率分量，直流分量和 100Hz 频率分量的幅值相当，大于 1000Hz 的频谱与 Uo 十分相似。I(IGBT1) 的直流分量和 100Hz 分量的幅值相当，50Hz 基频分量的幅值超过了直流分量和 100Hz 分量幅值的均方和和代数和，大于 100Hz 的谐波频率是载波频率的整数倍。通过仿真分析，可以得到单极性 SPWM 技术调制的电压型单相逆变器的负载电压、负载电流、电源电流和开关电流的谐波频率分布与载波频率、调制频率的关系。

1）负载电压以调制频率的基频分量为主，总畸变率高；没有直流分量，谐波群的中心频率是载波频率的偶数倍，谐波幅值随着其频率增加而非线性减小。

2）负载电流以调制频率的基频分量为主，总畸变率小；随着载波频率的增大，谐波幅值可以忽略不计。

3）电源电流含有幅值相当的直流分量和调制频率二倍频分量，没有调制频率分量，大于载波频率的频谱与负载电压具有相似性。

4）开关电流以调制频率的基频分量为主，其幅值远大于幅值相当的直流分量和调制频率二倍频分量之和，谐波群的中心频率是载波频率的整数倍，谐波幅值随着其频率增加而非线性减小。

5.2.4 直流链路滤波电容

电压源是电压型逆变器的输入电源，实际的电压源有内阻。比如，为新能源汽车运行提供电能的电化学蓄电池可等效为一种电动势和内阻串联的数学模型，蓄电池端电压会随着工作电流的大小、方向变化而升高或降低。因此，利用电容器的电流瞬变而电压稳定的特性，在电压型逆变器的直流输入侧并联电容器，平滑蓄电池的供电电压，保障逆变器的动态性能和系统效率，降低电源的电应力。

图 5.9 显示了增加了直流链路滤波电容的单极性 SPWM 调制的电压型单相逆变器的 PSIM 模型。其中，Rs = 0.2Ω，电解电容 Cpi = 1000μF，初始电压为 360V。RL2 = RL1 = RL，C3 = C2，VSIN3 = VSIN2，其他与图 5.6 的模型参数相同。图 5.10 显示了该 PSIM 模型运行的电压和电流曲线。

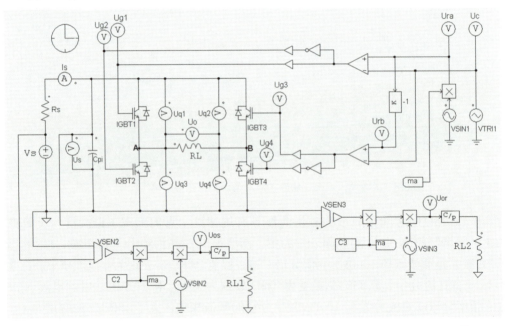

图 5.9 增加了直流链路滤波电容的单极性 SPWM 调制的电压型单相逆变器的 PSIM 模型

相比于图 5.7 的负载电压波形，在图 5.10 的正弦电压信号 Uos 的波峰和波谷附近，电压脉冲序列幅值明显减小；它的绝对值波形的包络线与输入电压曲线 Us 重合，Us 以直流 341V 为基准进行频率 100Hz、幅值 19.30V 的正弦波波动。与 360V 电压的目标正弦电压 Uos 幅值相比，目标正弦电压 Uor 的幅值下降了 11%。相应地，负载的目标正弦电流 I（RL2）比 I（RL1）幅值也减小了 11%，负载电流 I（RL）的波形在 I（RL2）曲线附近轻微脉动。

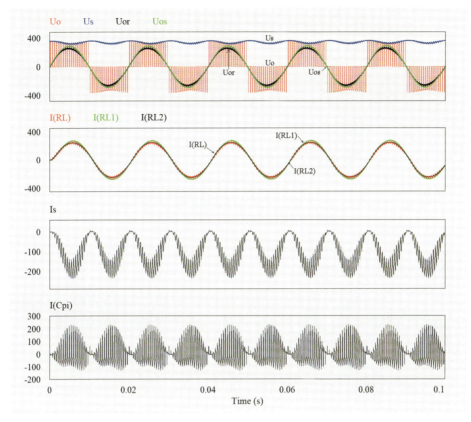

图 5.10 直流链路滤波电容的单极性 SPWM 的电压型单相逆变器的电压和电流曲线

在图 5.10 中，电源电流 Is 曲线具有以负直流电流为基准的正弦波波动趋势，波动基频与 Us 相同。相比于图 5.4 的 Is 波形，图示的 Is 曲线毛刺电流波动范围大幅缩小，谐波幅值显著减小，根源在于滤波电容 Cpi 表现了电流瞬变的电压滤波特性。I（Cpi）与 Is 具有相同周期的波动趋势，图 5.11 显示了它们的频谱。Is 含有 97.09A 的直流分量和 86.85A 的 100Hz 基频分量，而 I（Cpi）没有直流分量，含有 10.59A 的 100Hz 基频分量。在 2000Hz、4000Hz、6000Hz 为中心频率的谐波群，I（Cpi）的谐波分量幅值分别为 71.03A、23.52A 和 0.76A，超过了相应频率 Is 谐波分量幅值的 2 倍。I（Cpi）与 Is 具有相同的谐波分量，随着谐波频率的增大，I（Cpi）比 Is 的谐波分量幅值越来越大。这说明 Cpi 为逆变器开关提供了主要的谐波电流，对单极性 SPWM 信号调制的电压型单相逆变器的输入电压具有滤波作用。

通过仿真研究，可以获得有关直流链路滤波电容对单极性 SPWM 信号调制的电压型单相逆变器输入电压的滤波作用。

1）滤波电容与电压源电流具有相同的谐波频率，呈现以含有调制频率二倍频的正弦波波动趋势，其中电压源电流含有明显的直流分量。

2）在电压源一定条件下，随着滤波电容增大，滤波电容吸收电流谐波的能力增加，电源电流的谐波幅值会大幅减小。

3）在滤波电容保持不变时，随着电压源的内阻减小，滤波电容吸收电路谐波的能力减弱，电源电流的谐波幅值会增加。

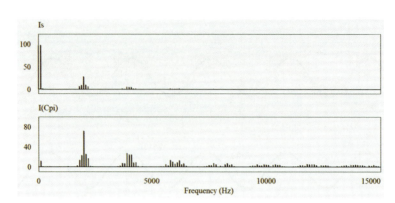

图 5.11 单极性 SPWM 调制的电压型单相逆变器电压源和滤波电容的电流频谱

5.3 双极性 SPWM 技术

无论在正弦电压参考信号的正半周还是负半周，H 桥式单相电压型逆变器能够输出正、负交替的电压脉冲序列，这种 SPWM 调制技术称为双极性 SPWM 技术。

5.3.1 性能仿真

图 5.12 显示了双极性 SPWM 调制的 H 桥式单相电压型逆变电路的 PSIM 模型。其中，Vs = 360V，四个开关 IGBT1~IGBT4 的参数为默认值，正弦参考信号 Ur 的幅值和频率分别为 0.8 和 50Hz，等腰三角载波 Uc 的幅值、偏移、占空比和频率分别为 2、−1、0.5 和 1000Hz，调制度为 0.8。RL 感性负载的电阻和电感分别为 1Ω 和 1mH，仿真控制单元的步长和时长分别为 10μs 和 0.1s。Ur 和 Uc 输入比较器，并输出至开关控制模块驱动开关 IGBT1 和 IGBT4，其反相信号用于驱动开关 IGBT2 和 IGBT3，控制策略比单极性 SPWM 调制技术更简单。

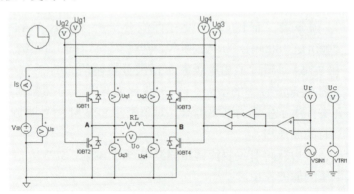

图 5.12 H 桥式单相电压型逆变器单极性 SPWM 调制技术 PSIM 模型

图 5.13 显示了该 PSIM 模型的运行曲线。在正弦波参考（调制）信号 Ur 和三角波信号 Uc 比较下，产生了正弦脉冲宽度变化的门极 PWM 控制信号 Ug1、Ug2、Ug3 和 Ug4。其中，Ug1 等于 Ug4，Ug2 等于 Ug3，Ug1 与 Ug2 相反。这四个 PWM 控制信号分别驱动四个开关 IGBT1~IGBT4，将直流电压 Us 转变为宽度正弦变化的负载电压脉冲

序列 Uo。无论在调制信号 Ur 的正半周还是负半周，正弦宽度脉冲序列 Uo 的极性正负交变。换而言之，Uo 在 Ur 任何一个半周期具有双极性的正负脉冲，这是双极性 SPWM 技术命名的缘由。

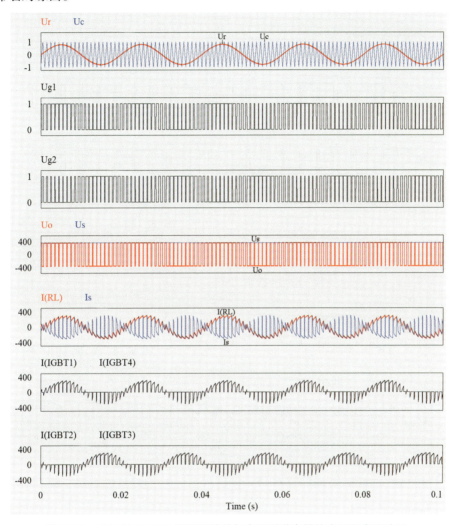

图 5.13　双极性 SPWM 调制下的单相电压型逆变器的电压和电流波形

受到正弦宽度脉冲电压序列 Uo 的激励，图 5.12 所示的感性负载 RL 生成了纹波脉动的正弦电流 I（RL），它的周期为 0.02s。电压源电流 Is 表现为一种周期性的双极性脉冲序列波，它的周期是负载电流 I（RL）的 1/2，且 I（RL）绝对值波形是 Is 绝对值波形的包络线。当 Is＜0 时，电路工作在电源供电模式；当 Is＞0 时，电路工作在电能回馈模式。四个开关的电流是具有正弦变化的周期性脉冲序列波，它们与 I（RL）的周期相同，且开关电流 I（IGBT1）等于 I（IGBT4），开关电流 I（IGBT2）等于 I（IGBT3），开关电流 I（IGBT1）与 I（IGBT2）之差等于 I（RL）。

5.3.2　工作原理

图 5.14 显示了 PSIM 模型运行的 PWM 周期稳态曲线。当参考信号的瞬时值大于载

波信号的瞬时值时，双极性 SPWM 的信号调制器输出高电平，否则输出低电平。双极性 SPWM 的信号调制器输出信号的作用规则如下：

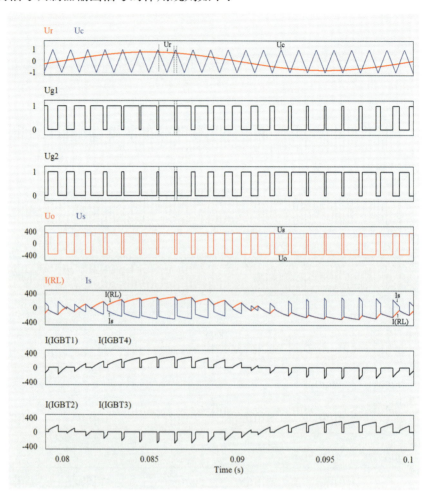

图 5.14 双极性 SPWM 调制下的单相电压型逆变器的周期稳态电压和电流波形

1）高电平信号表示开关导通。
2）低电平信号则表示开关截止。
3）桥臂对角开关同时工作。
4）Ur 和 Uc 比较的信号调制器输出同时作用于对角开关 IGBT1 和 IGBT4，其反信号作用于对角开关 IGBT2 和 IGBT3，如图 5.14 的 Ur、Ug1 和 Ug2 的虚线示意。

桥臂 A 和 B 之间的负载电压 Uo 的脉冲宽度等于 PWM 控制信号 Ug1 与 Ug3 之差或 Ug4 与 Ug2 之差的信号宽度，Uo 在调制信号 Ur 的正半周或负半周中有正脉冲和负脉冲，脉冲宽度呈现正弦变化趋势。而且，它仅有正值和负值两种状态。对于一台电压型单相逆变器，双极性 SPWM 策略调制的感性负载目标正弦电压与电源电压和调制度的函数关系满足式（5.1）。

图 5.15 显示了集成负载电压脉冲序列频谱分析功能的双极性 SPWM 技术的 PSIM 模型，它与图 5.6 有相同的元件参数。其中，Uof 和 Uob 分别为负载电压 Uo 的低通滤波输

出信号和基频分量，Uos 表示由式（5.1）理论计算的负载电压。

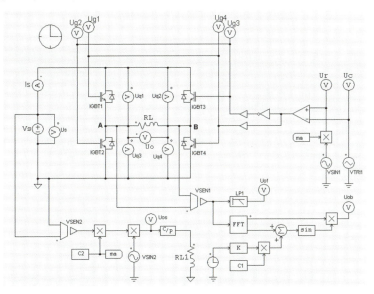

图 5.15 双极性 SPWM 负载电压序列波形生成及其基频信号提取的 PSIM 模型

图 5.16 显示了理论计算负载电压 Uos 和电流 I（RL1）、双极性 SPWM 策略生成的负载电压 Uo 及其低通滤波电压 Uof、基频分量 Uob 以及电流 I（RL）的曲线。Uo、Uof、Uob 和 Uos 曲线具有 20ms 的相同周期和同正同负的变化趋势，Uos 的幅值是 Uo 的 0.8 倍，周期稳态的 Uob 与 Uos 具有几乎相同的幅值。Uof 是一种以 Uos 波形为基准叠加幅值周期变化的交流脉动信号的正弦波，波动幅度比图 5.7 的相应曲线大得多。负载电流 I（RL）围绕在其理想电流 I（RL1）上脉动，虽然 I（RL）的基频分量幅值与 I（RL1）相当，但是 I（RL）的总畸变率 THD 超过了图 5.7 的相应曲线的 3.5 倍。因此，采用双极性 SPWM 技术调制的电压脉冲序列作用在感性负载上，它的基频分量能够逼近理论计算值，并产生逼近理想的负载电流。

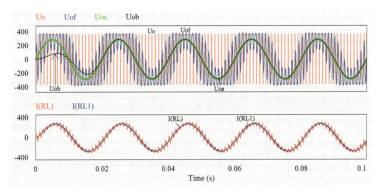

图 5.16 双极性 SPWM 负载电压及其基频信号和负载电流波形

5.3.3 谐波分析

针对由双极性 SPWM 技术调制的图 5.13 的负载电压 Uo、负载电流 I（RL）、电源电流 Is 和开关电流 I（IGBT1）曲线，运用 Simview 的 FFT 模块功能分析这些波形的基频分量和谐波分量。图 5.17 显示了这四个时域信号的频谱。

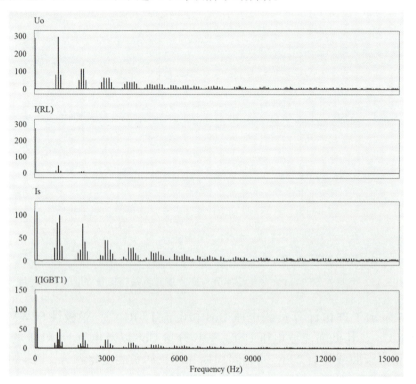

图 5.17　双极性 SPWM 调制的电压型单相逆变器的电压和电流频谱

在 0～15kHz 之间，图示的频谱曲线出现了规律的谐波群。三个变量负载电压 Uo、负载电流 I（RL）和开关电流 I（IGBT1）都含有调制频率 50Hz 的基频分量，电源电流 Is 含有 100Hz 的基频分量，Is 和 I（IGBT1）都含有直流分量。它们的谐波群中心频率是载波频率 1000Hz 的整数倍，I（IGBT1）还含有 100Hz 的谐波分量，幅值非线性衰减。其中，I（RL）的谐波幅值衰减最快，仅在 2000Hz 和 4000Hz 附近有小的谐波量。Uo、I（RL）、Is 和 I（IGBT1）的总畸变率 THD 分别为 146%、19%、245% 和 103%，它们相比于单极性 SPWM 策略大得多。

通过仿真分析，可知双极性 SPWM 技术调制的电压型单相逆变器的负载电压、负载电流、电源电流和开关电流的谐波频率分布与载波频率、调制频率的关系：

1）负载电压、负载电流和开关电流以调制频率的基频分量为主，没有直流分量，谐波群的中心频率是载波频率的整数倍，谐波幅值随着其频率增加而非线性减小。

2）负载电流的总畸变率小，随着载波频率的增大，谐波幅值可以忽略不计。

3）开关电流以调制频率的基频分量为主，其幅值远大于幅值相当的直流分量和调制频率二倍频分量之和，总畸变率大。

4）电源电流含有幅值相当的直流分量和调制频率二倍频分量，没有调制频率分量，载波频率与负载电压的频谱具有相似性。

5）与单极性 SPWM 策略相比，双极性 SPWM 策略调制的电压型单相逆变器输出的负载电压、负载电流、电源电流和开关电流的谐波更大，总畸变率更高。

5.4 三相电压型逆变器

在新能源汽车中,三相交流电动机常用作车载动力装置。因此,三相电压型逆变器在新能源汽车的动力驱动和辅助系统中得到了广泛应用。

5.4.1 电路工作原理

图 5.18 显示了一个三相电压型逆变器的标准电路拓扑,它由直流输入滤波电容和三个两开关串联的桥臂组成。每个开关反并联了一个续流二极管,使逆变器-三相交流电动机驱动系统具备了电能回馈的功能。

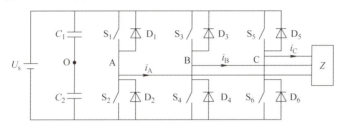

图 5.18 全桥式三相电压型逆变器电路

在开关模式中,S = 1 表示同一桥臂的上桥臂开关导通,下桥臂开关截止;反之,S = 0 表示同一桥臂的上桥臂开关截止,下桥臂开关导通。如果三相星形负载 Z 的中性点为 N,则三相电压源逆变器有 8 个有效的开关模式。其中有 2 种零电压开关模式、6 种非零电压开关模式、它的相电压和线电压见表 5.2。

表 5.2 全桥式单相电压型逆变器的开关状态

开关状态		相电压			线电压			开关模式		
导通	截止	u_{AN}	u_{BN}	u_{CN}	u_{AB}	u_{BC}	u_{CA}	S_A	S_B	S_C
$S_1S_4S_6$	$S_2S_3S_5$	$2U_s/3$	$-U_s/3$	$-U_d/3$	U_s	0	$-U_s$	1	0	0
$S_1S_3S_6$	$S_2S_4S_5$	$U_s/3$	$U_s/3$	$-2U_s/3$	0	U_s	$-U_s$	1	1	0
$S_2S_3S_6$	$S_1S_4S_5$	$-U_s/3$	$2U_s/3$	$-U_s/3$	$-U_s$	U_s	0	0	1	0
$S_2S_3S_5$	$S_1S_4S_6$	$-2U_s/3$	$U_s/3$	$U_s/3$	$-U_s$	0	U_s	0	1	1
$S_2S_4S_5$	$S_1S_3S_6$	$-U_s/3$	$-U_s/3$	$2U_s/3$	0	$-U_s$	U_s	0	0	1
$S_1S_4S_5$	$S_2S_3S_6$	$U_s/3$	$-2U_s/3$	$U_s/3$	U_s	$-U_s$	0	1	0	1
$S_1S_3S_5$	$S_2S_4S_6$	0	0	0	0	0	0	1	1	1
$S_2S_4S_6$	$S_1S_3S_5$	0	0	0	0	0	0	0	0	0

例如,当开关模式 $S_AS_BS_C$ = 100 时,表示与 A 相连接桥臂的上桥臂开关 S_1 导通,下桥臂开关 S_2 截止;与 B 相连接桥臂的上桥臂开关 S_3 截止,下桥臂开关 S_4 导通;与 C 相连接桥臂的上桥臂开关 S_5 截止,下桥臂开关 S_6 导通。又如,当开关模式 $S_AS_BS_C$ = 101 时,表示与 A 相连接桥臂的上桥臂开关 S_1 截止,下桥臂开关 S_2 截止;与 B 相连接桥臂

的上桥臂开关 S_3 截止，下桥臂开关 S_4 导通；与 C 相连接桥臂的上桥臂开关 S_5 导通，下桥臂开关 S_6 截止。

零电压开关状态表示上桥臂或下桥臂的 3 个开关截止，感性负载的电流能够通过它们续流。例如，当 $i_A > 0$、$i_B < 0$ 和 $i_C < 0$ 时，如果 $S_A S_B S_C = 111$，那么负载电流路径则为 $S_1 \rightarrow Z \rightarrow D_3 \rightarrow S_1$ 和 $S_1 \rightarrow Z \rightarrow D_5 \rightarrow S_1$。如果 $S_A S_B S_C = 000$，那么负载电流路径则为 $S_4 \rightarrow Z \rightarrow D_2 \rightarrow S_4$ 和 $S_6 \rightarrow Z \rightarrow D_2 \rightarrow S_6$。因此，感性负载的续流功能，可以依靠仅一个开关导通或仅两个开关导通来实现。

这两个零电压开关模式还能优化其他 6 个开关状态的相互切换。例如，将开关模式 $S_A S_B S_C = 110$ 切换至 101，改变了两个桥臂的四个开关状态。可先将开关模式变为零电压开关模式 $S_A S_B S_C = 111$，而后切换为 $S_A S_B S_C = 101$。通过依靠零电压开关模式，每次开关模式的切换仅反方向改变了一个桥臂的两个开关状态，这样有利于减小开关切换的开关损耗，保持负载电流的连续性。

5.4.2 SPWM 策略

单极性 SPWM 技术用来调制三相电压型逆变器输出的三相电压正弦脉冲序列，与单相 SPWM 技术的单极性调制方法相似。图 5.19 显示了运用单极性 SPWM 策略控制的一个三相电压型逆变器驱动感性负载的 PSIM 模型，由三相电压型逆变器、单极性 SPWM 信号发生器、三相调制信号发生器、负载单相电压滤波器和理想电源发生器组成。其中，Vs = 360V，Rs = 1μΩ，Cp1 = Cp2 = 2000μF。六个功率半导体开关 IGBT1 ~ IGBT6 采用默认值，三相对称感性负载 RL 的电阻和电感分别为 1Ω 和 10mH。

三相调制信号发生器产生三相对称的正弦电压调制信号 Ura、Urb 和 Urc，它的幅值受到调制度 ma 的比例调节。其中，初始相位 InitialPhase1 = 0，常数 C1 = 360，调制频率 Frequency = 50Hz，幅值 Amplitude = 1，调制度 ma = 0.8，相位滞后 PhaseDelay1 = 120°，PhaseDelay2 = 240°。三角载波信号 Uc 的幅值和频率分别为 1V 和 1kHz，三相调制信号与 Uc 比较，输出三相 SPWM 信号，通过门极驱动模块分别控制六个开关 IGBT1 ~ IGBT6。

在图 5.19 中，常数 C2 = 360，C3 = 0.5，增益 K = 50。二阶低通滤波器 LP1 的截止频率和阻尼比分别为 1000Hz 和 0.7，FFT 模块的采用点数和基频分别为 1024 和 50Hz。输入仿真控制步长和时长分别为 1μs 和 100ms。

图 5.20 显示了该 PSIM 模型运行的三相负载电压和电流曲线。在三相正弦波调制信号 Ura、Urb、Urc 与三角载波信号 Uc 比较下，产生了正弦脉冲宽度变化的 PWM 控制信号 Ug1 ~ Ug6，而同一桥臂的两个开关的 PWM 控制信号相反。这个三相单极性 SPWM 信号产生的规则如下：

1）三个幅值相等、相位差 120° 的正弦波作为调制参考信号。

2）一个等腰三角波为载波信号。

3）调制度小于 1 的线性调制。相电压调制信号与三角载波信号比较，当调制信号大于载波信号时，该相桥臂的触发脉冲为正，表示上桥臂的开关导通，下桥臂的开关截止；否则，触发脉冲零信号，表示上桥臂的开关截止，下桥臂的开关导通。

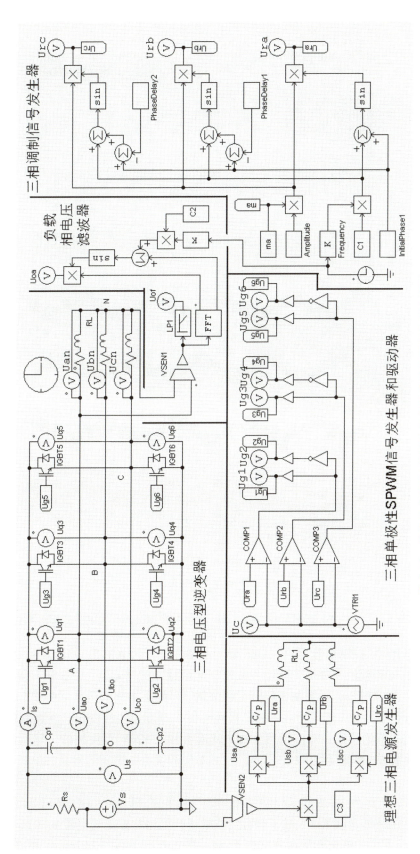

图 5.19 单极性 SPWM 策略的三相电压型逆变器 PSIM 模型

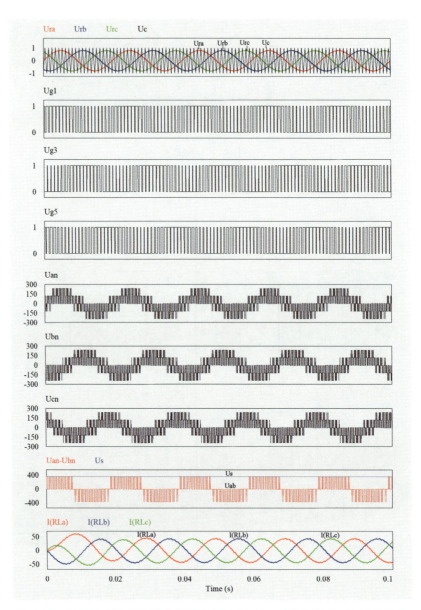

图 5.20 SPWM 策略的三相电压型逆变器 PSIM 模型运行的电压和电流曲线

这六个 PWM 控制信号 Ug1 ~ Ug6 分别驱动六个开关 IGBT1 ~ IGBT6，将直流电压 Us 转变为宽度和幅值有规律变化的负载每相电压脉冲序列 Uan、Ubn 和 Ucn，它们是三个互差 120° 相位对称的同周期相电压。在调制信号的正半周或负半周曲线中间，对应的每个相电压有 0、120V 和 240V 三种单极性幅值，宽度非线性变化。在调制信号的正半周或负半周曲线的两边，对应的每个相电压有 0 和 ±120V 双极性值。然而，两个相电压之差的线电压，例如 $U_{ab} = U_{an} - U_{bn}$，与其对应的线电压调制信号具有单极性电压脉冲特点。

在幅值和宽度规律性变化的相电压脉冲序列 Uan、Ubn 和 Ucn 的激励下，图 5.19 所示的感性负载 RL 生成了略有纹波脉动的三相对称正弦电流 I（RLa）、I（RLb）和 I（RLc），它们的幅值和周期分别为 43.64A 和 0.02s。在图 5.21 中，A 相电流 I（RLa）

非常逼近其目标相电压的电流响应 I（RL1a），I（RLa）的 THD 小于 3%。如果三相的每相感性负载与单相感性负载相同，且它们的调制频率和载波频率相同，那么三相电压型逆变器会比单相逆变器有更光滑的负载电流曲线。

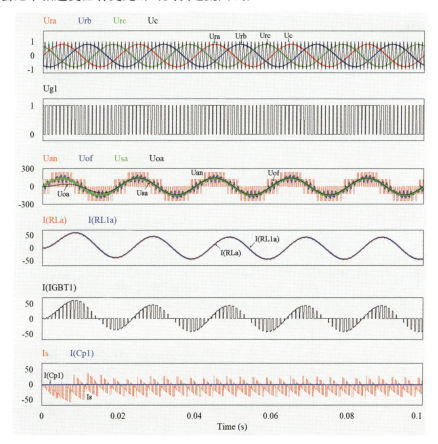

图 5.21　三相电压型逆变器 PSIM 模型运行的负载、开关、电源的电压和电流曲线

对于三相电压型逆变器驱动一个三相对称感性负载，在三相单极性 SPWM 的线性调制区，目标相电压与调制度、电源电压存在一定的正弦函数关系。

$$u_{xn} = \frac{1}{2} m_a U_s \sin(\omega t + \phi_x) \tag{5.2}$$

式中，u_{xn} 表示三相单极性 SPWM 调制的负载目标相电压（V）；ϕ_x 表示负载目标相电压 u_{xn} 的初始相位（rad）。

图 5.21 显示了三相单极性 SPWM 策略生成的负载相电压 Uan 及其理论计算电压 Usa、低通滤波电压 Uof、基频分量 Uoa 的曲线。Uan、Uof 和 Usa 曲线具有 20ms 的相同周期和同正同负的变化趋势，Usa 的幅值为 144V，它是 Uan 幅值的 0.6 倍，周期稳态的 Uoa 与 Usa 具有几乎相同的幅值。Uof 是一种以 Usa 波形为基准而叠加幅值周期变化的交流脉动信号的正弦波，它的 THD 约为 31%。虽然开关电流 I（IGBT1）和电源电流 Is 是周期性的非正弦脉冲序列波，但是采用三相单极性 SPWM 技术调制的电压脉冲序列作用在三相对称感性负载上，能够产生正弦波负载电流。

5.4.3 谐波分析

借助 Simview 的 FFT 模块,计算图 5.21 的负载电压 Uan、负载电流 I(RLa)、电源电流 Is 和开关电流 I(IGBT1)曲线信号的基频分量和谐波分量。图 5.22 显示了这四个时域信号的频谱。

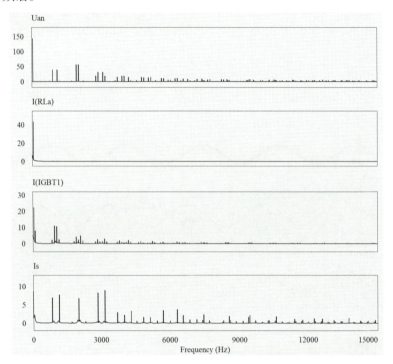

图 5.22　单极性 SPWM 调制的三相电压型逆变器的电压和电流频谱

在 0~15kHz 之间,图 5.22 所示的频谱曲线出现了规律性的谐波群,谐波群的中心频率是载波频率的整数倍。负载相电流 I(RLa)的 50Hz 基频达到 43.31A,谐波含量最少,总畸变率 THD 仅为 2.65%。三个变量相电压 Uan、开关电流 I(IGBT1)和电源电流 Is 都含有稳定的周期性波形,它们有非线性变化的幅值和脉宽,都含有调制频率 50Hz 的基频分量,其中 Is 还含有频率为 300Hz 的周期性波形。Uan、I(IGBT1)和 Is 分别以基频分量、基频分量和直流分量为主,前者的 THD 约为 91.43%,后两者的 THD 超过了 100%。Is 出现了最严重的谐波分量,在 150kHz 的谐波分量的幅值依旧大于 1% 直流分量。对于开关电流谐波,小于 1% 基频分量的最小谐波频率接近 50kHz。

随着载波频率的提高,负载相电流的 THD 能够显著降低。相比于 1000Hz 的载波频率,10kHz 载波频率的 I(RLa)可降低 THD 至原来的 10%。但是,电源电流 Is 的谐波含量依然严重,它的 THD 远远超过了 100%。为了减小 Is 谐波对实际电源的冲击,增加理想电压源的内阻,提高电解电容的滤波作用,平滑电源输出电压。在图 5.19 的 PSIM 模型中,Rs 提高到 20mΩ,Uc 的载波频率增加为 10kHz。图 5.23 和图 5.24 分别显示了相应 PSIM 模型运行在 94.5~98.5ms 之间 Is、I(Cp1)和 I(Rs)的时域曲线和频谱。

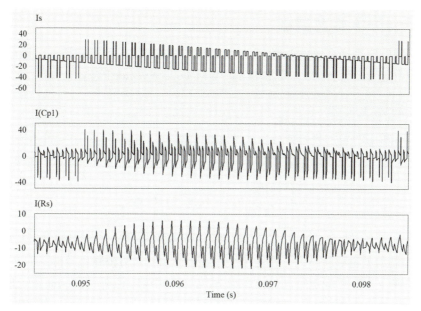

图 5.23 单极性 SPWM 调制的三相电压型逆变器的直流电源和滤波电容的电流曲线

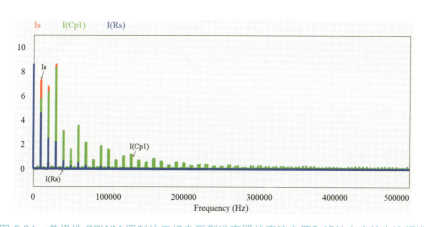

图 5.24 单极性 SPWM 调制的三相电压型逆变器的直流电源和滤波电容的电流频谱

在图 5.23 中,在系统稳定运行时,在一个调制频率周期 20ms 内,逆变器输入侧电流 Is 和电源内部电流 I(Rs)分别有六个相同的梳子波和梭形波,它们的均值为负,而与它们同周期变化的电解电容电流 I(Cp1)均值为 0。虽然图 5.24 所示的三个电流的谐波频率相同,但是电解电容 Cp1 和 Cp2 吸收了逆变器输入侧电流 Is 的大部分谐波,使得电源内部电流 I(Rs)的谐波分量快速衰减,在 100kHz 就能将谐波分量降低到 1% 直流分量以下。此时,I(Cp1)的谐波分量达到 Is 直流分量的 20%,几乎吸收了 Is 的全部谐波分量。然而,Is 在 500kHz 的谐波分量仍然超过直流分量的 2%。如果增大直流链路电容量至 3000μF,那么 40kHz 的 Is 谐波分量可削减到直流分量的 2% 左右。

因此,三相电压型逆变器输入侧电流的基波频率为调制信号频率,谐波频率为载波频率的整数倍。提高载波频率和增加直流链路的电解电容,能够大幅降低直流电源的谐波。如果电解电容一定,那么直流电源内阻越小,它的谐波含量会越大。

5.5 空间矢量脉宽调制

依靠三相电压型逆变器的八种开关模式产生三相交流电动机旋转气隙磁场的脉宽调制技术，称为空间矢量 PWM，简称为 SVPWM（space vector PWM）。

5.5.1 空间电压矢量

假设一个圆形空间正弦对称分布的三相星形绕组，每相绕组的正弦电压的幅值相等、相位差 120°，那么一个空间电压矢量 u_v 可表示为三个相电压的 Fortescue 变换矢量和。

$$u_v = \sqrt{\frac{2}{3}} \left(u_{AN} + u_{BN} e^{j\frac{2\pi}{3}} + u_{CN} e^{j\frac{4\pi}{3}} \right) \tag{5.3}$$

式中，u_v 为空间电压矢量（V）；u_{AN}、u_{BN} 和 u_{CN} 分别为三相定子绕组相电压（V）。

图 5.25 显示了星形联结的三相定子绕组在一个 $\alpha-\beta$ 两相静止坐标系的布置。其中，A 相绕组轴线作为参考绕组空间位置的 0 相位，三相绕组逆时针空间布置，B 相超前 A 相 120°，C 相超前 A 相 240°。α 轴定在 A 相绕组的轴线上，β 轴超前 α 轴 90°。

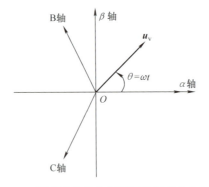

图 5.25 三相交流电机定子绕组及其静止坐标轴系

假设

$$\begin{cases} u_{AN} = U_p \cos \omega t \\ u_{BN} = U_p \cos\left(\omega t - \frac{2}{3}\pi\right) \\ u_{CN} = U_p \cos\left(\omega t - \frac{4}{3}\pi\right) \end{cases} \tag{5.4}$$

式中，U_p 为定子绕组相电压有效值（V）。

将式（5.4）代入式（5.3）中，可得

$$u_v = \sqrt{\frac{3}{2}} U_p e^{j\omega t} \tag{5.5}$$

式（5.5）表明，u_v 是一个以相电压幅值和频率旋转的空间电压矢量，在 $\alpha-\beta$ 两相静止坐标系分解为 α 轴和 β 轴两个分量。

$$\boldsymbol{u}_\text{v} = u_\alpha + ju_\beta \tag{5.6}$$

这样,在 $\alpha-\beta$ 静止坐标系中,$\boldsymbol{u}_\text{v}$ 的坐标为

$$\begin{cases} u_\alpha = \sqrt{3/2}U_\text{p}\cos\omega t \\ u_\beta = \sqrt{3/2}U_\text{p}\sin\omega t \end{cases} \tag{5.7}$$

联合式(5.3)~式(5.7),可推出静止坐标系的两相电压与三相相电压的函数关系。

$$\begin{bmatrix} u_\alpha \\ u_\beta \end{bmatrix} = \sqrt{\frac{3}{2}} \begin{bmatrix} 1 & -\frac{1}{2} & -\frac{1}{2} \\ 0 & \frac{\sqrt{3}}{2} & -\frac{\sqrt{3}}{2} \end{bmatrix} \begin{bmatrix} u_\text{AN} \\ u_\text{BN} \\ u_\text{CN} \end{bmatrix} \tag{5.8}$$

对于三相电压源逆变器,A、B、C 三个桥臂必须同时有开关导通,但每个桥臂的开关必须互补工作。因此,定义一个开关函数:

$$S_K = \begin{cases} 0 \\ 1 \end{cases} \tag{5.9}$$

式中,K 表示 A、B、C 三个桥臂。当 $S_K = 0$ 时,同一桥臂的上开关截止,下开关导通;当 $S_K = 1$ 时,同一桥臂的上开关导通,下开关截止。

这样,三相电压源逆变器的开关状态 $S_\text{A}S_\text{B}S_\text{C}$ 有 8 种模式(见表 5.2),其中有 2 个零矢量为 $\boldsymbol{u}_0$(000)和 $\boldsymbol{u}_7$(111),6 个非零矢量为 $\boldsymbol{u}_1$(001)、$\boldsymbol{u}_2$(010)、$\boldsymbol{u}_3$(011)、$\boldsymbol{u}_4$(100)、$\boldsymbol{u}_5$(101)和 $\boldsymbol{u}_6$(110)。

在图 5.18 中,以直流电压源 U_s 负端为参考电位,对于理想开关,则由式(5.9)定义的开关函数,可得每个桥臂的两个开关连接点 A、B、C 的电压。

$$u_K = S_K U_\text{s} \tag{5.10}$$

这样,三相逆变器输出的相电压 u_AN、u_BN 和 u_CN 表示为

$$\begin{bmatrix} u_\text{AN} \\ u_\text{BN} \\ u_\text{CN} \end{bmatrix} = \frac{2}{3}U_\text{s} \begin{bmatrix} 1 & -0.5 & -0.5 \\ -0.5 & 1 & -0.5 \\ -0.5 & -0.5 & 1 \end{bmatrix} \begin{bmatrix} S_\text{A} \\ S_\text{B} \\ S_\text{C} \end{bmatrix} \tag{5.11}$$

联合式(5.8)和式(5.11),可得

$$\begin{bmatrix} u_\alpha \\ u_\beta \end{bmatrix} = \sqrt{\frac{2}{3}}U_\text{s} \begin{bmatrix} 1 & -\frac{1}{2} & -\frac{1}{2} \\ 0 & \frac{\sqrt{3}}{2} & -\frac{\sqrt{3}}{2} \end{bmatrix} \begin{bmatrix} S_\text{A} \\ S_\text{B} \\ S_\text{C} \end{bmatrix} \tag{5.12}$$

图 5.26 显示了由式(5.12)求得的空间电压矢量 $\boldsymbol{u}_\text{s}$ 在 $\alpha-\beta$ 静止坐标系中的位置。其中,两个零空间电压矢量 $\boldsymbol{u}_0$(000)和 $\boldsymbol{u}_7$(111)在原点处,其他 6 个非零空间电压矢量将圆平面分成了 6 个等分的 60°扇区。它们的逆时针空间位置顺序是:$\boldsymbol{u}_4$(100)、$\boldsymbol{u}_6$(110)、$\boldsymbol{u}_2$(010)、$\boldsymbol{u}_3$(011)、$\boldsymbol{u}_1$(001)、$\boldsymbol{u}_5$(101),其中 $\boldsymbol{u}_4$ 定位在 α 轴的正向。

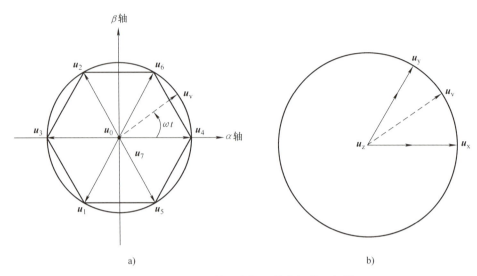

图 5.26 α-β 静止坐标系的空间电压矢量
a) 8 个空间电压矢量的位置与三相电压源逆变器功率半导体开关模式的关系
b) 任意空间电压矢量的合成

5.5.2 SVPWM 调制方法

控制三相电压型逆变器开关的开关模式,形成周而复始的空间电压矢量序列 u_4、u_6、u_2、u_3、u_1、u_5,产生三相对称的电压脉冲序列。它们作用在三相感性负载上,能够产生三相对称的正弦相电流。

在图 5.26a 中,任意的空间电压矢量 u_v 总能够落在任意的一个 60° 扇区内,图 5.26b 表示了它可由该扇区相邻的两个非零矢量 u_x、u_y 和零矢量 u_z 合成。

1) 确定空间电压矢量 u_v 所在的 60° 扇区及其边界空间电压矢量 u_x 和 u_y。
2) 每一个 u_v 表示为 u_x 和 u_y 的矢量和。
3) 在一个 PWM 周期为 T_p 的开关时间内,用零矢量 u_z(u_0 或 u_7)来填充剩余时间。考虑 3/2 坐标变换负载的功率平衡,计算非零空间电压矢量作用时间的计算式为

$$\begin{cases} u_v T_p = t_x u_x + t_y u_y + t_z u_z \\ T_p = t_x + t_y + t_z \end{cases} \quad (5.13)$$

式中,t_x、t_y 分别为 u_x 和 u_y 的作用时间(s);t_z 为零空间电压矢量 u_z 的作用时间(s)。

例如,在第一扇区,0°~60° 相邻的参考空间电压矢量为 u_4 和 u_6,那么

$$\begin{cases} u_4 = \sqrt{2/3}U_s \\ u_6 = U_s/\sqrt{6} + jU_s/\sqrt{2} \end{cases} \quad (5.14)$$

联合式(5.6)、式(5.7)、式(5.13)和式(5.14),可得

$$\begin{cases} t_x/T_p = M_a \sin(60° - \omega t) \\ t_y/T_p = M_a \sin \omega t \\ t_z/T_p = 1 - M_a \cos(30° - \omega t) \end{cases} \quad (5.15)$$

式中，M_a 是三相电压线电压参考信号幅值与直流供电电压之比，称为 SVPWM 调制比。其实，SVPWM 技术调制的三相负载线电压幅值以直流链路电压为上限值。

$$M_a = \frac{\sqrt{3}U_p}{U_s} \qquad (5.16)$$

由此可知，通过不同作用时间和非零矢量的乘积能够生成任意目标空间电压矢量。相应的时间与工作周期之比，可理解为 SVPWM 调制的占空比。采用中心对称的 PWM 生成方法，能够高效率控制开关，产生空间电压矢量。图 5.27 显示了 0°～60° 扇区的逆时针工作空间电压矢量 u_v 的顺序，即为 $u_0 \rightarrow u_4 \rightarrow u_6 \rightarrow u_7 \rightarrow u_7 \rightarrow u_6 \rightarrow u_4 \rightarrow u_0$。其他扇区的空间电压矢量的开关顺序可根据旋转方向依次类推。中心对称 PWM 是 SVPWM 技术的基本原则：零矢量 u_7 为中心对称电压矢量，每次只改变一个桥臂的开关状态，初始的开关状态为零矢量 u_0。这样的 SVPWM 控制的三相电压型逆变器的开关切换次数最少，开关损耗小，产生电磁干扰小。

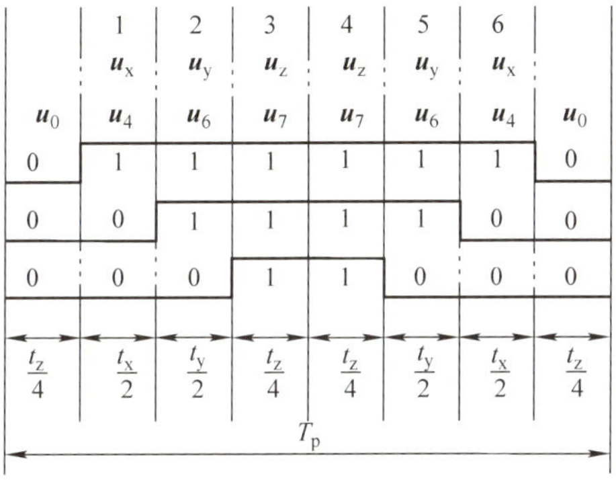

图 5.27 SVPWM 空间电压矢量在 0°～60° 扇区的开关顺序

根据式（5.15）的零矢量作用时间不小于 0 的条件，可推出 SVPWM 调制的三相电压型逆变器输出的电压脉冲序列等效的目标正弦相电压。

$$u_{yn} = \frac{1}{\sqrt{3}} m_a U_s \sin(\omega t + \phi_y) \qquad (5.17)$$

式中，u_{yn} 表示三相 SVPWM 调制的负载目标相电压（V）；ϕ_y 表示负载目标相电压 u_{yn} 的初始相位（rad）。相比于式（5.2），对于相同的三相电压型逆变器，SVPWM 比 SPWM 调制的目标相电压可提高 15%。

5.5.3　PSIM 模型

图 5.28 显示了用于驱动三相对称感性负载的三相电压型逆变器及其 SVPWM 电路的 PSIM 模型，它包括了三相电压型逆变器主电路、三相对称星形感性负载和 SVPWM 信号发生器三个部分。其中，SVPWM 信号发生器包括八个模块，即调制信号、3/2 变换、电压矢量计算、扇区计算、扇区矢量位置计算、电压矢量时间计算、触发时间序列计算和触发脉冲生成。调制信号是一个三相对称正弦电压源，线电压幅值、频率和初始相位分别设置为 0.8V、50Hz 和 0。直流电源 Tp 为 0.001，方波发生器 fsw 的幅值、频率和占空比分别为 1、1kHz 和 0.5。

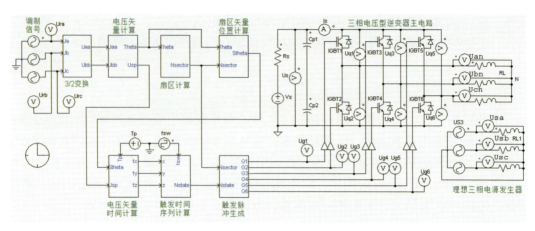

图 5.28 SVPWM 调制的三相电压型逆变器的 PSIM 模型

图 5.29 显示了基于式（5.8）构建的 3/2 变换模块，它的输入为三相相电压调制信号 Ura、Urb 和 Urc，通过各自的一个零阶保持器（ZOH）采样为离散信号。ZOH 由顺序单击菜单 Elements → Control → Digital Control Module → Zero-Order Hold 选择，它的采样频率应与 PWM 开关频率设置相同。三个增益 P1、P2 和 P3 的值分别为 0.6667、0.3333 和 0.5773，通过加减乘输出 Uaa 和 Ubb，它们分别对应两相静止坐标系的 α 和 β 电压分量。

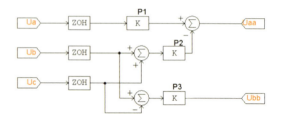

图 5.29　3/2 变换的 PSIM 模型图

图 5.30 显示了 SVPWM 电压矢量计算的 PSIM 模型，利用式（5.6）求电压矢量的幅值和相位。该模块的输入为两相静止坐标系的 Uaa 和 Ubb，输出为电压矢量的幅值 Usp 和相位 Theta。

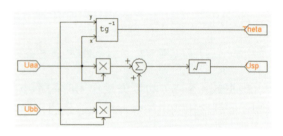

图 5.30　电压矢量计算的 PSIM 模型

图 5.31 显示了 SVPWM 电压矢量扇区计算的 PSIM 模型，通过六个比较器比较电压矢量相位 Theta 与各扇区初始角度（0°、60°、120°、180°、240° 和 300°）的大小，各自输出 1 或 0，而后做加法运算，输出电压矢量扇区位置变量 Nsector。为了将每个扇区的电压矢量相位映射到 0°~60° 归一化扇区的位置，图 5.32 显示的 SVPWM 扇区矢量位置计算模块通过电压矢量相位 Theta 减去每个扇区的初始相位实现，输出 Stheta。其中，扇区参考位置为 0，由实际扇区位置 Nsector 减 1 实现。

图 5.33 显示了电压矢量的作用时间计算模块，利用式（5.15）计算各扇区两个非零电压矢量和零矢量的作用时间。该模块的输入为 Stheta、Usp 和 PWM 开关周期 T_p，运用 sine 函数、乘法器、加法器和比例运算，输出各扇区初始电压矢量作用时间 t_x、末端电压矢量作用时间 t_y 以及零电压矢量作用时间 t_z。其中，P1 和 P2 模块的增益为 1.2247。

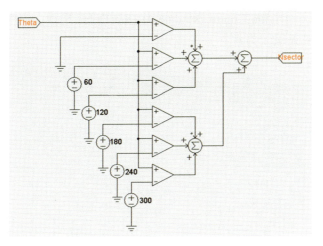

图 5.31　扇区计算的 PSIM 模型

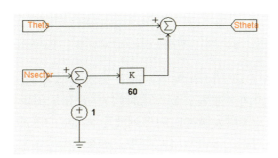

图 5.32　扇区矢量位置计算的 PSIM 模型

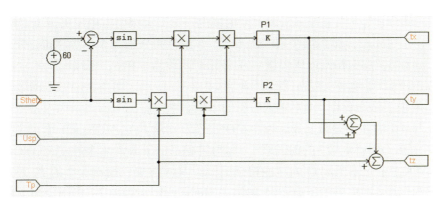

图 5.33　电压矢量时间计算的 PSIM 模型

图 5.34 显示了每一个 SVPWM 开关周期的开关触发脉冲时间序列生成的 PSIM 模型。其中，可控脉宽单稳态多谐振荡器 MONOC1～MONOC4 是该模块的核心单元，选择 Elements → Control → Logic Elements → Controlled Monostable 实现。它有上升沿触发↑、下降沿触发↓和脉宽控制三个输入信号，有正脉冲信号 Q 及其反向脉冲信号 $\overline{Q}$ 输出。脉宽控制输入信号位于可控脉宽单稳态多谐振荡器的底部，它控制单稳态振荡器输出的脉冲持续时间。UDELAY1～UDELAY3 是单位延迟单元，顺序单击菜单

Elements → Control → Digital Control Module → Unit Delay 选择，采样频率应与 PWM 开关频率设置一致，初始输出为 0。

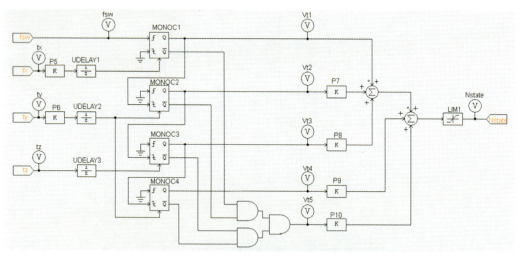

图 5.34　SVPWM 触发时间序列计算 PSIM 模型

图 5.35 显示了一个 SVPWM 开关周期的开关触发脉冲时间序列波形。将前一个 PWM 开关周期内计算的两个非零矢量作用时间 t_x、t_y 和零矢量作用时间 t_z 的幅值，转换成当前 PWM 周期的开关触发脉冲时间序列波形 Nstate 的脉冲宽度，它的设计原理源自图 5.27。在一个中心对称的 SVPWM 周期中，如果将每个 60° 扇区电压作用时间分割为 6 小段时间，分别标记为 1、2、3、4、5 和 6，那么初始电压矢量 u_x 的作用时间段为 1 和 6，末端电压矢量 u_y 的作用时间段为 2 和 5，零电压矢量 u_z 的作用时间段为 3 和 4，每个小段时间分别等于各自电压矢量作用时间的一半。如果将零电压矢量 u_z 的作用时间段合并为一个时间段，那么每个 60° 扇区电压作用时间分割为 5 小段时间，分别标记为 1、2、3、4 和 5，那么初始电压矢量 u_x 的作用时间段为 1 和 5，末端电压矢量 u_y 的作用时间段为 2 和 4，零电压矢量 u_z 的作用时间段为 3。所以，增益 P5 和 P6 的数值设置为 0.5，而 t_z 采用了单位增益，而后输入各自的单稳态触发器。

50% 占空比的开关频率上升沿触发 MONOC1，$0.5t_x$ 决定 MONOC1 单元输出端 Q 的脉冲持续时间，对应图 5.27 的时间段 1。该脉冲信号的下降沿用来触发 MONOC2，$0.5t_y$ 决定 MONOC2 单元输出端 Q 的脉冲持续时间，其幅值乘以增益为 2 的 P7 对应图 5.27 的时间段 2。该脉冲信号的下降沿用来触发 MONOC3，t_z 决定 MONOC3 单元输出端 Q 的脉冲持续时间，其幅值乘以增益为 3 的 P8 对应图 5.27 的时间段 3 和 4。该脉冲信号的下降沿用来触发 MONOC4，$0.5t_y$ 决定 MONOC4 单元输出端 Q 的脉冲持续时间，其幅值乘以增益为 4 的 P9 对应图 5.27 的时间段 5。利用三个与门 AND1 ~ AND3，与逻辑 MONOC1 ~ MONOC4 的反相输出端 $\bar{Q}$ 信号，其幅值乘以增益为 5 的 P10 对应图 5.27 的时间段 6。对上述 5 个信号实施加运算，经饱和单元 LIM1，生成每个 SVPWM 开关周期的开关触发脉冲作用时间序列 Nstate。其中，LIM1 由 Elements → Control → Limiter 选择实现，下限值和上限值分别设置为 1 和 5。在图 5.35 第二个 SVPWM 开关周期中，Nstate 显示了幅值 1~5 阶梯上升的波形，每个阶梯波形宽度对应电压矢量作用时间。

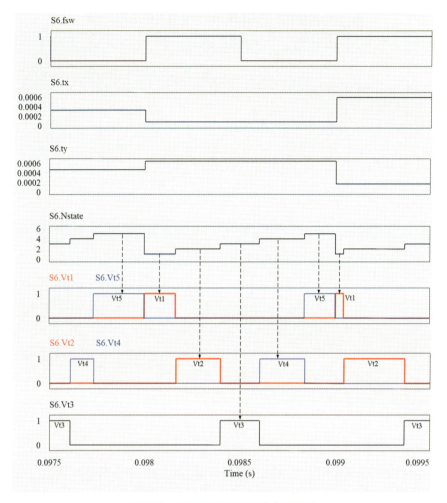

图 5.35　SVPWM 触发时间序列波形

图 5.36 显示了三相电压型逆变器各开关的 SVPWM 触发脉冲生成的 PSIM 模型，该模块的输入为开关触发脉冲时间作用序列信号 Nstate 和扇区信号 Nsector，输出为 6 个开关触发脉冲信号 G1~G6，分别对应三相电压型逆变器主电路 IGBT 开关 S1~S6 的栅极。其中，Table1~Table6 由 Elements→Other→Function Blocks→2-D Lookup Table（integer）选择实现，分别对应二维表格函数 q1.tbl~q6.tbl（见表 5.3），q1.tbl 与 q2.tbl、q2.tbl 与 q4.tbl、q5.tbl 与 q6.tbl 对应表格取值互逆。其中，6 表示二维表格 6 行，对应值由 Nsector 选择；5 表示二维表格 5 列，对应值由 Nstate 选择。比如在第一扇区的电压矢量选择 u_4、u_6 和 u_7，表格 Table1、Table3、Table5 的第一行分别与图 5.27 从上至下的各行一一对应。

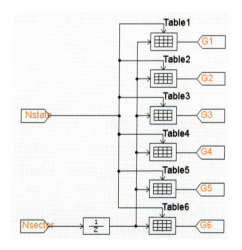

图 5.36　SVPWM 触发脉冲发生器的 PSIM 模型

表 5.3　三相电压型逆变器 SVPWM 开关作用电压矢量

Table1：q1.tbl					Table3：q3.tbl					Table5：q5.tbl				
6	,	5			6	,	5			6	,	5		
1	1	1	1	1	0	1	1	1	0	0	0	1	0	0
1	0	0	0	1	1	1	0	1	1	0	0	0	0	0
0	0	1	0	0	1	1	1	1	1	0	1	1	1	0
0	0	0	0	0	1	0	0	0	1	1	1	0	1	1
0	1	1	1	0	0	0	1	0	0	1	1	1	1	1
1	1	0	0	1	0	0	0	0	0	1	0	0	0	1

Table2：q2.tbl					Table4：q4.tbl					Table6：q6.tbl				
6	,	5			6	,	5			6	,	5		
0	0	0	0	0	1	0	0	0	1	1	1	0	1	1
0	1	1	1	0	0	0	1	0	0	1	1	1	1	1
1	1	0	1	1	0	0	0	0	0	1	0	0	0	1
1	1	1	1	1	0	1	1	1	0	0	0	1	0	0
1	0	0	0	1	1	1	0	1	1	0	0	0	0	0
0	0	1	0	0	1	1	1	1	1	0	1	1	1	0

5.5.4　性能仿真

三相电压型逆变器采用六个 IGBT 构成开关主电路，参数选用默认值。Vs = 360V，三相对称的感性负载 RL 的每相电阻和电感分别为 1Ω 和 10mH，调制信号的线电压有效值和频率分别设置为 0.8 和 50Hz，开关频率为 1kHz。三相对称正弦波电压源 US3 的线电压幅值和频率分别为 203.67V（0.8*360/1.414V）和 50Hz，相位滞后 26.3°。仿真控制步长和时长分别为 1μs 和 100ms，图 5.37 显示了该 PSIM 模型运行的电压和电流曲线。

在 SVPWM 策略下，三相正弦波调制信号 Ura、Urb 和 Urc 产生了正弦脉冲宽度变化的 PWM 控制信号 Ug1 ~ Ug6，Ug1 与 Ug2、Ug3 与 Ug4、Ug5 与 Ug6 相反。与图 5.20 的三相单极性 SPWM 驱动信号相比，图示对应的 Ug1、Ug3 与 Ug5 信号的脉宽发生了明显变化，在每半个周期中央的信号脉宽显著扩大。这六个 PWM 控制信号 Ug1 ~ Ug6 分别驱动六个开关 IGBT1 ~ IGBT6，将直流电压 Us 转变为宽度和幅值有规律变化的负载每相电压脉冲序列 Uan、Ubn 和 Ucn，它们是三个 120° 相位对称的同周期相电压。两个相电压之差的线电压，比如 Uab = Uan – Ubn，与其对应的线电压调制信号具有单极性电压脉冲特点。虽然它们与图 5.20 的三相单极性 SPWM 策略的对应信号的幅值变化相同，但是脉宽变化存在差异。

在幅值和宽度规律性变化的相电压脉冲序列 Uan、Ubn 和 Ucn 的激励下，图示的感性负载 RL 生成了略有纹波脉动的三相对称正弦电流 I（RLa）、I（RLb）和 I（RLc），它们的周期为 0.02s，幅值比图 5.20 的对应相电流增大了 15% 左右。这三个相电流的 THD 小于 3%，能够较好地逼近其目标相电压响应（见图 5.38）。

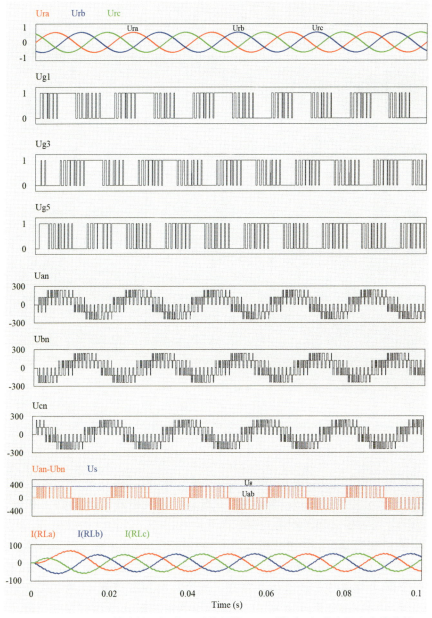

图 5.37 SVPWM 策略的三相电压型逆变器 PSIM 模型运行的电压和电流曲线

图 5.38 显示了三相 SVPWM 策略生成的负载相电压 Uan 及其理论计算电压 Usa 的曲线。Uan 和 Usa 曲线具有 20ms 的相同周期和同正同负的变化趋势，Usa 的幅值为 166V，是 Uan 的 0.7 倍。与图 5.21 相比，Usa 的幅值提高了 15%，而且电源电流 Is 的幅值增大了，它的波形形状和变化趋势相似。然而，开关电流 I（IGBT1）的波形发生了显著变化，负半周仅有后 1/4 周期的幅值和脉宽变化的正弦脉冲序列波；在正半周期内，前 1/4 为连续的幅值正弦变化的波形，后 1/4 为幅值和脉宽变化的正弦脉冲序列波。但是，采用三相 SVPWM 策略调制的相电压脉冲序列作用在三相对称感性负载上，同样能够产生三相对称正弦波负载电流。

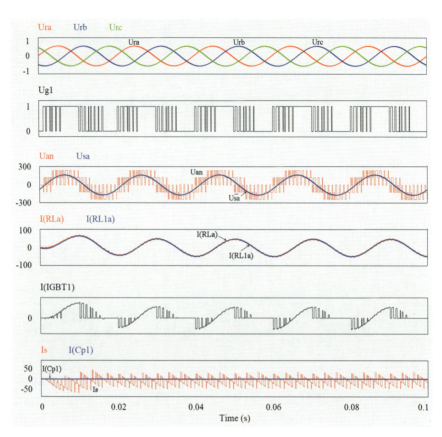

图 5.38 SVPWM 策略的三相电压型逆变器 PSIM 模型运行的负载、开关、电源的电压和电流曲线

5.5.5 谐波分析

图 5.39 显示了相电压 Uan、相电流 I（RLa）、开关电流 I（IGBT1）和电源电流 Is 的频谱。在 0~15kHz 之间，图示的频谱曲线同样出现了规律性的谐波群，谐波群的中心频率是载波频率的整数倍。负载相电流 I（RLa）的 50Hz 基频达到 46.37A，谐波含量最少，总畸变率 THD 仅为 2.96%。三个变量 Uan、I（IGBT1）和 Is 都含有稳定的周期性波形，它们有非线性变化的幅值和脉宽，都含有调制频率 50Hz 的基频分量，其中 Is 还含有频率为 300Hz 的周期性波形。Uan、I（IGBT1）和 Is 分别以基频分量、基频分量和直流分量为主，前者的 THD 约为 78.66%，后两者的 THD 超过了 100%。其中，Is 出现了最严重的谐波分量。

与 SPWM 策略的频谱图 5.22 相比，除了负载电流 I（RLa）的标幺化频谱曲线的重合度好外，负载相电压 Uan、开关电流 I（IGBT1）和电源电流 Is 的标幺化频谱曲线的差异性大。一方面，它们的谐波频率不一致，不能互相覆盖；另一方面，各谐波频率处的幅值不同。

随着载波频率的提高，负载相电流的 THD 能够显著降低。相比于 1000Hz 的载波频率，10kHz 载波频率的 I（RLa）可降低 THD 至原来的 25%。但是，Is 的谐波含量依然严重，它的 THD 远远超过了 100%。同样，为了减小 Is 谐波对实际电源的冲击，增加理想电压源的内阻，提高电解电容的滤波作用，平滑电源输出电压。在图 5.40 的 PSIM

模型中，Rs 提高到 20mΩ，开关频率和采样频率增加为 10kHz。图 5.40 和图 5.41 分别显示了相应 PSIM 模型运行在 94.5 ~ 98.5ms 之间 Is、I（Cp1）和 I（Rs）的时域曲线和频谱。

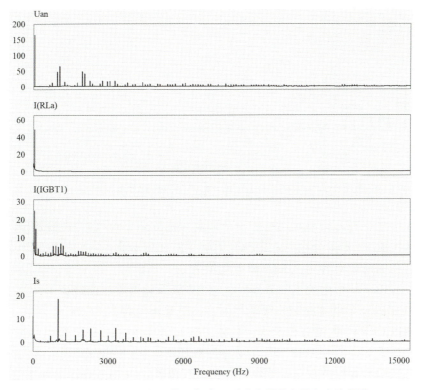

图 5.39　SVPWM 调制的三相电压型逆变器的电压和电流频谱

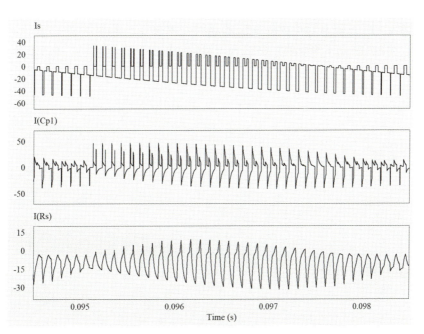

图 5.40　SVPWM 调制的三相电压型逆变器的直流电源和滤波电容的电流曲线

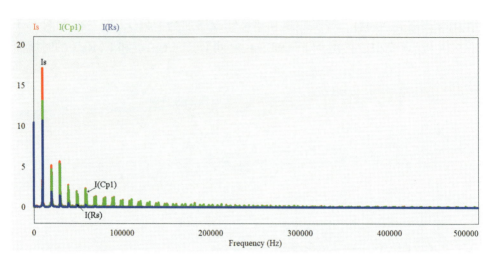

图 5.41 SVPWM 调制的三相电压型逆变器的直流电源和滤波电容的电流频谱

在图 5.40 中，在系统稳定运行的一个调制频率周期 20ms 内，逆变器输入侧电流 Is 和电源内部电流 I（Rs）分别有六个相同的梳子波和鱼形波，它们的均值为负，而与它们同周期变化的电解电容电流 I（Cp1）均值为 0。与图 5.23 的 SPWM 调制的时域信号曲线相比，I（Rs）波形出现了明显差异，SVPWM 策略的相应曲线少了一个小尖谷。虽然图 5.41 所示的三个电流的谐波频率相同，但是电解电容 Cp1 和 Cp2 吸收了 Is 的大部分谐波，使得 I（Rs）的谐波分量快速衰减，在 100kHz 就能将谐波分量降低到 1% 直流分量以下。与图 5.24 的 SPWM 调制的频谱曲线相比，它们的谐波群中心频率同为 10kHz 的整数倍，谐波群频率分布存在差异，没有相互覆盖，I（Rs）谐波分量下降趋势一致。但是，图 5.41 所示的 SVPWM 相应频谱在 10kHz 的幅值与直流分量的比例提高了 42%。

综上所述，SVPWM 比 SPWM 策略调制的三相电压型逆变器输出的负载目标相电压幅值提高 15%，两者调制的负载相电流的总畸变率相当，都小于 3%。其次，开关的通态压降越大，负载相电压的幅值下降越大、对称性越差，而负载相电流没有明显变化。

Chapter 06

第 6 章
单相整流电路

在新能源汽车中,将单相交流电转换为直流电的整流器是车载充电机的核心单元。根据整流器件的类型,整流器可分为不可控、半控和全控三种整流电路,与之相对应的整流技术是二极管整流、相控整流和 PWM 整流。正在发展中的 PWM 整流技术是 V2G (vehicle to grid) 双向充电的交流 / 直流变换技术,能够减少开关电源对电网的谐波污染,提高电能的系统利用效率。

6.1 单相桥式整流电路

桥式电路是常用的不可控整流器电路拓扑,它采用功率二极管对单相或三相交流电进行交流 / 直流变换。

6.1.1 电阻负载单相桥式二极管整流电路

图 6.1 显示了为电阻负载供电的单相桥式整流电路的 PSIM 模型。其中,正弦电源 Vs 的幅值和频率分别为 310V 和 50Hz,50kW 的功率电阻 R1 = 2Ω。仿真控制的步长和时长分别为 10μs 和 100ms,当功率二极管 D1 ~ D4 为采用默认参数的理想二极管模型时,图 6.2 显示了该 PSIM 模型运行的电压和电流曲线。

图 6.2 所示的输入电流 -Is 与电源电压 Us 曲线是同相位的正弦波,电源具有单位功率因数。图示的二极管 D1 的端电压 Ud1 和电流 I(D1) 曲线,在 Ud1 为 0 且电流 I(D1) 大于 0 期间,二极管 D1 和 D4 同时导通,二极管 D2 和 D3 同时截止,对应 Us 的正半周;在 Ud1 小于 0 且 I(D1) 为 0 期间,二极管 D1 和 D4 同时截止,二极管 D2 和 D3 同时导通,对应 Us 的负半周。二极管 D2 ~ D4 具有与 D1 相似的电压与电流波形。图 6.2 所示的负载电阻 R1 的端电压 Ud 和电流 I(R1) 曲线,两者的形状和相位相同,幅值不同,以 100Hz 频率正向脉动。

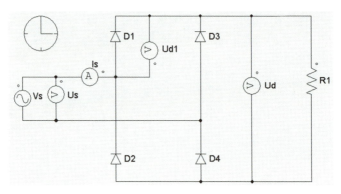

图 6.1 电阻负载单相桥式整流电路 PSIM 模型

该单相桥式整流器输出电压的平均值和有效值分别为 198V 和 220V，负载电阻 R1 的电流的平均值和有效值分别为 99A 和 110A。在 Simview 中，选择 Analysis 菜单中的 Avg 或 RMS 功能可计算相应波形的平均值和有效值。同样，选择 Analysis 中的 Perform FFT 功能，能够提取图 6.2 各变量波形的频谱，如图 6.3 所示。图示的 Us 和 −Is 频谱曲线仅有 50Hz 频率信号，它们的幅值分别为 304V 和 152A。图示的 Ud1 和 I（D1）频谱曲线含有直流分量、50Hz 基频分量和基频的偶次谐波，谐波分量随着频率升高而单调快速衰减。在 500Hz，它们的谐波分量已经接近 1% 基频分量。图 6.3 所示的负载电阻 R1 的电压 Ud 和电流 I（R1）含有直流量和 100Hz 基频分量，它们的谐波频率为 50Hz 的偶数倍。它们的直流分量分别为 197V 和 99A，在 500Hz 的谐波分量小于 1% 直流分量。

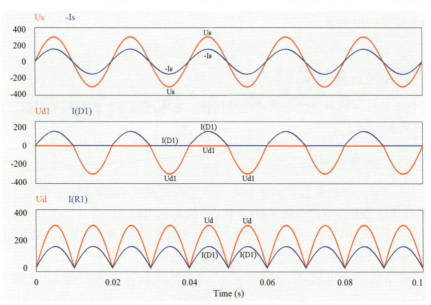

图 6.2 电阻负载单相桥式整流电路波形

6.1.2 容性负载单相桥式二极管整流电路

图 6.4 为电阻和电容并联供电的单相桥式整流电路的 PSIM 模型。其中，电解电容 Cp1 =3300μF，其他参数与图 6.1 设置相同，图 6.5 显示该 PSIM 模型运行的电压和电

流曲线。图示的输入电流 Is 的波形畸变严重，顺序单击菜单 Simview → Analysis → PF（power factor）计算的电压源 Vs 功率因数约为 −0.7，原因在于 Is 的基频电流的相位超前正弦电源电压 Us。该交变电流 Is 具有对称性和周期性，稳态周期为 20ms，在每个周期内出现了持续为 0 的区间，使得二极管 D1 与 D2、D3 与 D4 在自然换相点没有发生换流。

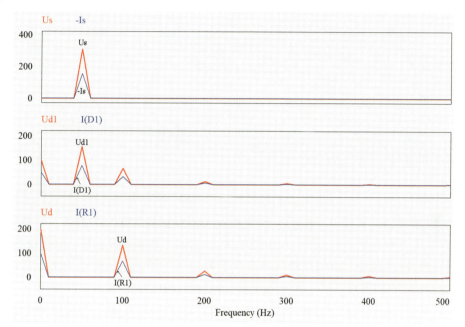

图 6.3　电阻负载单相桥式整流电路变量频谱

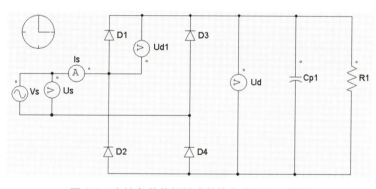

图 6.4　容性负载单相桥式整流电路 PSIM 模型

图 6.5 给出了二极管 D1 的端电压 Ud1 和电流 I（D1）曲线的波形畸变，二极管 D1 和 D4 导通的时间小于 Us 的正半周时间，原因在于该整流器的输出电压 Ud 的瞬时值能够大于电源电压 Us。电流 I（D1）的波形是类似一个 90°~180° 和 170°~360° 之间的正弦波曲线，具有周期性和对称性。图示的容性负载电压 Ud 和电流 I（R1）曲线比图 6.2 对应的波形更平滑，原因在于电容 Cp1 有交替的充电和放电过程，抑制其端电压的快速变化。电容 Cp1 的电流方向指示了电容充放电行为，I（Cp1）> 0 表示电容充电，I（Cp1）< 0 表示电容放电；充电电流有瞬变的尖峰，而放电电流的变化相对平缓。

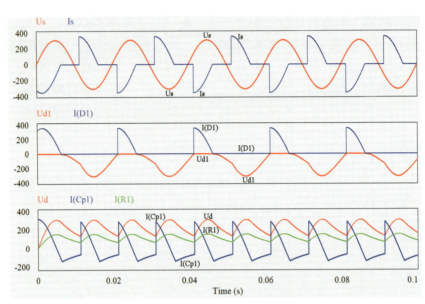

图 6.5 容性负载单相桥式整流电路波形

该单相桥式整流器输出电压的平均值和有效值分别为 229V 和 236V，负载电阻 R1 的电流的平均值和有效值分别为 114A 和 118A，它们比相应图 6.2 的平均值和有效值更大。除了初始过程以外，该整流器及其容性负载的电压和电流具有周期性。图 6.6 显示了在 0～500Hz 的整流电压 Ud 和电容电流 I（Cp1）的频谱曲线，负载电流 I（R1）与 Ud 有频率相同、幅值比例关系的频谱曲线。与图 6.3 的区别在于，电流 Is 和 I（D1）的频谱出现了 50Hz 基频奇数倍的谐波，负载电压 Ud 的直流分量上升了 16%，达到 229A。而且，由于电容 Cp1 的谐波分量吸收作用，整流电压 Ud 在 500Hz 的谐波分量小于其 5‰ 直流分量。

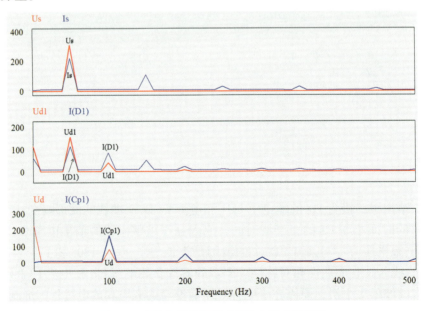

图 6.6 容性负载单相桥式整流电路变量频谱

6.1.3 感性负载单相桥式二极管整流电路

图 6.7 为感性负载供电的单相桥式整流电路的 PSIM 模型。其中，L1 = 10mH，其他参数与图 6.1 设置相同，图 6.8 显示该 PSIM 模型运行的电压和电流曲线。图示的电源电流 Is 是一种具有类似方波的严重畸变波形，电压源 Vs 的功率因数为 0.93，原因是 Is 的基波电流的相位滞后于电源电压 Us。Is 具有对称性和周期性，稳态周期为 20ms。图 6.8 给出了二极管 D1 的端电压 Ud1 和电流 I（D1）曲线的波形畸变，D1 导通的时间等于 Us 的正半周时间。

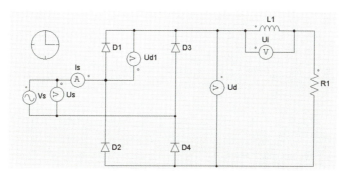

图 6.7　感性负载单相桥式整流电路 PSIM 模型

图 6.8 所示的感性负载的电压 Ud、电感电压 Ui 和负载电流 I（R1）曲线，相比于图 6.2 的对应波形，I（R1）更加平滑，原因在于电感 L1 有交替的充磁和放磁过程，抑制其电流的快速变化。Ui 指示了电感 L1 的充放磁行为，Ui > 0 表示电感充磁，Ui < 0 表示电感放磁。在图 6.8 中，该单相桥式整流器输出电压的平均值和有效值分别为 197V 和 219V，负载电阻 R1 的电流的平均值和有效值分别为 97A 和 101A，与图 6.2 的对应波形比较，它们有相当的整流电压 Ud，而负载电流 I（R1）的有效值减小了 8.2%。

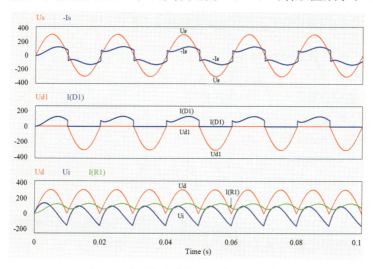

图 6.8　感性负载单相桥式整流电路波形

图 6.9 显示了图 6.8 各波形在 0 ~ 500Hz 的频谱曲线。二极管 D1 的端电压 Ud1 和电流 I（D1）的基波均为 50Hz，都含有直流分量。但是，两者的谐波频率点不重合，Ud1

含有偶次谐波，而 I（D1）除包含 100Hz 和 200Hz 谐波之外，以奇次谐波为主。与图 6.3 的区别在于，电流 Is 和 I（D1）的频谱出现了 50Hz 基频奇数倍的谐波，负载电流 I（R1）的直流分量略有下降，约为 93A。而且，由于电感 L1 的谐波分量吸收作用，负载电流 I（R1）在 500Hz 后的谐波分量小于其 5‰ 直流分量。

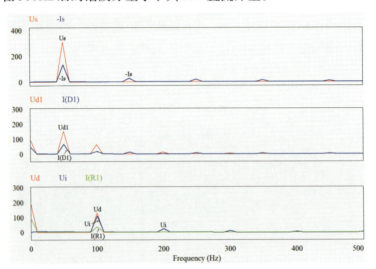

图 6.9　感性负载单相桥式整流电路变量频谱

6.2　相控整流电路

依靠晶闸管承受正向电压且有触发脉冲的开通可控特性和单向导电性，控制晶闸管脉冲施加时刻的触发延迟角，实现整流电压的控制。

6.2.1　电阻负载单相桥式晶闸管半控整流电路

图 6.10 为电阻负载供电的单相桥式半控相控整流电路的 PSIM 模型，除了晶闸管 S1 和 S2 以外，其他模块参数与图 6.1 设置相同。S1、S2 选用默认参数，门控模块 G1 和 G2 的频率和点数分别为 50Hz 和 2，G1 的触发相位为 30° 和 180°，G2 的触发相位为 210° 和 360°。图 6.11 显示该 PSIM 模型运行的曲线。

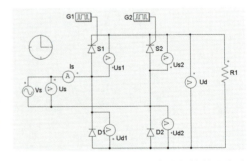

图 6.10　电阻负载单相桥式半控相控整流电路的 PSIM 模型

在电源电压 Us 的每一个周期，当 Us 的相位处于 0°～30° 和 180°～210° 时，Ug1 和 Ug2 为低电平，所有器件都处于截止状态；当 Us 的相位处于 30°～180°，Ug1 为高电平、Ug2 为低电平，晶闸管 S1 和二极管 D2 处于导通状态，开关 S2 和二极管 D1 处于截止状态；电源电压 Us 相位处于 210°～360°，Ug1 为低电平、Ug2 为高电平，开关 S2 和二极管 D1 处于导通状态，开关 S1 和二极管 D2 处于截止状态。

由于晶闸管 S1 和 S2 的触发延迟角为 30°，因此在每个周期的 0°～30° 和 180°～

210°，电源电流 Is 为 0；在一个周期的其余 300° 内，开关 S1 和 S2 各导通 150°，开关 S1 和 S2 流过电流，Is 不等于 0。Us 是正弦波，而 Is 是非正弦波。在 0°~30° 期间，开关 S1 的端电压 Us1 为电源电压，二极管 D1 的端电压 Ud1 为负电源电压，它们分别在 30°~150° 和 210°~360° 导通，分别流过电流 I（S1）和 I（D1）。负载电阻 R1 的电压 Ud 和电流 I（R1）的波形是形状相似的非正弦波，周期为 10ms。相比于图 6.2 的对应曲线，Ud 和 I（R1）的平均值和有效值都减小了，分别为 184V 和 92A，它们是开关 S1 和 S2 触发延迟角的函数。

图 6.12 显示了图 6.11 的各电压和电流波形的频谱曲线。相比于图 6.3 的不可控整流电路的电压和电流波形的频谱曲线，电源电流 Is 出现了 50Hz 基频的奇次谐波，晶闸管 S1 的端电压 Us1 和二极管 D1 的端电压 Ud1 都包含 50Hz 基频的偶次谐波，而开关 S1 的电流 I（S1）和 D1 的电流 I（D1）都包含了 50Hz 基频的整数倍谐波。然而，负载电压 Ud 和电流 I（R1）的频谱曲线的基波和谐波频率都没有发生变化，它们的直流分量分别为 184V 和 76A，在 500Hz 的谐波分量小于 5% 直流分量。

因此，相比于电阻负载的单相桥式不可控整流电路，电阻负载的半控相控整流电路的电压和电流含有更丰富的谐波。比如，电源电流包含了更多谐波，虽然负载电压和电流的谐波频率相同，但是它们的谐波幅值衰减更慢。

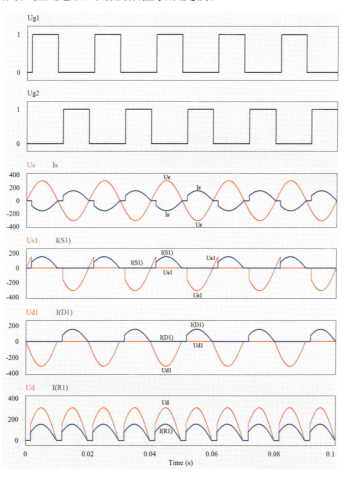

图 6.11 电阻负载单相桥式半控相控整流电路波形

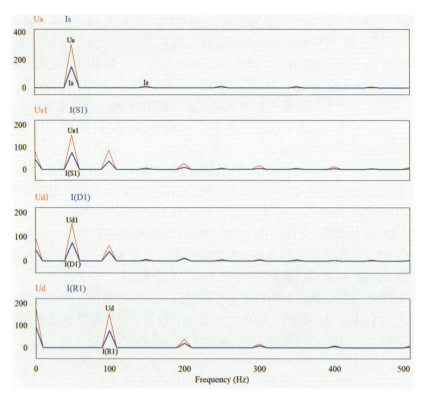

图 6.12 电阻负载单相桥式半控相控整流电路电压和电流的频谱曲线

6.2.2 容性负载单相桥式晶闸管半控整流电路

图 6.13 显示了为并联的电容和电阻供电的单相桥式半控相控整流电路的 PSIM 模型,除了晶闸管 S1 和 S2 以外,其他模块参数与图 6.4 设置相同。开关 S1、S2 及其门控模块 G1、G2 的参数设置与图 6.10 相同。图 6.14 显示该 PSIM 模型运行的电压和电流曲线。

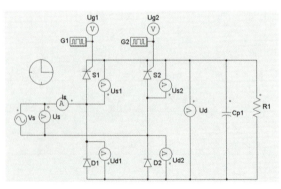

图 6.13 容性负载单相桥式半控相控整流电路的 PSIM 模型

从图 6.14 所示电源电压 Us 的第二个周期开始,电源电压 Us 的相位处于 0°～30°、115.5°～180°、180°～210° 和 295.5°～360°,所有器件都处于截止状态。尽管 Ug1 和 Ug2 分别在 115.5°～180° 和 295.5°～360° 处于高电平,但是由于负载电压 Ud 大于 Us,且晶闸管电流为 0,因此晶闸管截止。Us 的相位处于 30°～115.5°,Ug1 为高电平、Ug2

为低电平，开关 S1 和二极管 D2 处于导通状态，开关 S2 和二极管 D1 处于截止状态；Us 的相位处于 210°～295.5°，Ug1 为低电平、Ug2 为高电平，开关 S2 和二极管 D1 处于导通状态，开关 S1 和二极管 D2 处于截止状态。

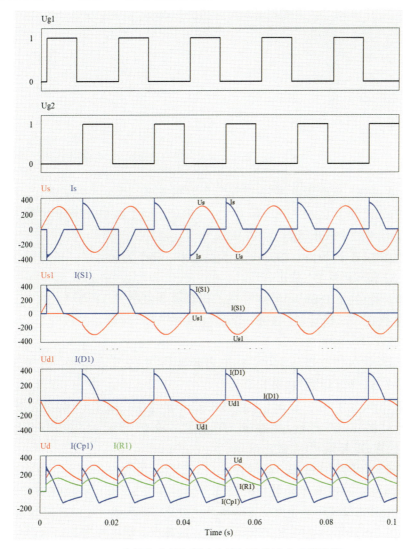

图 6.14　容性负载单相桥式半控相控整流电路的波形

相比于图 6.11 的对应波形，晶闸管 S1 和 S2 的导通角减小了 64.5°，原因是电解电容 Cp1 使得整流器输出电压更加平滑，波动更小，整流电压 Ud 大于电源电压 Us 的持续时间更长。Ud 突变引起了电容 Cp1 的脉冲电流，反映为图 6.14 的各个器件电流曲线的尖刺。因此，单相桥式半控晶闸管整流器的输出端不宜直接并联电容器，否则会造成电路的冲击电流，影响元件工作的可靠性。

6.2.3　感性负载单相桥式晶闸管半控整流电路

图 6.15 显示了为感性负载供电的单相桥式半控相控整流电路的 PSIM 模型，除了电感 L1 = 1mH 以外，其他模块参数与图 6.13 设置相同。图 6.16 显示了该 PSIM 模型运行

的电压和电流曲线。

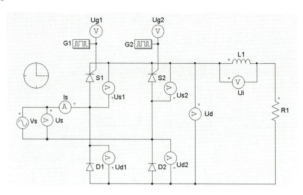

图 6.15　感性负载单相桥式半控相控整流电路的 PSIM 模型

由图 6.16 可知，从电源电压 Us 的第二个周期开始，图 6.15 的电路有五种行为：

1）Us 的相位处于 15.5°~30° 和 195.5°~210°，Ug1 和 Ug2 为低电平，且器件电流为 0，所有器件都处于截止状态。

2）Us 的相位处于 30°~180°，Ug1 为高电平、Ug2 为低电平，开关 S1 和二极管 D2 导通，开关 S2 和二极管 D1 截止。

3）Us 的相位处于 180°~195.5°，Ug1 和 Ug2 为低电平，由于 I（S1）大于 0，开关 S1 导通、S2 截止，二极管 D1 导通、D2 截止；在 180° 时刻，二极管 D1 与 D2 发生了换流，使二极管 D1 导通、D2 截止。

4）Us 的相位处于 210°~360°，Ug1 为低电平、Ug2 为高电平，开关 S2 和二极管 D1 导通，开关 S1 和二极管 D2 截止。

5）Us 的相位处于 0°~15.5°，Ug1 和 Ug2 为低电平，由于 I（S2）大于 0，开关 S2 导通、开关 S1 截止，二极管 D2 导通、D1 截止；在 0° 时刻，二极管 D2 与 D1 发生了换流，使二极管 D2 导通、D1 截止。

相比于图 6.11 的对应波形，晶闸管 S1 和 S2 导通角增加了 15.5°，原因是电感 L1 电流连续性和晶闸管零电流才能截止的特性，使得开关 S1 和 S2 分别在 180°~195.5° 和 0°~15.5° 期间具有续流作用而保持导通状态。对于感性负载，电源电流 Is 和各器件电流如 I（S1）、I（D1）和 I（R1）没有发生突变，均具有光滑连续变化的趋势，这是由于电感电压 Ui 能够发生突变的原因。

由于电感 L1 较小，它所存储的能量不足以满足晶闸管未触发导通期间负载电阻消耗的能量，因此感性负载的电流出现了持续为 0 的断流状态。

当电感 L1 的电感量增大时，负载电流能够出现连续的情况。图 6.17 显示了 L1 为 10mH 的 PSIM 模型图 6.15 运行的结果。图示的负载电流 I（R1）保持了连续，各器件的工作情况与图 6.16 有所不同。从电源电压 Us 的第二个周期开始，电路存在下列四种行为：

1）Us 的相位处于 30°~180°，Ug1 为高电平、Ug2 为低电平，开关 S1 和二极管 D2 导通，开关 S2 和二极管 D1 截止。

2）Us 的相位处于 180°~210°，Ug1、Ug2 为低电平，因 I（S1）大于 0，开关 S1 导通、S2 截止，二极管 D1 导通、D2 截止；在 180° 时刻，二极管 D1 与 D2 发生了换流，使二极管 D1 导通、D2 截止；在 210° 时刻，开关 S2 与 S1 发生了换流，使开关 S2 导通、S1 截止。

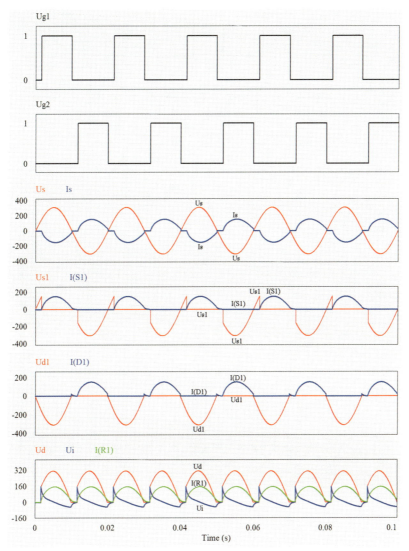

图 6.16　L1 为 1mH 的感性负载单相桥式半控相控整流电路的波形

3）Us 的相位处于 210°～360°，Ug1 为低电平，Ug2 为高电平，开关 S2 导通、S1 截止，二极管 D1 导通、D2 截止；在 360° 时刻，二极管 D1 与 D2 发生了换流，使二极管 D1 导通、D2 截止。

4）Us 的相位处于 0°～30°，Ug1、Ug2 为低电平，因 I（S2）大于 0，开关 S2 导通、S1 截止，二极管 D2 导通、D1 截止；在 0° 时刻，二极管 D2 与 D1 发生了换流，使二极管 D2 导通、D1 截止。在 30° 时刻，开关 S1 与 S2 发生了换流，使二极管 D1 导通、D2 截止。

换而言之，对于感性负载的单相桥式半控相控整流器，如果负载电流连续，那么在自然换相时刻，电源电压的变相导致二极管换流；在晶闸管触发时刻，触发脉冲和正向电压导致晶闸管换流。感性负载的电流是否能够保持连续，取决于负载电感值、负载电阻值和触发延迟角。

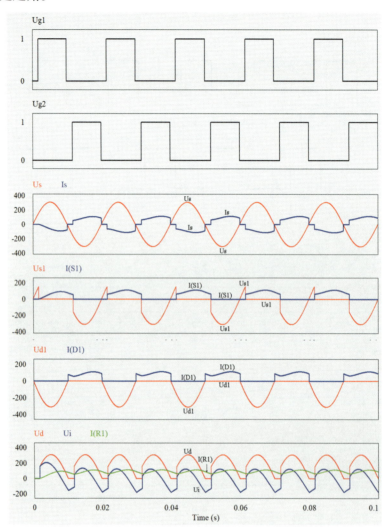

图 6.17　L1 为 10mH 的感性负载单相桥式半控相控整流电路的波形

6.2.4　蓄电池负载单相桥式晶闸管半控整流电路

图 6.18 显示了蓄电池负载单相桥式晶闸管半控相控整流电路的 PSIM 模型，采用电解电容 Cp1 与电阻 R1 形成串联电路模拟蓄电池，电感 L1 表示充电电流滤波器，L1 = 10mH，R1 = 2Ω，Cp1 = 10mF，它的元件参数与图 6.15 设置相同。图 6.19 显示了该 PSIM 模型运行的电压和电流曲线。

相比于图 6.17 的对应波形，图 6.19 的各变量波形表现为非周期性对称变化，负载电流 I（R1）由连续状态变为间断状态。每个周期的充电电流 I（R1）的峰值和平均值越来越小，电容 Cp1 的端电压 Uc 越来越大。当 Uc 达到电源电压 Us 的峰值电压时，电流 I（R1）为 0。此时，蓄电池充满。

在电源电压 Us 的第一个周期的 180°~210°，电流 I（R1）大于 0，二极管 D1 与 D2

在 180°时刻换流，晶闸管 S2 与 S1 在 210°时刻换流。在 Us 的第二周期的 0°~30°，电流 I（R1）快速衰减为 0，二极管 D2 与 D1 在 0°时刻换流，开关 S1 在 30°时刻触发导通，二极管 D2 再次导通，开关 S2 和二极管 D1 保持截止。在 Us 的第二周期的 180°~210°，电流 I（R1）几乎持续为 0，所有开关都截止，开关 S2 在 210°时刻触发导通，二极管 D1 再次导通。在 Us 的第三周期之后的 Ug1 和 Ug2 同为低电平区间，电流 I（R1）持续为 0；而且，随着电压 Uc 随着时间升高，开关 S1 和 S2 的导通时间越来越短，电流 I（R1）在门极触发信号 Ug1 或 Ug2 高电平区间将提前下降为 0。

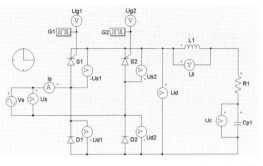

图 6.18 蓄电池负载单相桥式半控相控整流电路的 PSIM 模型

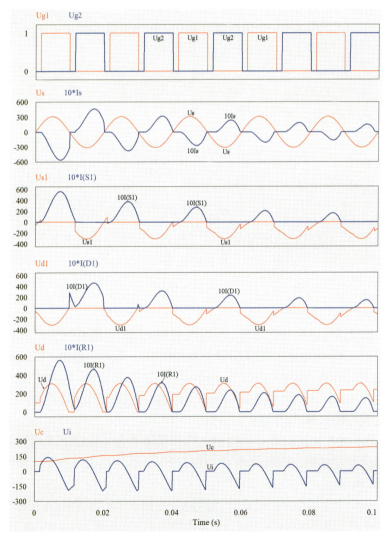

图 6.19 蓄电池负载单相桥式半控相控整流电路波形

6.3 单相 PWM 整流电路

针对二极管和晶闸管整流电路存在的功率因数低和交流电流畸变两大问题,提出 PWM 整流技术消除这两个严重问题。PWM 整流电路采用全控型功率半导体器件,具有正弦电流、单位功率因数、能量双向流动和可调整流直流电压等特性。PWM 整流技术将促进新能源汽车与电网(V2G)互联,使新能源汽车成为分布式移动储能单元。根据直流储能形式的不同,PWM 整流器分为电压型和电流型。下面以常用的单相电压型 PWM 整流器为例介绍 PWM 整流器的工作原理。

6.3.1 PWM 整流器的基本原理

图 6.20 显示了单相电压型 PWM 整流器的电路组成和结构,它包括网侧电感 L、功率半导体开关电路拓扑、负载和控制系统,功率半导体开关电路将网侧交流回路和整流输出侧直流回路互联。一方面,功率半导体开关电路的输入和输出功率相近,控制交流侧的电压和电流,即可控制其直流侧的负载电压和电流。另一方面,PWM 整流器的最大优势是能够实现单位功率因数,因此整流器交流侧电流是理想而又直接的控制目标。

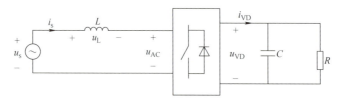

图 6.20 单相电压型 PWM 整流器电路结构

整流器交流侧回路的电压相量方程为

$$U_{AC} = U_s - U_L \quad (6.1)$$

式中,U_s、U_L 和 U_{AC} 分别表示网侧交流电压相量、网侧电感电压相量和交流侧电压相量。网侧电感的电流滞后其电压 90°,其表达式为

$$U_L = j\omega L I_s \quad (6.2)$$

式中,I_s 表示网侧交流电流相量。

如果以网侧交流电压相量为参考,并假设网侧电流相量幅值恒定,则在稳态条件下,式(6.1)和式(6.2)的电压、电流相量关系如图 6.21 所示。图中,整流器交流侧电流相量 U_{AC} 端点在以 P 点为圆心、$|U_L|$ 为半径的圆形轨迹上运动,网侧电流相量 I_s 以坐标轴原点 O 四象限运行。PWM 整流器所形成的整流、有源逆变和临界的三种工作模式,由网侧交流电压相量 U_s 和电流相量 I_s 的相位关系决定。

1)单位功率因数整流模式:当网侧电流相量 I_s 在 x 坐标轴上正向运行时,网侧交流电压和电流的相位相同,即相位差 $\phi = 0°$,PWM 整流器工作在单位功率因数整流模式,如图 6.21a 所示。

2)单位功率因数有源逆变模式:当网侧电流相量 I_s 在 x 坐标轴上负向运行时,网侧交流电压和电流的相位差 $\phi = 180°$,PWM 整流器工作在单位功率因数有源逆变模式,如图 6.21e 所示。

3)整流模式:当网侧电流相量 I_s 在第Ⅰ象限和第Ⅳ象限运行时,交流电压与交流电流的相位差 $|\phi| < 90°$,PWM 整流器工作在整流模式,如图 6.21b、h 所示。

4)有源逆变模式:当网侧电流相量 I_s 在第Ⅱ和第Ⅲ象限运行时,交流电压与交流电流的相位差 $90° < |\phi| < 180°$,PWM 整流器工作在有源逆变模式,如图 6.21d、f 所示。

5)临界模式:当网侧电流相量 I_s 在 y 坐标轴上运行时,交流电压与交流电流的相位差 $|\phi| = 90°$,PWM 整流器处于临界模式,电网与负载进行无功功率能量交互,如图 6.21c、g 所示。

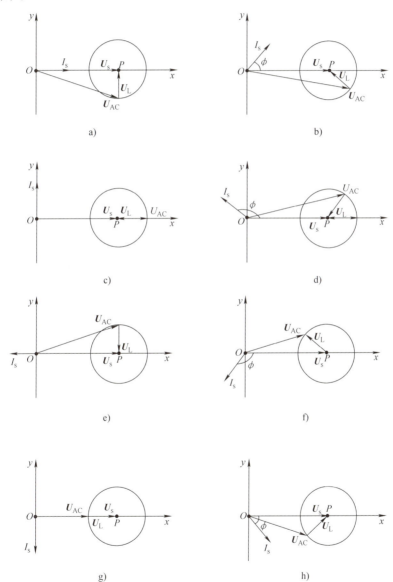

图 6.21 PWM 整流器模型电路交流回路的电压、电流相量关系
a)整流模式纯电阻负载运行　b)整流模式容性负载运行　c)临界模式纯电容负载运行
d)逆变模式容性负载运行　e)逆变模式纯电阻负载运行　f)逆变模式感性负载运行
g)临界模式纯电感负载运行　h)整流模式感性负载运行

6.3.2 单相电压型 PWM 整流电路 PSIM 模型

图 6.22 显示了单相电压型 PWM 整流电路的 PSIM 模型,由 H 桥电路、网侧电路、负载电路、锁相环、控制环和 PWM 发生器六个部分组成。其中,H 桥电路、网侧电路和负载电路与图 6.20 的电路相似,下面介绍其余三个模块的功能。

1. 锁相环模块

图 6.23 显示了锁相环模块的 PSIM 模型,它由正弦乘法鉴相器、二阶低通滤波器和比例积分加法器组成,使输出信号 Y1 与输入信号 X1 的频率和相位趋于一致。锁相环模块的输入为交流电压信号 Ugrid,输出为输入信号的同步信号 Usync。

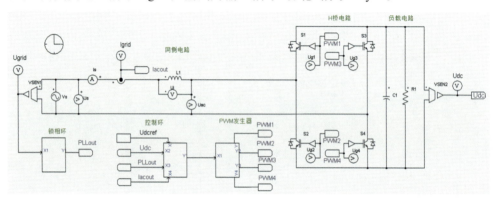

图 6.22 单相电压型 PWM 整流电路 PSIM 模型

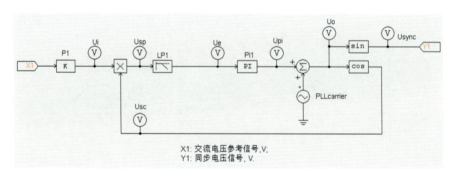

图 6.23 锁相环模块 PSIM 模型

正弦乘法鉴相器是一种常用的鉴相器,通过两个正弦信号的乘积分解为一个频率和信号和一个频率差信号。

$$x_p = U_1 \sin(\omega_1 t + \phi_1) \tag{6.3}$$

$$y_p = U_2 \cos(\omega_2 t + \phi_2) \tag{6.4}$$

式中,x_p 和 y_p 分别为锁相环的输入和输出信号。将式(6.3)和式(6.4)相乘,并运用三角公式计算,得

$$x_p y_p = \frac{U_1 U_2}{2}\{\sin[(\omega_1 + \omega_2)t + (\phi_1 + \phi_2)] + \sin[(\omega_1 - \omega_2)t + (\phi_1 - \phi_2)]\} \tag{6.5}$$

低通滤波器 LP1 模块能够将式(6.5)的和频率信号过滤,输出差频率信号。LP1 是

一个二阶低通滤波器，一般选用单位增益、最佳阻尼比和不大于 50% 输入信号频率为截止频率。

$$y_f = \frac{U_1 U_2}{2}\sin\left[(\omega_1-\omega_2)t+(\phi_1-\phi_2)\right] \quad (6.6)$$

式中，y_f 为低通滤波器 LP1 的输出信号。当 ω_2 和 ϕ_2 分别逼近 ω_1 和 ϕ_1 时，式（6.6）可简化为

$$y_f \approx \frac{U_1 U_2}{2}(\phi_1-\phi_2) \quad (6.7)$$

通过一个比例积分调节器（PI1），输出一个 ϕ_2，与零初始相位的交流电压同频率信号相位求和生成锁相环的跟踪相位。而后，跟踪相位的余弦信号与输入信号相乘产生一个相位差，跟踪相位的正弦信号则为锁相环输出的同步信号。实际上，锁相环是一个相位跟踪的负反馈系统。

2. 控制模块

图 6.24 显示了控制模块的 PSIM 模型，它由采用了 PI 调节器的电压外环和电流内环组成。控制模块的输入为整流器输出侧的目标直流电压 Udcref，输出为 PWM 调制信号 Upwm。电压外环的负反馈为整流器输出直流电压测量值 Udcfbk，相应的电压误差由电压环调节产生 Igridref0，与锁相环模块的同步信号 Usync 相乘后，形成目标交流电流 Igridref。电流内环的负反馈是交流电流的测量值 Igrid（见图 6.22），相应的电流误差由电流环调节产生 PWM 调制信号。PWM 调制信号经过一个饱和限制器和负单位增益，输出目标调制信号 Upwm。

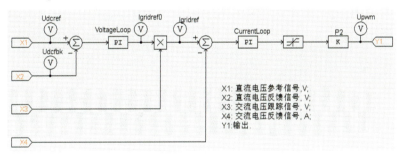

图 6.24　控制模块 PSIM 模型

3. PWM 生成模块

图 6.25 显示了 PWM 生成模块的 PSIM 模型，它是一个单极性 SPWM 发生器，与单相电压型逆变电路的单极性 SPWM 调制器相同。采用了一个调制信号、两个比较器和两个相位差 180° 的等腰三角载波，输出为 H 桥四个全控型开关的触发信号 PWM1 ~ PWM4，它们分别与开关 S1 ~ S4 一一对应。

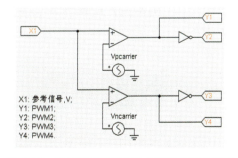

图 6.25　单极性 SPWM 生成模块 PSIM 模型

6.3.3 性能仿真

在图 6.22 所示的主电路中，电源 Vs 的有效值为 220V，初始相位为 30°。L1 = 1mH，C1 = 9000μF，C1 的初始电压为 300V，R1 = 40Ω，开关 S1 ~ S4 为参数默认设置的 IGBT，仿真控制的步长和时长分别为 1μs 和 0.5s。在图 6.23 所示的锁相环模块中，比例模块 P1 的增益为 1/（220×1.414），二阶低通滤波器 LP1 的增益、阻尼比和截止频率分别设置为 1、0.707 和 20Hz，PI 调节器 PI1 的比例系数和积分系数分别为 10 和 0.001，PLLcarrier 载波的幅值、频率和占空比分别为 360、50 和 1。

在图 6.24 所示的控制模块中，整流输出参考电压 Udcref = 400V，电压环 PI 调节器的比例系数和积分系数分别为 0.5 和 0.05，电流环 PI 调节器的比例系数和积分系数分别为 0.05 和 0.1，饱和限制器的上限和下限分别为 1 和 -1，模块 P2 增益为 -1。在图 6.25 所示的 PWM 发生模块中，Vpcarrier 和 Vncarrier 的幅值、频率和偏置分别设置为 2、10kHz 和 1，它们的相位分别为 0° 和 180°。图 6.26 显示了该单相电压型 PWM 整流器 PSIM 模型运行的电压和电流曲线。

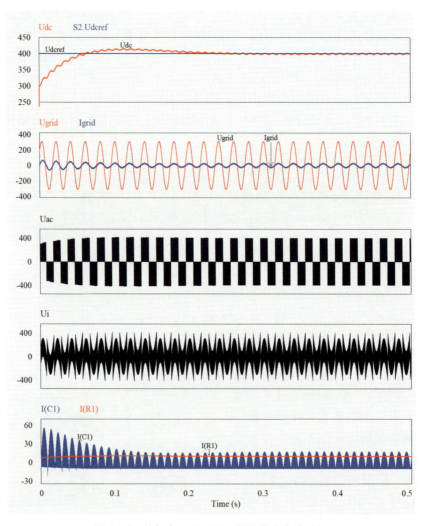

图 6.26 单相电压型 PWM 整流器主电路波形

在整流侧直流电压参考信号 Udcref 作用下，图 6.26 所示的电压源电流 Igrid 跟踪电源 Ugrid 的相位，电流 Igrid 在 50ms 后就能够很好地与电网电压 Ugrid 同步。整流侧电压 Udc 从初始值 300V 逐渐上升至目标电压 400V。其中，Udc 的超调量为 3.75%，调节时间为 0.2s（Δ = 2%），稳态误差为 4.25‰。交流电源的功率因数为 0.997，交流电流 THD 为 6.62%。当系统进入周期稳态时，Udc 叠加了幅值 1.72V 和频率 100Hz 的纹波，这源于锁相环模块的正弦模拟乘法器输出交流电压信号频率二倍频 100Hz 的交流信号。

整流器交流侧的电压 Uac 是一种单极性的电压脉冲序列波，幅值为整流电压 Udc。电感 L1 的端电压 Ui 呈现为一种鞍头形波形，在电网电压 Ugrid 的正半周，电感电压 Ui 的"鞍头"朝上；在 Ugrid 的负半周，Ui 的"鞍头"朝下。当整流电压 Udc 达到稳态时，网侧交流电压 Uac 和电感电压 Ui 表现为具有周期性和对称性的波形，它们的周期为 20ms。对于整流器直流侧的电容电流 I（C1），当整流电压 Udc 达到稳态时，电流 I（C1）是一种周期为 10ms 的正弦半波脉冲序列波。

当交流侧电感 L1 增加时，交流电源的功率因数会增大，而交流电流的 THD 会减小。比如，仅提高 L1 至 3mH，交流电源的功率因数超过了 0.999，而交流电流的 THD 下降到了 2.77%。然而，随着电感 L1 的增加，整流器输出侧电压 Udc 的纹波幅值几乎不发生变化。当直流侧负载电阻 R1 减小时，交流电压的功率因数会增大，交流电流的 THD 会减小，直流电压 Udc 纹波幅值增加。比如，仅提高 R1 至 4Ω，交流电流增加了 10 倍，交流电源的功率因数超过了 0.999，而交流电流的 THD 下降到了 1.90%，Udc 的 100Hz 纹波电压幅值超过了 17V。当电容 C1 从 4500μF 增加到 18000μF，整流电压 Udc 的调节时间从 0.05s 缩短至 0.02s，功率因数变化微小，从 0.996 缓慢提升到 0.997；而网侧电流 Igrid 呈现为 THD 减小趋势，从 7.33% 下降到 6.43%。

因此，图 6.26 所示的单相电压型 PWM 整流器模型的交流电源功率因数和交流电流的 THD 受到交流侧电感、负载大小和滤波电容的影响，交流电源的性能会随着电感、滤波电容和负载增大而提高。而整流器输出侧的直流电压含有二倍频交流纹波，其波动幅度随着负载增大而增大，随着滤波电容增加而减小。

Chapter 07

第 7 章
纯电动汽车电力电子系统仿真

新能源汽车包括纯电动汽车、燃料电池汽车以及插电式混合动力汽车，它们的电力电子系统技术各有特色。然而，纯电动汽车的三相交流电机驱动系统和低压电气系统蕴含汽车电驱动系统的共性技术。由于车载充电系统与电机驱动系统的功能互斥，因此，本章以锂离子电池供电的三相交流永磁同步电机驱动系统和高低压 DC-DC 变换器为主阐述纯电动汽车电力电子系统的基本组成、工作原理、控制方法和仿真模型。

7.1 系统仿真模型

这里不考虑与电池管理系统、空气调节系统、动力转向系统、灯光系统以及门窗刮水系统等相关的电力电子系统的动态过程，将它们抽象为汽车低压电气系统的阻性负载，以电机驱动系统和低压电气系统 DC-DC 变换器为核心介绍纯电动汽车的电力电子系统模型。

7.1.1 系统组成

图 7.1 显示了纯电动汽车电力电子系统的 PSIM 模型，它主要由整车模型、动力电池组模型、高压直流母线、电机驱动系统模型和低压电气模型组成。锂离子动力电池组为低压电气系统提供电能，它由手动开关连接高压直流母线，依靠预充电控制和过电压控制为电机驱动系统提供一个可靠而稳定的电压源。

电机驱动系统的负载由整车模型提供，并接收踏板输入信号的转矩命令 Vtrq_cmd 和巡航转速命令 Vspd_cmd。这两个命令分别通过限制器 LIM1 和 LIM2 的界限约束，LIM1 的上下限值分别为 1 和 0，LIM2 的上下限值分别为最高车速 V_spd_max 和 0。为了在预充电控制完成后起动车辆行驶，采用一个阶跃输入信号 VSTEP1 延迟踏板信号，其幅值和延迟时间分别为 1V 和 0.1s，该延迟时间可根据主电容 Cp 的充电时间需求进行调整。

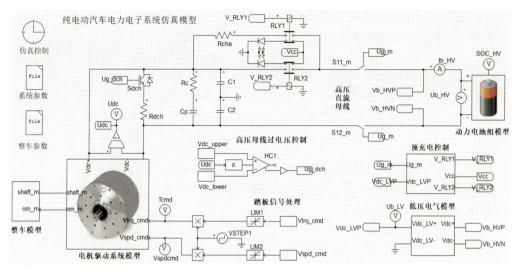

图 7.1 纯电动汽车电力电子系统 PSIM 模型

系统参数文件主要用来设置动力电池组、驱动电机和直流母线的模型参数，顺序单击菜单 Elements → Other → Parameter File，在 PSIM 模型界面可生成一个文件图标"File"。单击该文件图标即可打开编辑窗口，输入文件名称"name"，比如 Traction；另存为一个 ANSI 文本格式的参数文件，能够创建一个新文件，比如 parameters-traction.txt。参数文件能够对系统模型仿真的变量进行参数化编程，类似于 C 语言的函数变量，参数文件变量仅从属于该级模块的模型，单击 Help 可阅读相关的编程规范。

系统设置了三个数据采样频率 fsw_m、fsam_m 和 fsam_w_m，它们在系统参数文件中定义和给定。fsw_m 为功率半导体的开关频率，fsam_m 主要为电气系统的数据采样频率，fsam_w_m 主要为机械系统的数据采样频率，且它们之间具有正整数倍的数量关系，fsam_w_m ≤ fsam_m ≤ fsw_m。

7.1.2 整车模型

图 7.2 显示了整车 PSIM 模型，它模拟了汽车行驶的总体阻力和驱动电机的负载转矩，汽车的行驶阻力包括滚动阻力、迎风阻力、坡道阻力和加速阻力，它可表达为

$$F_v = F_f + F_w + F_j + F_a \tag{7.1}$$

式中，F_v 表示汽车行驶的总阻力（N）；F_f 表示汽车行驶的滚动阻力（N）；F_w 表示汽车行驶的迎风阻力（N）；F_j 表示汽车行驶的坡道阻力（N）；F_a 表示汽车行驶的加速阻力（N）。

$$F_f = f_v m_v g \cos\alpha_g \tag{7.2}$$

式中，f_v 表示汽车行驶的滚动阻力系数；m_v 表示汽车总质量（kg）；g 表示重力加速度（m·s^{-2}）；α_g 表示汽车行驶的道路坡度。

$$F_w = \frac{1}{2}\rho_a C_D A_v v_r^2 \tag{7.3}$$

式中，ρ_a 表示空气密度，1 个标准大气压 20℃的 ρ_a 为 1.205 kg·m^{-2}；C_D 表示汽车迎风阻力系数；A_v 表示汽车迎风面积（m^2）；v_r 表示汽车与迎风的相对车速（m·s^{-1}）。

$$F_j = m_v g \sin \alpha_g \qquad (7.4)$$

式中，F_j 表示汽车行驶的坡道阻力（N）；当汽车上坡前行时，$F_j > 0$；当汽车下坡前行时，$F_j < 0$；当汽车在水平路面行驶时，$F_j = 0$。

$$F_a = \delta_v m_v a_v \qquad (7.5)$$

式中，δ_v 表示汽车旋转质量转换系数；a_v 表示汽车行驶的加速度（m·s^{-2}）。

驱动电机的负载转矩源自作用在汽车车轮上的行驶阻力，它受到轮胎滚动半径、减速比和驱动机械效率的影响。

$$T_v = \frac{F_v r_w}{i_g \eta_t} \qquad (7.6)$$

式中，T_v 表示作用在驱动电机转子上的汽车负载转矩（N·m）；r_w 表示汽车行驶的轮胎滚动半径（m）；i_g 表示减速器和差速器的总减速比；η_t 表示传动系统的机械效率。

整车模型有两个模块接口变量，shaft_m 表示驱动电机转子轴机械信号接口，采用双向信号端口；nm_m 表示驱动电机转子轴转速信号，采用输入信号端口。其中，信号端口在菜单 Subcircuit 中单击选择。汽车行驶负载由外部可控机械负载模块构建，顺序单击菜单 Elements → Power → Mechanical Loads and Sensors → Mechanical Load（ext. controlled），生成 MLOAD_EXT1。它有两个参数：速度标志和转动惯量，速度标志指示负载是否具有独立性。MLOAD_EXT1 还有一个外部负载控制端口，连接了汽车行驶阻力负载 Tload1。

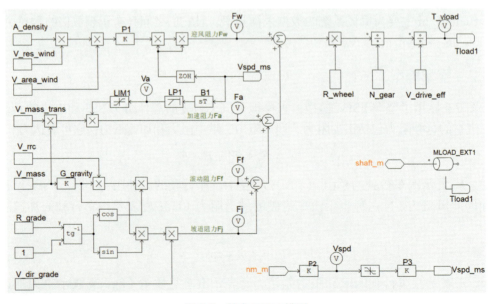

图 7.2　整车 PSIM 模型

参数文件 parameters-vehicle.txt 定义了车辆模型的变量及其处理程序。

```
//------------------     整车模型参数     ------------------
N_gear = 5.9063                     // 总减速比
R_wheel = 0.282                     // 轮胎半径，m
V_mass = 1500                       // 整车质量，kg
V_rrc = 0.01                        // 滚动阻力系数
V_mass_trans = 1.05                 // 车辆旋转质量转换系数
V_area_wind = 2.06                  // 迎风面积，m$^2$
V_res_wind = 0.3                    // 迎风阻力系数
V_drive_eff = 0.9                   // 传动系统机械效率
R_grade = 0                         // 道路坡度
V_dir_grade = 1                     // 道路坡度方向：1，上坡，-1，下坡
G_gravity = 9.81                    // 重力加速度，m/s$^2$
A_density = 1.205                   // 空气密度，kg/m$^3$
// 车辆行驶方向判断
F_torque_cmd = 0                    // 模式选择：1，转矩控制；0，巡航控制
F_reverse_cmd = 1                   // 行驶挡位方向：1，前行；0，倒车
if ( F_reverse_cmd <1 )             // 倒车
{
    if ( F_torque_cmd >0 )          // 转矩控制
    {
        F_reverse_coef1 = -1        // 倒车系数 1 为 -1
        F_reverse_coef2 = -1        // 倒车系数 2 为 -1
    }
     else                           // 巡航控制
     {
        F_reverse_coef1 = -1        // 倒车系数 1 为 -1
        F_reverse_coef2 = 1         // 倒车系数 2 为 1
     }
}
else                                // 前行
{
        F_reverse_coef1 = 1         // 倒车系数 1 为 1
        F_reverse_coef2 = 1         // 倒车系数 2 为 1
}
// 踏板信号
Vtrq_cmd = 0.5                      // 转矩命令，介于 0 和 1 之间
// 驱动电机转速参考信号 nm_ref_m 在参数文件 parameters-traction.txt 中定义
Vspd_cmd = 60                       // 转速命令，km/h
// 整车性能指标
V_spd_max = 180                     // 最高车速，km/h
//------------------     程序结束     ------------------
```

计算迎风阻力 F_w 和加速阻力 F_a 所需的国际单位车速信号 Vspd_ms 源自驱动电机转速测量信号 nm_m，两个比例模块 P2 和 P3 的增益分别为 0.377R_wheel/N_gear 和 1/3.6，限制模块 LIM2 的上下限为 V_spd_max 和 0。迎风阻力 F_w 计算单元的两个乘法器接收车速输入信号，它们通过一个零阶保持器 ZOH 采样 Vspd_ms。其中，ZOH 的采样频率不超过驱动电机逆变器的开关频率，它由顺序单击菜单 Elements → Control → Digital Control Module → Zero-order Hold 生成。

加速阻力 F_a 计算单元的一个乘法器接收加速度输入信号,它是由 Vspd_ms 通过差分器 B1、二阶低通滤波器 LP1 和限制器 LIM1 产生的信号。连续时间系统差分器 B1 由单击各级菜单 Elements → Control → Differentiator 而成,时间常数是它的唯一参数,设置为 0.05。滤波器 LP1 有三个参数,截止频率、增益和阻尼分别设置为 1、1 和 0.7。LIM1 的上下限分别设置为 G_gravity 和 -G_gravity。

图 7.3 显示了在水平路面 0~100km/h 加速过程中纯电动汽车的整车负载曲线。在汽车行驶过程中,假设车辆的滚动阻力系数、坡度、旋转质量转换系数、迎风阻力系数、风速和空气密度保持不变,当输入一个车速 100km/h 的阶跃信号时,在第一次达到目标车速前,汽车车速非线性单调上升,在产生一个 2.6% 的超调后,系统逐渐进入稳态。汽车行驶的滚动阻力 Ff 和坡道阻力 Fj 保持为常量,分别为 147N 和 0N。迎风阻力 Fw 随着汽车速度增大而非线性增加,车速 72km/h 是 Fw 与 Ff 大小的分界点。汽车越过分界点车速,Fw 会远大于 Ff。在 100km/h,汽车的 Fw 能够达到 Ff 的 2 倍。

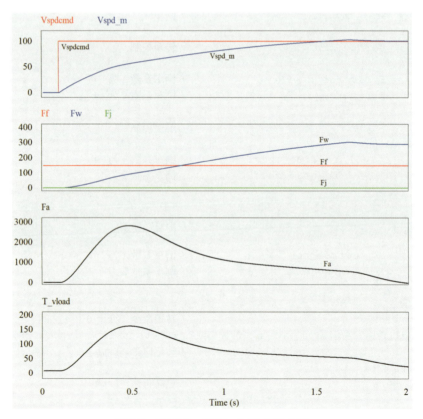

图 7.3 车辆 0~100km/h 的负载曲线

很明显,在汽车加速过程中,车辆加速度先快速增加后缓慢减小,在达到目标车速后,快速减小,甚至为负值。加速阻力 Fa 是车辆驱动电机的主要负载,可以超过滚动阻力 Ff 的 10 倍,甚至达到 20 倍。车辆负载转矩 T_vload 曲线的形状与加速阻力 Fa 一致,它的峰值可达到 150N·m。请注意,为了缩短仿真时间,车辆负载的等效转动惯量设置为 0.3kg·m^2,比其实际值小。

7.1.3 动力电池组模型

图 7.1 所示的动力电池组模型由 PSIM 模型库的锂离子电池模型构建，它有 17 个模型参数（见表 7.1），一般通过电池的数据手册和恒流放电曲线来确定（见图 7.4）。图示的电池单体的放电曲线有五个工作点，即满电点 F、指数点 T、标称点 N、截止点 C 和零电压点 Z。可划分为四个工作区，即指数工作区 $F \sim T$、标称工作区 $T \sim N$、低电工作区 $N \sim C$ 以及截止区 $C \sim Z$。

表 7.1 锂离子电池模型参数

序号	变量	默认值	单位	说明	来源
1	N_s	1	—	电池单体串联个数	自定义
2	N_p	1	—	电池单体并联个数	自定义
3	U_{rated}	3.7	V	额定电压	数据手册
4	U_{cut}	2.7	V	放电截止电压	数据手册或放电曲线 C 点对应电压
5	U_{full}	4.2	V	满电电压	数据手册或放电曲线 F 点对应电压
6	Q_{rated}	5.4	A·h	额定容量	数据手册
7	R_{batt}	0.02	Ω	电池内阻	恒流放电曲线
8	I_{dischg}	1.08	A	放电电流	恒流放电曲线
9	U_{top}	3.9	V	指数区终止点电压	恒流放电曲线 T 点对应电压
10	U_{nom}	3.6	V	标称电压	恒流放电曲线 N 点对应电压
11	Q_{top}	1.08	A·h	满电容量	恒流放电曲线 T 点对应容量
12	Q_{nom}	5.4	A·h	标称容量	恒流放电曲线 N 点对应容量
13	Q_{max}	5.56	A·h	截止放电容量	放电曲线 C 点对应容量
14	Q_0	—	A·h	零电压容量	放电曲线 Z 点对应容量
15	InitSOC	0.5	—	初始荷电状态	自定义
16	K_s	1	—	电压降额系数	自定义
17	K_p	1	—	容量降额系数	自定义
18	K_c	1.02	—	容量系数	Q_{max} 与 Q_0 之比，接近 1

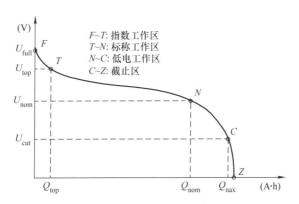

图 7.4 锂离子电池 PSIM 模型的恒流放电曲线

在 PSIM 中，顺序单击菜单 Elements → Power → Renewable Energy Module → Lithium-Ion Battery 生成锂离子电池模型。动力电池组模型的电池单体参数除内阻外采用默认值，单体内阻 R_{batt} = 0.02Ω，成组的串联个数 N_s = 192，并联个数 N_p = 20，InitSOC = 0.8。因此，该动力锂离子电池组模型的满电电压为 806.4V，截止电压为 518.4V，额定电压为 710.4V，额定容量为 108A·h，额定电能为 77kW·h。

7.1.4 高压母线模型

纯电动汽车的高压母线电连接动力电池组、驱动电机逆变器直流链路和低压电气系统 DC-DC 变换器直流输入端，它是车载设备供电、输电和用电的大动脉。一般地，高压母线通过一个维修手动开关后直接与低压电气系统 DC-DC 变换器直接连接，然后采用一个高压大电流双路接触器输入端连接动力电池组的正极端和负极端，该双路接触器的输出端连接各种车载高压用电设备，比如驱动电机逆变器。

驱动电机逆变器的直流链路由滤波电容预充电电路、直流母线过电压保护电路和直流电压电流检测电路组成。当接触器 RLY1 常开端闭合、接触器 RLY2 常开端断开以及功率开关 Sdch 处于截止状态时，动力电池组电源对主电容进行充电，功率电阻 Rcha 限制充电电流。当主电容的端电压达到预定值时，闭合接触器 RLY2 常开端，同时切断开关 RLY1 常开端。RLY1 和 RLY2 由顺序单击菜单 Elements → Power → Other → Relay（1NO 1NC）生成，而电容 Cp 的预充电电压可由下式计算。

$$U_{cp} = \left(1 - e^{-\Delta t/\tau_{cp}}\right)\left(U_{b\_HV} - U_{cp0}\right) \tag{7.7}$$

$$\tau_{cp} = \left(R_{cha} + R_c\right)C_{cp} \tag{7.8}$$

式中，U_{cp} 为主电容端电压（V）；τ_{cp} 为主电容的充电时间常数（s）；U_{b_HV} 为动力电池组端电压（V）；U_{cp0} 为主电容的初始电压（V）；Δt 为充电时间（s）。

图 7.5 显示了电容 Cp 预充电的控制电路，该模块有一个输入端口和四个输出端口，采用双向端口表示。双向端口 Vdc_LVP 表示输入的低压电气系统电源电压，Ug_m 表示手动开关 S11_m 和 S12_m 的门极控制信号，V_RLY1 和 V_RLY2 分别表示接触器 RLY1 和 RLY2 线圈输入电源信号，Vcc 表示控制电源信号。SW_P1 模拟手动操作命令，发光二极管指示预充电命令信号，R3、C3 分别为下拉电阻和滤波电容，信号延迟单元 TD1、TD2 和 TD3 用来产生控制电源信号 V_RLY1 和 V_RLY2，实现主电容 C_p 的预充电功能和驱动电机逆变器与高压直流电源的正常连接。其中，这三个信号延迟单元可由顺序单击菜单 Elements → Control → Other Function Blocks → Time Delay 生成。

对于高压直流母线的主电容预充电电路的元件参数，在图 7.1 中，Cp = 3300μF，Rc = 0.01Ω，Rcha = 2Ω，Rdch = 5Ω。RLY1 和 RLY2 的参数相同，线圈电阻 24Ω，额定电压 12V，操作电压 9V，释放电压 6V，闭合时间和释放时间都为 1ms。在图 7.5 中，R3 = 1MΩ，C3 = 0.1μF，Vcc = +5V，VSTEP1 的幅值和延迟时间分别为 1V 和 0.1s，TD1、TD2 和 TD3 的延迟时间分别设置为 20ms、10ms 和 1ms。请注意，为了缩短仿真时间，高压直流母线的充放电电阻和信号延迟时间远比实际值小。

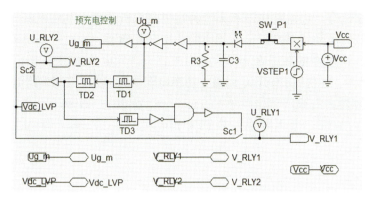

图 7.5　预充电控制电路 PSIM 模型

图 7.6 显示了主电容预充电的开关切换过程的电路波形。在手动开关 S11_m 和 S12_m（见图 7.1）闭合 10ms 后，接触器 RLY1 上电，主电容 Cp 经 Rcha 充电 60ms，高压直流母线电压 Udc 从 0 指数曲线上升至 732V，充电电流 I（Rcha）从峰值 149A 指数下降至 4A。在 0.8s 时，接触器 RLY2 闭合，接触器 RLY1 滞后 1ms 断开。此时，动力电池组电压 Ub_HV 为 752V，主电容产生了一个超过 1000A 的尖脉冲充电电流，原因在于主电容 Cp 的等效内阻 Rc 有 20V 电压差，而后 I（Cp）快速衰减至 0，高压直流母线电压与动力电池组电压相等。

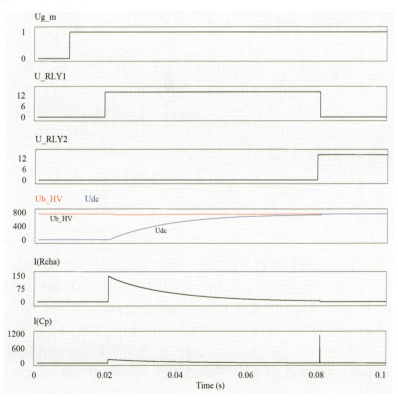

图 7.6　主电容预充电电路波形

当纯电动汽车制动时，驱动电机系统具有电制动功能，其再生制动产生的电能回馈给动力蓄电池组储存。如果蓄电池组不能瞬时吸收电机的再生制动电能，高压直流母线的电压能够急剧升高超过其高限值，相应的功率开关导通，通过一个功率电阻大电流放电消耗电功率，快速降低高压直流母线的电压直至进入允许的操作电压范围。在图 7.1 中，过电压控制电路包括功率开关 Sdch、功率电阻 Rdch 以及控制电路 HC1，其中 HC1 是一个滞环比较器，由顺序单击菜单 Elements → Control → Hysteresis Comparator 生成。它的输入增益为 1/Vb，上下限输入分别为 1.02Vdc_max/Vb 和 1.01Vdc_max/Vb，Vb = Vdc_max = 800V。

7.2 低压电气系统模型

采用电阻表示低压电气系统的负载模型，因此，低压电气系统的电力电子电路主要体现在高低压 DC-DC 直流变换器中。

7.2.1 高低压 DC-DC 直流变换器模型

图 7.7 显示了纯电动汽车高低压 DC-DC 直流变换器电路的 PSIM 模型，它有两个输入端口和两个输出端口。其中，Vdc+ 和 Vdc− 分别连接高压动力电池组的正极端和负极端，Vdc_LV+ 和 Vdc_LV− 分别连接低压蓄电池的正极端和负极端。

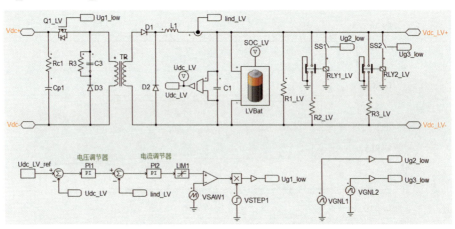

图 7.7 高低压 DC-DC 直流变换器电路 PSIM 模型

这是一个正激式 DC-DC 隔离变换器，采用了双闭环调节器，控制输出电压。电压调节器 PI1 的反馈为输出电压 Udc_LV，电流调节器 PI2 的反馈为电感 L1 的电流 Iind_LV。调节器输出与锯齿波发生器 VSAW1 输出比较产生功率开关 Q1_LV 的门极驱动信号 Ug1_low，阶跃信号 VSTEP1 用来延迟启动功率开关的时间。低压电气系统负载采用两个功率电阻模拟，R1_LV 为低功率负载，R2_LV 和 R3_LV 为高功率负载，它们分别由继电器 RLY1_LV 和 RLY2_LV 进行通断控制，这两个继电器分别受控于任意波形发生器 VGNL1 和 VGNL2。低压蓄电池 LVBAT 基于表 7.1 的电池单体参数构建模型。

7.2.2 动态性能仿真

在图 7.7 的电路模型中，目标参考电压 Udc_LV_ref 设定为 14V。对于低压蓄电池

LVBAT，N_s = 4，N_p = 6，K_s = 0.865，K_p = 0.865，InitSOC =0.9。直流链路的滤波电容 Cp1 及其内阻 Rc1 的值分别为 1000μF 和 5mΩ。N 沟道功率 MOSFET 开关 Q1_LV 采用默认参数，二极管 D1、D2 和 D3 也采用默认设置。脉冲变压器 TR 的匝数比为 4∶1，励磁电感为 100μH，一次、二次绕组的内阻和漏感分别为 1mΩ 和 1μH。RCD 吸收电路的电阻和电容分别为 10Ω 和 10μF，输出端电容 C_1 =100μF。两个继电器 RLY1_LV 和 RLY2_LV 的额定电压、内阻、操作电压和释放电压分别为 12V、48Ω、9V 和 6V，它们的接通时间和切断时间分别为 1ms。

储能电感 L_1 = 300μH，低功率负载 R1_LV = 12Ω，高功率负载 R2_LV = R3_LV =0.24Ω。VGNL1、VGNL2 的频率和控制点数分别为 0 和 10，前者的输出序列值、时刻值分别为（0 0 1 1 0 0 1 1 0 0）和（0 0.2 0.2 1.1 1.1 1.4 1.4 1.7 1.7 2.0），后者的对应值为（0 0 1 1 0 0 1 1 0 0）和（0 0.5 0.5 0.8 0.8 1.4 1.4 1.7 1.7 2.0）。电压调节器 PI1 的比例系数和积分系数分别为 1 和 0.001，电流调节器 PI2 的比例系数和积分系数分别为 1 和 0.1。限制器 LIM1 的上下限分别为 1 和 0，VSAW1 的幅值为 1，频率为 50kHz。

仿真控制的步长和时长分别为 0.5μs 和 2s，图 7.8 显示了该 PSIM 模型运行的曲线。

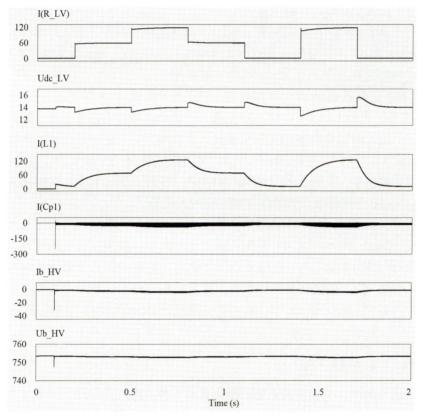

图 7.8　低压电气系统模型运行的仿真曲线（开关频率 50kHz）

1）在 0～0.1s 之间，DC-DC 直流变换器处于待机状态，由低压蓄电池为负载 R1_LV 供电，低压电气系统母线电压 Udc_LV 为 13.8V，负载电流 I（R_LV）为 1.15A。

2）在 0.1～0.2s 之间，低压母线电压比目标电压参考值至多大 1%，DC-DC 变换器为蓄电池和负载供电，蓄电池的充电电流从 18A 下降至 10A。

3）在0.2s施加负载R2_LV，负载电流突升至56.3A，低压母线电压跌落了目标电压的5.7%。在0.2～0.5s之间，负载电流略有上升，约增加了3A，低压母线电压经过0.2s恢复至目标电压的1%之内。

4）在0.5s施加负载R3_LV，负载电流突升至112A，低压母线电压跌落了目标电压的5.1%。在0.5～0.8s之间，负载电流略有上升，达到了118A，低压母线电压经过0.25s恢复并接近目标电压。

5）在0.8s卸载R3_LV，负载电流突降至62.8A，低压母线电压的超调量为5.7%。在0.8～1.1s之间，负载电流略有下降，约减小了3A，低压母线电压经过0.15s恢复并接近目标电压。

6）在1.1s卸载了R2_LV，负载电流突降至1.23A，母线电压的超调量约为5.7%。在1.1～1.4s之间，负载电流维持在1.2A左右，低压母线电压经过0.15s恢复至目标电压的99%之内。

7）在1.4s同时施加负载R2_LV和R3_LV，负载电流突升至106A，低压母线电压跌落了目标电压的10.0%。在1.4～1.7s之间，负载电流略有上升，达到118A，低压母线电压经过0.2s恢复并接近目标电压。

8）在1.7s同时卸载了R2_LV和R3_LV，负载电流突降至1.23A，母线电压的超调量约为11.9%。在1.7～2s之间，负载电流维持在1.2A左右，母线电压经过0.15s恢复至目标电压的99%之内。

在DC-DC变换器启动后，电感电流I（L1）始终处于非零状态，因此变换器以CCM状态工作。电流I（L1）曲线比较光滑，随着负载增加而指数上升，随着负载减小而指数下降。输入侧滤波电容Cp1为负电流，为功率开关及脉冲变压器一次绕组提供瞬时电流，电流I（Cp1）的毛刺密而多。动力电池组电流Ib_HV的成分主要为直流分量，随着负载变化而波动。然而，高压直流母线电压Ub_HV变化平缓，仅在0.1s有一个向下的毛刺，原因在于脉冲变压器绕组漏感充磁的大电流。

由此可知，高低压DC-DC隔离变换器工作在CCM状态，负载变化越大，低压母线电压突变量越大。在小于120A低压负载变化冲击下，低压母线电压变化量在±10%左右，恢复时间在0.25s之内。低压大负载变化对动力电池组电压波动影响较小，介于±5‰范围之内。为了提高仿真的快速性，降低数据存储量，仅将开关频率和仿真步长分别设置为5kHz和5μs，该DC-DC隔离变换器的PSIM模型运行的性能几乎保持不变。

7.3　电驱动系统模型

在纯电动汽车中，三相交流永磁同步电机是一种主流的车载动力装置。为了提高集成度和降低成本，整车控制器与电机控制器集成为一体。图7.9显示了纯电动汽车电驱动系统的PSIM模型，它有六个输入输出端口，包括两个高压母线电压双向端口Vdc+和Vdc−、一个驱动电机转子的双向机械端口shaft_m、一个驱动电机转子转速输出端口nm_m，以及两个踏板命令输入端口，分别连接车速参考信号Vspd_cmd和转矩参考信号Vtrq_cmd。图7.9所示系统包括三相永磁同步电机、负载、电机控制器和整车控制器四个模块，其中电机控制模型由三相电压型逆变电路、电机信号采集、SVPWM驱动器、电流调节器、最大转矩控制器和弱磁控制器五个模块组成。

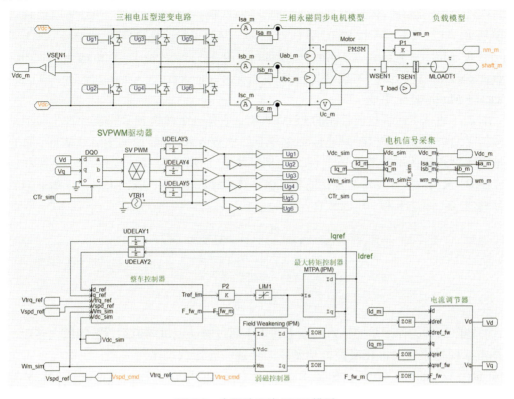

图 7.9　电驱动系统 PSIM 模型

7.3.1　整车控制模型

图 7.10 显示了整车控制器的 PSIM 模型，它有六个输入端口，分别连接转矩参考信号 Vtrq_ref、转速参考信号 Vspd_ref、直轴电流参考信号 Id_ref、交轴电流参考信号 Iq_ref、电机转子转速信号 Wm_sim 以及高压直流母线电压信号 Vdc_sim。它有两个输出端口，分别连接限制后的转矩参考信号 Tref_lim 和弱磁区工作信号 F_fw_m。整车控制器主要由巡航控制器和转矩限制器组成，巡航控制器能够由输入的车速参考信号产生转矩参考信号，而转矩限制器的主要功能是区分驱动电机的弱磁运行区，限制转矩参考信号的输出。

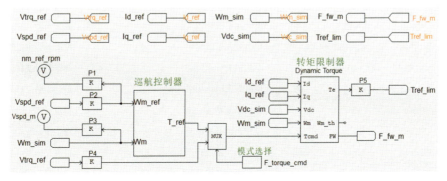

图 7.10　整车控制器 PSIM 模型

在整车控制器中，MUX 模式选择信号 F_torque_cmd 决定车辆和驱动电机以转速控制或转矩控制运行。F_torque_cmd = 1，转矩控制；F_torque_cmd = 0，转速控制。比例模块 P1、P2、P3、P4 和 P5 的增益分别为 9.5493Wmb、0.27777F_reverse_coef1·N_gear/（R_wheel·Wmb）、Wmb·R_wheel/（0.2777N_gear）、T_max_m/Tb 和 F_reverse_coef2。注意，MUX 模块由顺序单击菜单 Elements → Control → Other Function Blocks → Multiplexer 生成。

图 7.11 显示了车辆巡航控制的 PSIM 模型，它是一个转速 PI 调节器，产生转矩参考信号。它的两个输入端口分别连接转速参考信号 Wm_ref 和转速反馈信号 Wm，它的一个输出端口连接转矩参考信号 T_ref。比例模块 P1 的增益为 10，P2 的积分系数为 100，积分器 B1 采用双线性算法、零初值和机械系统采样频率。限制器 LIM1 和 LIM2 的上下限分别为 +T_max/Tb 和 −T_max/Tb。

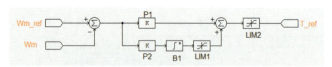

图 7.11　巡航控制器 PSIM 模型

转矩限制器的作用是使输入的参考转矩不超过驱动电机弱磁运行区的最大转矩，它的基本原理是驱动电机在弱磁恒功率区的转速与转矩成反比例关系，由顺序单击菜单 Elements → Control → Design Suite Blocks → Dynamic Torque Limit Control（PMSM）生成。该模块有五个输入端口，分别连接直轴电流参考信号 Id_ref、交轴电流参考信号 Iq_ref、高压直流母线电压信号 Vdc_sim、驱动电机转子转速信号 Wm_sim 以及转矩参考输入信号 Tcmd；它的三个输出信号分别是转矩参考输出信号 Te、弱磁区标志 FW 以及恒转矩区转折速度 Wm_th，FW 直接与信号 F_fw_m 连接；Te 输入至 P5 模块，而后输出至信号 Tref_lim。表 7.2 显示了该模块的 11 个参数设置，相关参数在系统参数文件中定义和给定。

表 7.2　转矩限制器参数设置

序号	参数	实际值	单位	说明	来源
1	Ld	Ld_m	H	电机定子绕组直轴电感	自测量
2	Lq	Lq_m	H	电机定子绕组交轴电感	自测量
3	Vpk	Ke_m	V/krpm	电机定子绕组线电压反电动势常数	自测量
4	Pm	P_max	—	电机定子磁极数	数据手册
5	Tm_max	T_max_m	N·m	电机最大电磁转矩	数据手册或自测量
6	nm_max	nm_max_m	r/min	电机最大机械转速	数据手册或自测量
7	Pm_max	P_max_m	W	电机最大输出功率	数据手册或自测量
8	Vbase	Vb	V	单位系统基准电压	自定义
9	Ibase	Ib	A	单位系统基准电流	自定义
10	Wmbase	Wmb	rad/s	单位系统基准转速	自定义
11	Tebase	Tb	N·m	单位系统基准转矩	自定义

```
// 单位系统参数
Vb = 800                          // 基准电压，V
Ib = 250                          // 基准电流，A
Wmb = 377                         // 基准转速，rad/s
Tb = 428                          // 基准转矩，N·m
// 驱动电机参数
Ke_m = 147.95                     // 线电压反电动势常数，V/krpm
P_m = 4                           // 电机磁极数
Ld_m = 0.0015                     // 直轴电感，H
Lq_m = 0.0035                     // 交轴电感，H
J_m = 0.01                        // 转动惯量，kg·m$^2$
T_max_m = 428                     // 最大转矩，N·m
P_max_m = 113000                  // 电机最大功率，W
nm_max_m = 10000                  // 电机最高转速，r/min
```

图 7.12 显示了电驱动系统在转矩控制模式下的转矩命令经转矩限制器调整的转矩参考信号曲线。给定转矩命令 Tcmd = 0.9，相当于 385 N·m，输入至整车控制器，经转矩限制器输出的转矩参考信号 Tref_lim 曲线与 Tcmd 曲线不重合。在 0～2770r/min 之间，Tref_lim 与 Tcmd 曲线重合，驱动电机电磁转矩 T_m 从 382 N·m 缓慢下降至 2770r/min 的 322N·m。

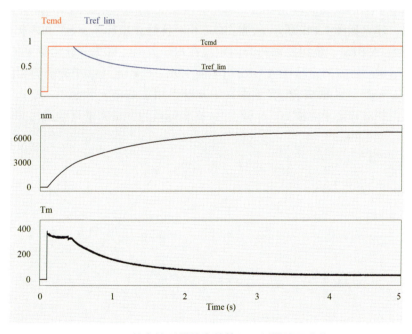

图 7.12　整车控制器输出的转矩限制器信号曲线

驱动电机恒转矩和恒功率工作区的转折转速是 2770r/min，相当于车速 49km/h。在转速 nm 大于 2770r/min 后，驱动电机进入了弱磁调节的恒功率区，随着 nm 曲线上升，Tref_lim 以指数曲线形式下降，Tm 也以指数曲线形式下降。当 n_m = 6690r/min 时，车速为 120km/h，转矩命令 Tcmd = 0.9，转矩参考信号限制输出 Tref_lim = 0.375，驱动电机输出转矩 T_m = 32.6 N·m。

7.3.2 三相交流永磁同步电机模型

定子磁场与转子磁场的相互作用而产生的电磁转矩，使交流电动机转子旋转，或使交流发电机产生电能。三相交流电机的定子绕组通入三相对称的交流电，即可在气隙中产生圆形旋转磁场。该定子圆形旋转磁场与转子永磁体励磁磁场相互作用，使转子受到电磁力作用，产生电磁转矩，永磁体转子旋转起动，牵动永磁体转子沿磁场旋转方向运动。

与笼型三相交流感应电机不同，三相交流永磁同步电机的永磁体转子与定子磁场矢量同步旋转。因此，以同步旋转的永磁体转子为参考对象，在两相同步转速旋转坐标系中建立三相交流永磁同步电机的动态数学模型，图 7.13 显示了模型简化的等效过程。

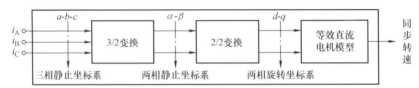

图 7.13　三相交流永磁同步电机的动态数学模型简化流程

1. 3/2 坐标变换

以三相定子星形绕组的静止位置为参考，观察三相交流永磁同步电机定转子磁动势的相互作用，建立如图 7.14a 所示的理想的三相对称静止坐标系 a-b-c 和两相静止坐标系 α-β 物理模型。A 相定子绕组磁动势方向定位在水平方向，作为静止坐标系的起始位置；B 相定子绕组磁动势方向定位比 A 相绕组超前 120°，C 相定子绕组磁动势相位比 A 相绕组超前 240°。α 轴与 A 轴重合，β 轴垂直于 α 轴，相位超前 α 轴 90°。其中，a-b-c 坐标系的变量为三相对称定子电流 i_A、i_B 和 i_C，α-β 坐标系的变量为垂直电流 i_α 和 i_β。

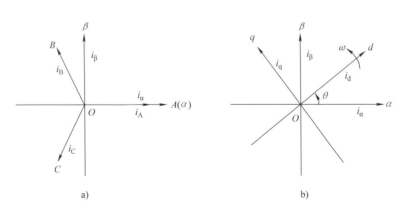

图 7.14　坐标变换
a）3/2 变换　b）2/2 变换

保持磁动势和功率不变，将三相 120° 对称静止坐标系 a-b-c 变换为两相静止正交坐标系 α-β，这种坐标变换关系称为 3/2 变换。三相交流永磁同步电机的三相对称定子电流为 i_A、i_B 和 i_C，那么三相星形绕组的对称电流之和为 0，相应的 3/2 坐标变换关系可表达为

$$[i_\alpha \quad i_\beta]^T = C_{3/2}[i_A \quad i_B]^T \tag{7.9}$$

$$C_{3/2} = \begin{bmatrix} \dfrac{\sqrt{3}}{2} & 0 \\ \dfrac{1}{\sqrt{2}} & \sqrt{2} \end{bmatrix} \tag{7.10}$$

式中，$C_{3/2}$ 称为 3/2 变换矩阵。由于三相星形绕组的对称电流之和为 0，即零序电流 $i_0 = 0$。将 α-β 至 a-b-c 的坐标变换称为 2/3 变换。该逆变换的数学关系是 $C_{3/2}$ 的逆矩阵，记为

$$C_{3/2}^{-1} = \begin{bmatrix} \sqrt{\dfrac{2}{3}} & 0 \\ \dfrac{-1}{\sqrt{6}} & \dfrac{1}{\sqrt{2}} \end{bmatrix} \tag{7.11}$$

2. 2/2 坐标变换

以同步旋转的永磁体转子为参考，建立相对于 α-β 两相静止坐标系的 d-q 两相旋转坐标系物理模型，如图 7.14b 所示。这样，一个矢量分别在 α-β 坐标系和 d-q 坐标系各有坐标，这两个坐标系之间的坐标转换存在定量的数学关系，这种数学关系称为 2/2 坐标变换。相对于 α-β 坐标系，d-q 坐标系的转速为 ω（rad/s），d 轴超前 α 轴 θ 角度。

例如，一个电流矢量的坐标变换关系为

$$[i_d \quad i_q]^T = P_{2/2}[i_\alpha \quad i_\beta]^T \tag{7.12}$$

$$P_{2/2} = \begin{bmatrix} \cos\theta & \sin\theta \\ -\sin\theta & \cos\theta \end{bmatrix} \tag{7.13}$$

式中，$P_{2/2}$ 称为 2/2 变换矩阵。2/2 坐标逆变换指从 d-q 两相旋转坐标系到 α-β 两相静止坐标系的数学变换，相应的数学关系是 $P_{2/2}$ 的逆矩阵，记为

$$P_{2/2}^{-1} = \begin{bmatrix} \cos\theta & -\sin\theta \\ \sin\theta & \cos\theta \end{bmatrix} \tag{7.14}$$

3. d-q 坐标系数学模型

假设三相交流永磁同步电机具有线性磁场，忽略涡流损耗和磁滞损耗，且定子绕组为三相对称的星形正弦分布。已知转子永磁体磁极位置，将永磁体磁链 λ_f 定向在 d 轴上，仅与定子绕组磁链 d 轴分量存在磁耦合关系，而 q 轴仅有定子绕组磁链的 q 轴分量。在 d-q 两相同步旋转坐标系中，三相交流永磁同步电机的数学模型包括定子电压方程、定子磁链方程和电磁转矩方程。

（1）定子电压方程

$$\begin{cases} u_d = R_s i_d + \dfrac{d}{dt}\lambda_d - \omega\lambda_q \\ u_q = R_s i_q + \dfrac{d}{dt}\lambda_q + \omega\lambda_d \end{cases} \tag{7.15}$$

式中，λ_d 和 λ_q 分别为定子 d 轴和 q 轴磁链（Wb）；u_d 和 u_q 分别为定子 d 轴和 q 轴电压（V）；i_d 和 i_q 分别为定子 d 轴和 q 轴电流（A）。

（2）定子磁链方程

$$\begin{cases} \lambda_d = L_d i_d + \lambda_f \\ \lambda_q = L_q i_q \\ \lambda_f = L_{md} i_f \end{cases} \qquad (7.16)$$

式中，L_d 和 L_q 为定子 d 轴和 q 轴电感（H）；λ_f 为 d 轴转子磁链（Wb）；L_{md} 为 d 轴转子等效励磁电感（H）；i_f 为永磁转子等效励磁电流（A）。

（3）电磁转矩方程

$$T_e = \frac{3p}{2}\left[\lambda_f i_q + (L_d - L_q) i_d i_q\right] \qquad (7.17)$$

式中，T_e 为电机的电磁转矩（N·m）；p 为电机的定子磁极对数。第一项称为永磁转矩，第二项称为磁阻转矩。对于隐极式永磁同步电动机，直轴和交轴的同步电感几乎相同，磁阻转矩表现为 0。而凸极式永磁同步电动机，直轴和交轴的同步电感不等，存在磁阻转矩。

4. PSIM 模型

在图 7.9 的电驱动系统 PSIM 模型中，三相永磁同步电机模型可通过顺序单击菜单 Elements → Power → Motor Drive Module → Permanent Magnet Sync. Machine 而生成。该电机模块为定子星形绕组，有五个输入输出端口，分别是三相定子绕组 A、B、C 及其中心点的四个电气双向端口，一个与转子轴连接的机械双向端口。三相永磁同步电机模型有 10 个参数，除了表 7.2 给出的 Ld、Lq、Vpk 和 Pm 四个参数外，表 7.3 给出了其他参数，相关参数在系统参数文件中定义和给定。

表 7.3 三相永磁同步电机参数设置

序号	参数	实际值	单位	说明	来源
1	Rs	Rs_m	Ω	电机定子绕组电阻	数据手册或自测量
2	J	J_m	kg·m²	电机转子转动惯量	数据手册或自测量
3	τm	T_shaft_m	s	电机转子阻尼时间常数	数据手册或自测量
4	θ0	0	°	电机转子磁极初始位置（角度）	自测量
5	FTm	0	—	电机电磁转矩数据记录标志，1：记录，0：不记录	数据手册或自测量
6	Fms	1	—	电机主从标志，1：主机，0：从机	数据手册或自测量

```
// 驱动电机参数
Rs_m = 0.016              // 定子电阻，Ω
J_m = 0.01                // 转动惯量，kg·m²
T_shaft_m = 100           // 转子时间常数，s
```

电机转子轴依次连接了转速传感器 WSEN1、转矩传感器 TSEN1 和恒转矩负载 MLOADT1，前两个传感器的增益分别为 1/（9.5493Wmb）和 1，MLOADT1 的转矩和转动惯量分别为 1N·m 和 0.01kg·m²。比例模块 P1 的增益为 9.5493Wmb，连接至 rpm 为单位的转速输出端口 nm_m。

7.3.3 电机控制模型

在图 7.9 中，最大转矩控制器和弱磁控制器接收整车控制器输出的转矩参考信号，区分恒转矩区和恒功率区的 d-q 坐标系定子电流参考信号，经电流调节器产生 d-q 坐标系定子电压，输入 SVPWM 驱动器生成空间电压矢量 PWM 的门极控制信号，控制三相电压型逆变电路，使三相交流永磁同步电机按指令运行。

1. 电机信号采集

图 7.15 显示了电机信号采集模块，采样交流电机的定子绕组电流、转子转速和直流链路的电压，主要输出 d-q 坐标系电流和转子磁动势电角度。它的四个输入端口分别连接定子绕组的两相电流 Isa_m 和 Isb_m、转速 wm_m 和高压母线电压 Vdc_m，它的五个输出端口分别连接 d-q 坐标系电流 Id_m 和 Iq_m、转子磁动势电角度 CTr_sim、高压母线电压采样值 Vdc_sim 以及转速采样值 Wm_sim。

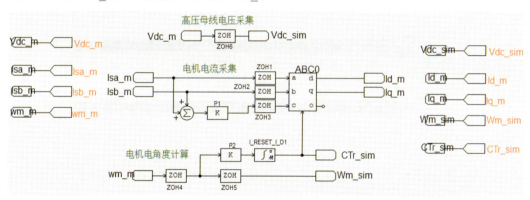

图 7.15 电机信号采集 PSIM 模型

利用式（7.9）和式（7.12），将 a-b-c 静止坐标系的两相定子电流 Isa_m 和 Isb_m 变换为 d-q 旋转坐标系的两相电流 Id_m 和 Iq_m。注意，Isa_m 和 Isb_m 的电流传感器的增益为 1/Ib。该定子电流的坐标变换由模块 ABC0 实现，它由顺序单击菜单 Elements → Other → Function Blocks → abc-dqo Transformation 生成。

转子电角度 CTr_sim 的计算需要对转子转速 wm_m 进行积分运算，该运算由复位型积分器 I_RESET_I_D1 实现，它的算法、初值、下限、上限和采样频率分别为双线性差分、-2π、$+2\pi$ 和 fsam_m。比例模块 P1 和 P2 的增益分别为 -1 和 Wmb·Pm_m/2，电机定子相电流和电角度采样的四个采样保持模块 ZOH1 ~ ZOH4 的采样频率为 fsam_m，高压直流母线电压和电机转速的 ZOH5 和 ZOH6 的采样频率为 fsam_w_m。图 7.16 显示了电机信号采集模块的输入输出信号曲线，除了 CTr_sim 以外，其他信号采用单位系统表示。

在图 7.16 中，三相逆变电路输入侧的主电容充满电后，随着驱动电机恒转矩命令执行，在电机的转折转速 2770r/min 之前，电机相电流 Isa_m 和 Isb_m 的幅值陡增后几乎保持恒定，这两个正弦波电流曲线趋密，频率增加；d-q 坐标系电流 Id_m 为负值，Iq_m 为正值，它们的值几乎保持稳定。高压直流母线电压 Vdc_sim 逐渐减小，电机转速 Wm_m 加速上升，电机转子磁极位置信号 CTr_sim 在 -2π 和 $+2\pi$ 之间摆动而趋密。

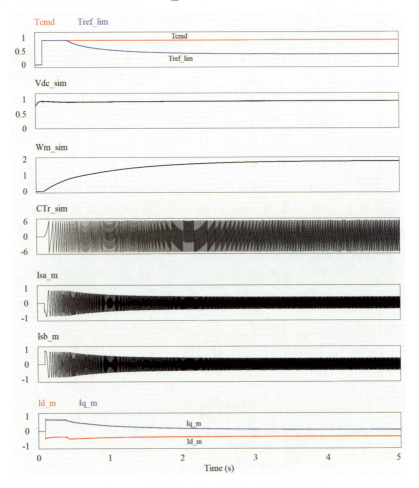

图 7.16　电机信号采集模块输入输出信号曲线

驱动电机转速大于 2770r/min 后，转矩参考信号 Tref_lim 以指数形式下降，电机转速继续上升并趋向稳定，高压直流母线电压几乎保持不变。电机相电流幅值也以指数形式下降并趋向稳定，它们的曲线越来越密。直轴电流 Id_m 保持负值，下跌后单调缓慢上行并趋向稳定，产生对转子磁场的弱磁效应。交轴电流 Iq_m 保持正值，以指数形式下降并趋向稳定，使电机处于电动状态，它与 Tref_lim 的变化趋势一致。

2. 最大转矩控制

当正弦波永磁同步电机稳定运行在恒转矩状态时，通过拉格朗日极值条件和乘数法构造一个含定子电流矢量幅值和电磁转矩的目标函数，在产生相同的电磁转矩条件下，寻优与最小幅值定子电流矢量对应的一对 d-q 坐标系电流。这种转矩电流比最大的优化控制方法，称为 MTPA（maximum torque per amper）算法。

$$f_\mathrm{T}(i_\mathrm{d},i_\mathrm{q}) = \sqrt{i_\mathrm{d}^2+i_\mathrm{q}^2} + L_\lambda \left\{ T_\mathrm{e} - \frac{3pL_\mathrm{d}}{2}\left[\frac{\lambda_\mathrm{f}}{L_\mathrm{d}}i_\mathrm{q} + (1-\rho)i_\mathrm{d}i_\mathrm{q} \right] \right\} \quad (7.18)$$

式中，f_T 为构造的目标函数；L_λ 为拉格朗日因子；ρ 表示凸极率，等于 L_q 与 L_d 之比。分别求 i_d、i_q 和 L_λ 对构造函数 f_T 的偏导数，并使它们等于0，获得定子电流矢量的极值条件为

$$\begin{cases} i_d = \dfrac{-1}{1-\rho}\dfrac{\lambda_f}{2L_d} - \sqrt{\left(\dfrac{1}{1-\rho}\dfrac{\lambda_f}{2L_d}\right)^2 + i_q^2} \\ i_d^2 + i_q^2 \leqslant I_s^2 \end{cases} \tag{7.19}$$

式中，I_s 为定子电流矢量幅值（A）。在已知三相交流永磁同步电机参数和给定电磁转矩的条件下，求解式（7.19），产生作为电流参考信号的一对 d-q 坐标系电流 i_d 和 i_q。

在 PSIM 模型库中，该 MTPA 算法可通过顺序单击菜单 Elements → Power → Motor Drive Module → Maximum-Torque-per-Amper（IPM）自动生成，它有一个定子电流矢量幅值 Is 的输入端口，还有对应 d-q 坐标系电流参考信号 Id 和 Iq 的两个输出端口。这两个端口的输出信号分别由单位延迟单元 UDELAY1 和 UDELAY2 反馈给整车控制器，它们的采样频率为 fsam_w_m。

整车控制器输出的转矩参考信号 Tref_lim 经过比例模块 P2 和电流限制器后才能输入至 MTPA 模块的 Is 端口，它们的增益和上下限分别为 Te_max_m /（K_TA_m · Ib）。该模块适用于线性内嵌式三相交流永磁同步电机，它有 8 个参数，除了表 7.2 的 Ld、Lq、Vpk、Pm、Vbase、Ibase 和 Wmbase 这 7 个参数外，还有逆变电路的最大工作电流 Ismax，其对应值为 Ismax_m。这些参数在系统参数文件中定义和给定。

```
// 逆变器最大电流
Ismax_m = 250
// 电机计算参数
K_TA_m = 1.6873                           // 转矩常数，N·m/A
Te_max_m = 428                            // 最大转矩，N·m
```

3. 弱磁控制

三相交流永磁同步电机的转速超过基速后，它的励磁磁链矢量幅值随着转速上升而减小，保证其反电动势小于最大允许的定子电压。在系统电安全和可靠性工作条件下，电机定子电压的幅值不会超过高压直流母线电压值。

$$u_d^2 + u_q^2 \leqslant U_{max}^2 \tag{7.20}$$

式中，U_{max} 为定子空间电压矢量的最大幅值（V）。当三相交流永磁同步电机处于高速稳态运行时，忽略定子电阻，联合式（7.15）和式（7.20），可获得定子磁链的极限方程。

$$\lambda_d^2 + \lambda_q^2 \leqslant \left(\dfrac{U_{max}}{\omega}\right)^2 \tag{7.21}$$

因此，定子磁链的最大幅值受到下面的约束方程控制。

$$\lambda_{max} = \dfrac{U_{max}}{\omega} \tag{7.22}$$

式中，λ_{max} 为定子空间磁链矢量的最大幅值（Wb）。

当电机转速小于基速时，电机的电压与转速比保持不变，即可使电机处于恒磁通状态，允许电机输出最大转矩。当转速在基速以上时，电机的磁链幅值与转速成反比关系。在三相交流永磁同步电机的矢量控制中，使定子 d 轴励磁电流与转子磁链方向相反，调节定子 d 轴电流的大小，由式（7.16）弱化转子励磁磁链，改变定子 d 轴磁链大小，即可控制定子磁链幅值，达到电机的弱磁效果。

三相交流永磁同步电机的安全工作区域由其定子电压、定子电流、温度、机械强度等因素决定，为保证电机的可靠运行，电机控制器应使电机在设计的安全区域内工作。将式（7.16）代入式（7.21），可形成定子电流与极限电压的关系式。

$$\frac{\left(i_\mathrm{d}+\dfrac{\lambda_\mathrm{f}}{L_\mathrm{d}}\right)^2}{\left(\dfrac{U_\mathrm{max}}{\omega L_\mathrm{d}}\right)^2}+\frac{i_\mathrm{q}^2}{\left(\dfrac{U_\mathrm{max}}{\omega L_\mathrm{q}}\right)^2}\leqslant 1 \qquad(7.23)$$

将式（7.23）称为椭圆电流约束方程，代表一个电压极限椭圆。对于三相交流永磁同步电机而言，转速越高，椭圆越小，该电压极限椭圆是相应的 $d\text{-}q$ 坐标系定子电流坐标的边界之一。

同时，在 $d\text{-}q$ 坐标系下，定子电流的 $d\text{-}q$ 轴分量还必须满足下面的电流方程。

$$i_\mathrm{d}^2+i_\mathrm{q}^2\leqslant I_\mathrm{smax}^2 \qquad(7.24)$$

式中，I_smax 为定子空间电流矢量的最大幅值（A）。

将式（7.24）称为圆形电流约束方程，代表一个半径一定的电流极限圆。在 $d\text{-}q$ 坐标系下，弱磁运行的三相交流永磁同步电机必须同时满足定子电压和电流的约束条件，因此，定子电流 $d\text{-}q$ 轴分量必须落在图 7.17 所示的椭圆电流约束方程和圆形电流约束方程表示的交集中。在弱磁运行中，三相交流永磁同步电机沿着电压极限椭圆运行才能输出最大的电磁转矩，因此类似于恒转矩区的 MTPA 算法的目标函数构造方法，可以构造一个拉格朗日函数，求解最优 $d\text{-}q$ 坐标系定子电流。

$$f_\mathrm{U}\left(i_\mathrm{d},i_\mathrm{q}\right)=\sqrt{u_\mathrm{d}^2+u_\mathrm{q}^2}+L_\mathrm{u}\left\{T_\mathrm{e}-\frac{3pL_\mathrm{d}}{2}\left[\frac{\lambda_\mathrm{f}}{L_\mathrm{d}}i_\mathrm{q}+(1-\rho)i_\mathrm{d}i_\mathrm{q}\right]\right\} \qquad(7.25)$$

式中，f_U 为构造的目标函数；L_u 为拉格朗日因子。基于式（7.15）的稳态形式，忽略定子电阻，并联合式（7.16），分别求 i_d、i_q 和 L_u 对构造函数 f_T 的偏导数，并使它们等于 0，获得定子电流矢量的极值条件为

$$\begin{cases}i_\mathrm{d}=-\dfrac{2-\rho}{1-\rho}\dfrac{\lambda_\mathrm{f}}{2L_\mathrm{d}}+\rho\sqrt{\left(\dfrac{1}{1-\rho}\dfrac{\lambda_\mathrm{f}}{2L_\mathrm{d}}\right)^2+i_\mathrm{q}^2}\\ i_\mathrm{d}^2+i_\mathrm{q}^2\leqslant I_\mathrm{s}^2\end{cases} \qquad(7.26)$$

同样，已知三相交流永磁同步电机参数和给定电磁转矩的条件下，求解式（7.26），能够得到弱磁运行的电机产生最优的 $d\text{-}q$ 坐标系定子电流参考信号。

在 PSIM 模型库中，该弱磁控制算法可顺序单击菜单 Elements → Power → Motor Drive Module → Field Weakening Control（IPM）自动生成，它仅比 MTPA 模块多了高

压直流母线电压反馈 Vdc 和电机转子转速 Wm 两个输入端口，它们分别与 Vdc_sim 和 Wm_sim 连接。该模块适用于线性内嵌式三相交流永磁同步电机，它的参数与 MTPA 模块相同。

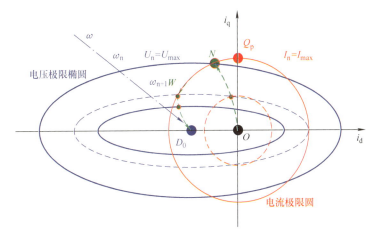

图 7.17　三相交流永磁同步电机矢量控制定子电流的极限（$\rho>1$）

图 7.18 显示了 MTPA 和弱磁控制两个模块输出的 d-q 坐标系定子电流参考信号，定子电流矢量幅值 Is 曲线与 Tref_lim 曲线的形状相同、趋势一致。当弱磁区标志 F_fw_m =0 时，驱动电机处于恒转矩区运行，由 MTPA 输出的信号 Idref_mtpa 和 Iqref_mtpa 保持恒定，并作为电流调节器的 d-q 坐标系定子电流参考信号。当 F_fw_m =1 时，电机处于恒功率弱磁运行，由弱磁控制模块输出的信号 Idref_fw 和 Iqref_fw 作为电流调节器的 d-q 坐标系定子电流参考信号。当电机在弱磁区运行时，Idref_fw 和 Idref_mtpa 都为负值，前者的绝对值大，表示转子励磁的弱磁效应更强。而 Iqref_fw 比 Iqref_mtpa 的数值更小，表示电机电磁转矩更小。

4. 电流调节器

在 d-q 两相同步旋转坐标系中，d 轴电压 PI 调节器和 q 轴电压 PI 调节器分别产生 d 轴电压和 q 轴电压。图 7.19 的电流调节模块有七个输入端口，包括两个恒转矩区定子电流参考信号端口 Idref 和 Iqref、两个恒功率区的定子电流参考信号端口 Idref_fw 和 Iqref_fw、两个电流反馈信号端口 Id 和 Iq 以及一个弱磁区标志信号端口 F_fw，它们分别与 MTPA 模块的电流输出信号、弱磁控制模块的电流输出信号、电机信号采集模块信号 Id_m 和 Iq_m、弱磁标志信号 F_fw_m 连接。该模块有两个输出端口，分别是 d-q 坐标系的定子电压 Vd 和 Vq。

电流调节器模块前面的五个零阶保持器 ZOH1～ZOH5 的频率为 fsam_m。两个 PI 电流调节器的定子电流参考信号或来自 MTPA 模块，或来自弱磁区模块，它们的选择由弱磁区标志信号 F_fw 决定。d 轴定子电流 PI 调节器由比例模块 P1、P2 和积分器 B1 组成，P1 的增益为 K_d_m，P2 的增益为 K_d_m/T_d_m，B1 采用双线性算法、零初值和采样频率 fsam_m；q 轴定子电流 PI 调节器由比例模块 P3、P4 和积分器 B2 组成，P3 的增益为 K_q_m，P4 的增益为 K_q_m/T_q_m，B2 和 B1 的参数设置相同。这些模块的参数在系统参数文件中定义和给定。

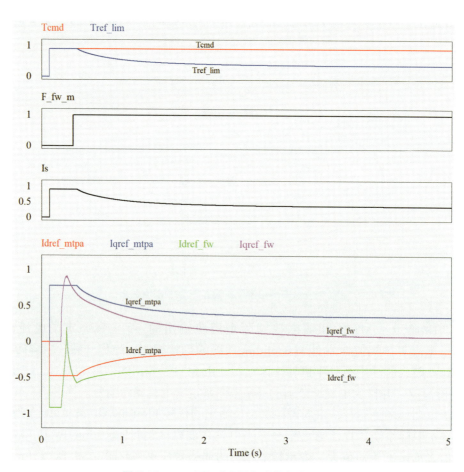

图 7.18　d-q 坐标系定子电流参考信号曲线

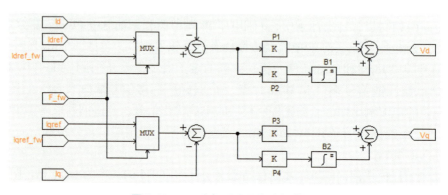

图 7.19　d-q 坐标系定子电流调节器

```
//d-q 坐标系电流 PI 调节器参数
K_d_m = 2.718683653846155        //d 轴电流 PI 调节器 PI 增益
T_d_m = 0.09375                  //d 轴电流 PI 调节器 PI 时间常数
K_q_m = 6.343595192307694        //q 轴电流 PI 调节器 PI 比例系数
T_q_m = 0.21875                  //q 轴电流 PI 调节器 PI 时间常数
```

5. SVPWM 驱动器

它接收来自电流调节器输出的 d-q 坐标系定子电压 Vd 和 Vq，输出三相电压型逆变电路三个桥臂六个功率半导体开关的门极控制信号 Ug1～Ug6。该模块主要包括 2/3 坐标变换模块、SVPWM 信号发生器以及信号比较模块。

2/3 坐标变换的逆变换是 3/2 变换，它由顺序单击菜单 Elements → Other → Function Blocks → dqo-abc Transformation 而生成。SVPWM 信号发生器由顺序单击菜单 Elements → Control → Other Function Blocks → Space Vector PWM 而生成，其工作原理和实现方法在第 5 章 5.5 小节已介绍。三个 PWM 比较器的等腰三角载波信号 VTRI1 的峰峰值、频率、占空比和直流偏移分别为 2、fsw_m、0.5 和 −1。三个单位延迟单元 UDELAY3～UDELAY5 的采样频率为 fsw_m。

图 7.20 显示了 d-q 坐标系定子电流调节器和 SVPWM 驱动器模块的信号曲线。转矩命令 Tcmd 经整车控制器处理产生转矩参考信号 Tref_lim，该参考信号由 MTPA 和弱磁控制模块计算生成恒转矩区和恒功率区的定子 d 轴电流和 q 轴电流的参考信号，输入电流调节器，由弱磁运行标志 F_fw_m 融合为统一的定子 d 轴电流参考信号 Idref 和 q 轴电流参考信号 Iqref。d 轴 PI 电流调节器和 q 轴 PI 电流调节器分别调节 d 轴电流 Id_m 和 q 轴电流 Iq_m，产生 d 轴定子电压 Vd 和 q 轴定子电压 Vq，并由 SVPWM 模块产生驱动电机的三相交流电压参考信号，比如 A 相绕组电压 Uaref。

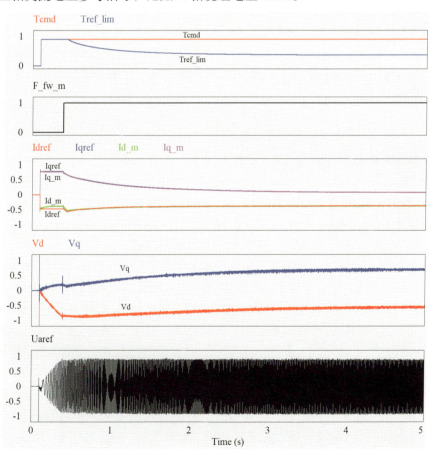

图 7.20 电流调节器和 SVPWM 驱动器信号曲线

结合图 7.18 和图 7.20，可以提取定子电流调节器参考信号与 MTPA、弱磁控制器模块输出的电流参考信号的关系式。

$$\begin{cases} I_{\text{dref}} = (1 - F\_fw\_m)I_{\text{dref\_mtpa}} + F\_fw\_m \cdot I_{\text{dref\_fw}} \\ I_{\text{qref}} = (1 - F\_fw\_m)I_{\text{qref\_mtpa}} + F\_fw\_m \cdot I_{\text{qref\_fw}} \end{cases} \quad (7.27)$$

在驱动电机的恒转矩工作区，d 轴电流 Id_m 与其参考信号的偏离大，而 q 轴电流 Iq_m 逼近其参考信号，它们的误差都是逐渐增大后趋于稳定，平均误差分别为 7.42% 和 −1.45%。在恒功率工作区，电流 Id_m 比 Iq_m 更快更好逼近其参考信号，它们的误差平均值分别为 0.061% 和 −0.44%。对于 d-q 坐标系的定子电压 Vd 和 Vq，在恒转矩区，−Vd 和 Vq 近乎线性增长；在恒功率区，−Vd 先小幅上升、后缓慢下降至稳定，Vq 先短促下降、后缓慢上升至稳定。对于驱动电机定子绕组的相电压参考信号 Uaref，在恒转矩区，它的幅值近乎线性增加，频率增大；在恒功率区，它的幅值几乎保持恒定，频率先快速增加，而后趋于稳定。

7.4 系统性能仿真

将整车模型作为电驱动系统模型的负载，假设机械制动不参与车辆行驶过程，采用转矩控制和转速控制两种模式分别观察纯电动汽车电力电子系统仿真的行为和性能。由于低压电气系统峰值功率仅为驱动电机系统峰值功率的 1% 左右，因此忽略低压电气系统对系统性能的影响。系统仿真控制的步长设置为 10μs，时长根据仿真目标按需选取。为了缩短仿真时间，整车模型的转动惯量比同等级的实际车辆小，使得仿真车辆的加速时间明显缩短。

7.4.1 转矩控制模式

在驱动电机系统转矩控制模式下，图 7.21 显示了纯电动汽车电力电子系统的运行曲线，包括转矩命令 Tcmd、转矩限制信号 Tref_lim、电磁转矩 Te_m、负载转矩 Tv_load、d 轴电流参考信号 Idref 及其反馈信号 Id_m、q 轴电流参考信号 Iqref 及其反馈信号 Iq_m、A 相电流信号 Isa_m、车速信号 Vspd_m、高压动力电池组电流信号 Ib_HV 和电压信号 Ub_HV，除 Vspd_m 采用 km/h 外，各信号采用国际单位制。

转矩命令由矩形信号、阶梯信号和梯形信号组成，经过 MTPA 和弱磁控制器处理，生成 d-q 坐标系的两个正交电流调节器的参考信号。因此，这些转矩命令的组合信号用来评价电流调节器的阶跃响应和斜坡响应的性能。在 0～20s 期间，模型车辆以 90% 踏板量加速近 2s，而后踏板量陡降至 10%，并保持 4s。接着，踏板量以阶梯波形变化 6s，两级台阶的踏板量分别为 20% 和 50%。而后，踏板量跌落至 0%，维持 2s。最后，踏板量以梯形波变化 5s，幅值为 60%，并以零踏板量结束。

在模型车辆运行期间，所有变量都随着转矩命令信号的变化而变化。d 轴电流绝对值与转矩命令信号变化形状相近、趋势相同，而 q 轴电流信号、相电流幅值、电磁转矩与转矩命令限制信号 Tref_lim 的变化形状相近、趋势几乎一致。高压动力电池组的电流、电压与 q 轴电流信号变化趋势一致，随着 Iqref 增大，动力电池组电流 Ib_HV 放电电流增大，动力电池组电压 Ub_HV 下跌。其中，在车辆首次加速结束后，车速信号波形起伏较小，平均车速为 102km/h，最高车速为 121km/h。在 0.45s 时，车速 50km/h，相电流 Isa_m 的幅值达到 207A，高压电池组的放电电流达到 143A，高压母线电压下降到 726V，放电功率超过了 100kW。在 18.39s 时，车速上升到最高值 121km/h，相应的驱动电机转速达到 6696r/min，相电流幅值为 100A，高压动力电池组的放电电流和电压分别为 27A 和 748V。

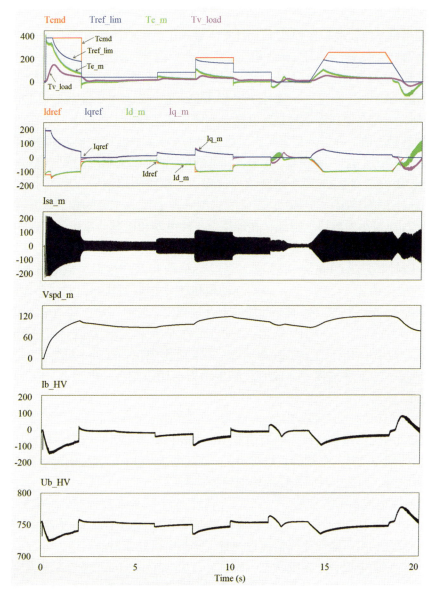

图 7.21 转矩控制模式的纯电动汽车电力电子系统运行曲线

整车负载转矩信号跟踪电磁转矩信号，Tv_load 曲线与 Te_m 曲线有相近的变化趋势，它们之间的关系决定车速变化趋势。当 Tv_load 小于 Te_m 时，车辆加速行驶，车速快速上升。当 Tv_load 逼近 Te_m 时，车辆加速幅度减小，车速上升缓慢。当 Tv_load 大于 Te_m 时，车辆减速，车速下降。如果 Tv_load 大于 Te_m，且 Te_m 为负值，那么模型车辆会发生电制动现象，驱动电机处于发电状态。此时，Ib_HV 大于 0，Ub_HV 突升，高压动力电池组处于充电状态，主要原因在于定子电流调节器超调过大。例如，在 12s 时，转矩命令信号从 20% 陡降到 0，Ib_HV 突升至 30A，Ub_HV 上升至 765V，高压动力电池组充电状态延续了 0.3s，源于电流 Id_m 和 Iq_m 严重偏离了目标电流，使相电流出现持续 0.3s、幅值 20～40A 的振荡。

7.4.2 转速控制模式

在驱动电机系统转速控制模式下，图 7.22 显示了纯电动汽车电力电子系统的运行曲线。与图 7.21 的转矩命令信号 Tcmd 相比，转速命令信号 Vspdcmd 有相同的时序和不同的幅值。车辆经过 0.1s 的上电时间，在 0.1s 时刻阶跃输入车速命令信号，从 0～100km/h 的加速时间小于 1.5s，经过 1.9s 车速上升到 108km/h，未达到其稳态车速 120km/h。在 2～20s 期间，无论车速命令信号是跃升或突降，还是斜坡上升或下降，车辆的车速响应都能达到其稳态值，并进入稳定状态，稳态误差小于 0.1%。在 18～20s 期间，车辆从恒速 108km/h 经历 1.1s 下降到 0，其中，100km/h～0 的车辆制动时间小于 1s。车辆在 18～36km/h 和 36～90km/h 两个阶跃响应过程中，车速的超调量分别为 8.9% 和 3.2%。在 0～108km/h 的斜坡响应过程中，车速的超调量为 2.0%，车速的超调量存在一种随着稳态车速增加而减小的趋势。因此，在理论上，纯电动和电制动车辆的车速响应具有稳定性、快速性和准确性。

转矩限制信号 Tref_lim 是由转速命令经整车控制器产生的，它在车辆加速时为正，相应的最大值为 +428N·m，表明驱动电机工作在电动状态，它显著出现在 Tref_lim 曲线于 0.1s、6s、8s 或 14s 时刻起始的上升过程中。此时，高压动力电池组放电，其电流 Ib_HV 为负，电压 Ub_HV 跌落，Tref_lim 在车辆减速时为负，相应的最小值为 -428N·m，表明驱动电机工作在发电状态，它显著出现在 Tref_lim 曲线于 2s、10s、12s 或 18s 时刻起始的下降过程中。此时，高压动力电池组充电，电流 Ib_HV 为正，电压 Ub_HV 突升。

尽管驱动电机的电磁转矩 Te_m 曲线与转矩限制信号 Tref_lim 曲线不完全吻合，但是这两条曲线的变化趋势一致，因为信号 Tref_lim 在驱动电机的弱磁运行区还要受到弱磁控制器的约束与调整。车辆的负载转矩 Tv_load 曲线与 Te_m 曲线的形状存在差异，但是它们具有同增、同减以及同平稳的相似趋势。

d-q 坐标系电流参考信号是由 Tref_lim 信号经 MTPA 和弱磁控制器产生的。其中，d 轴电流参考信号 Idref 小于等于 0，q 轴电流参考信号 Iqref 与 Tref_lim 信号具有同正或同负的符号一致性。当车辆加速或匀速行驶时，驱动电机处于电动状态，Iqref 大于 0；当车辆制动时，驱动电机处于发电状态，Iqref 小于 0。其中，Idref 随着车速发生有规律的变化，在驱动电机的恒转矩区保持不变，而在恒功率区与转速成反比。d 轴电流的反馈信号 Id_m 在 PI 电流调节器下能够跟踪其参考信号 Idref，在 Idref 信号陡降时，Id_m 与 Idref 出现了较大的偏差，最大相对误差可超过 -70%。然而，两条曲线 Id_m 与 Iqref 几乎重合，它们的相对误差介于 ±5%，表明 q 轴电流的 PI 调节器完全能够使 Iq_m 跟踪其参考信号 Iqref。

驱动电机相电流信号 Isa 幅值变化与转矩限制信号 Tref_lim 绝对值的变化趋势一致

性好，但驱动电机发电初期的 Isa 幅值受到 d 轴电流 Id_m 的影响，它们的形状具有相似性。当驱动电机弱磁运行时，车辆制动车速快速下降，相电流幅值具有先突升、突降、又上升的抛物线形状。例如，在 2s、10s 和 19s 时刻开始的车辆电制动过程，相电流 Isa_m 的幅值出现了口朝上的抛物线形。在 18~20s 的车速下降过程中，相电流在临近制动结束时出现了更大的幅值，从初始时刻的 110A 上升到了 250A，而后快速下降接近 0。

在车辆车速变化过程中，高压动力电池组的电流 Ib_HV 与电压 Ub_HV 曲线具有同跌落、同突升和同平稳的变化趋势。例如，在 0.35s，车辆加速使车速达到 45km/h，电流 Ib_HV 下降到 -141A，动力电池组大电流放电，电压 Ub_HV 跌落到 725V。在 18.77s，车辆制动使车速下降到 48km/h，电流 Ib_HV 上升到 114A，电池组大电流充电，电压 Ub_HV 突升到 786V。在 4~6s，车速保持 18km/h，电流 Ib_HV 为 -7.5A，动力电池组恒流放电，电压 Ub_HV 稳定在 754V 左右。

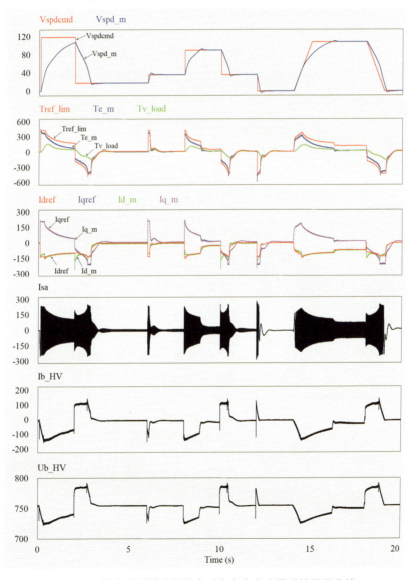

图 7.22　转速控制模式的纯电动汽车电力电子系统运行曲线

参考文献

[1] FORTESCUE C L. Method of symmetrical co-ordinates applied to the solution of polyphase networks [J]. Transactions of the American Institute of Electrical Engineers，1918，37（2）：1027–1140.

[2] Powersim Inc. PSIM user manual [Z]. 2017.

[3] 程夕明，张承宁. 新能源汽车功率电子基础 [M]. 北京：机械工业出版社，2018.

[4] 野村弘，腾原宪一郎，古田正申. 使用 PSIM^{TM} 学习电力电子技术基础 [M]. 胡金库，贾要勤，王兆安，译. 西安：西安交通大学出版社，2009.

[5]《数学手册》编写组. 数学手册 [M]. 北京：高等教育出版社，2006.

[6] ERICKSON R W，MAKSIMOVIC D. Fundamentals of power electronics：second edition [M]. New York：Kluwer Academic Publishers，2004.

[7] BASSO C. 开关电源仿真与设计：基于 SPICE　第 2 版［M］. 吕章德，译. 北京：电子工业出版社，2015.

[8] 贺博. 单相 PWM 整流器的研究［D］. 武汉：华中科技大学，2012.

[9] 刘宾礼，罗毅飞，肖飞，等. 适用于器件级到系统级热仿真的 IGBT 传热模型 [J]. 电工技术学报，2017，32（13）：1-13.